Customer Relationship Management

工业和信息化普通高等教育"十三五"规划教材立项项目

21世纪高等院校经济管理类规划教材

黑龙江省高等教育学会第二十二次优秀高等教育研究成果贰等奖

客户关系管理理论与应用（第3版）

□ 栾港 编著

人民邮电出版社

北京

图书在版编目（ＣＩＰ）数据

客户关系管理理论与应用 / 栾港编著. -- 3版. --
北京 : 人民邮电出版社，2023.1
　21世纪高等院校经济管理类规划教材
　ISBN 978-7-115-59868-4

Ⅰ. ①客… Ⅱ. ①栾… Ⅲ. ①企业管理－供销管理－
高等学校－教材 Ⅳ. ①F274

中国版本图书馆CIP数据核字(2022)第147765号

内 容 提 要

　　本书从基本理论、相关技术、管理工具三个层面对客户关系管理的工作流程进行了介绍，在阐述客户关系管理理论的基础上，以实训项目方式对客户关系管理软件各项功能的使用方法进行了演示，力求做到理论教学与实践教学相结合、线下教学与线上教学相结合。

　　本书共十章，分别为客户关系管理概述、客户关系管理理论基础、客户关系管理技术基础、客户开发管理、客户信息管理、客户分级管理、客户沟通管理、销售过程管理、客户服务管理以及客户流失管理。各章均设有理论框架、知识与技能目标、案例导入、实训项目、本章小结、思考与练习。

　　网课（可"克隆"）等配套学习资源见本书第1页提示，教学大纲、电子教案、教学日历、电子课件、文本及视频案例、多平台的实训指导方案及实训素材、模拟试卷及答案等配套教学资料的索取方式参见书末的"更新勘误表和配套资料索取示意图"（部分资料仅限用书教师下载）。

　　本书可作为本科院校经济管理类相关专业的教材，也可供企业从业人员参考。

◆ 编　著　栾　港
　　责任编辑　万国清
　　责任印制　李　东　胡　南

◆ 人民邮电出版社出版发行　　北京市丰台区成寿寺路 11 号
　　邮编　100164　电子邮件　315@ptpress.com.cn
　　网址　https://www.ptpress.com.cn
　　天津千鹤文化传播有限公司印刷

◆ 开本：787×1092　1/16
　　印张：13.75　　　　　　　　　2023 年 1 月第 3 版
　　字数：332 千字　　　　　　　2024 年 12 月天津第 6 次印刷

定价：49.80 元

读者服务热线：(010)81055256　印装质量热线：(010)81055316
反盗版热线：(010)81055315
广告经营许可证：京东市监广登字 20170147 号

第 3 版前言

为贯彻党的二十大精神，适应客户关系管理教学的发展形势，培养既有客户关系管理理论知识，又有客户关系管理软件操作技能的应用型人才，满足客户管理工作岗位的实际需要，本书以客户关系管理流程为主线进行架构，从客户关系管理的基本理论、相关技术及管理工具三个层面对客户关系管理的理论与实践进行了系统介绍。

本版在第 2 版的基础上进行了以下改进：①充实了部分理论内容；②调整了一些案例；③替换了个别思考与练习题；④推荐了更多实训平台，其中包括免费、不限人数的客户关系管理系统，该系统支持在手机端 App 操作；⑤推荐了与教材相关的网站、教学资源公众号和在线教学等辅助教学平台等；⑥提供超星"学习通 App 示范教学包"，授课教师可直接克隆该网课。

本书力求实现以下几个目标。

（1）在结构和内容安排上做到体系完备、有所创新。本书以客户关系管理流程为主线，各章设有理论框架、知识与技能目标、案例导入、实训项目、本章小结、思考与练习等栏目，同时还穿插了大量鲜活的案例。

（2）体现理论的系统性和结构的严谨性，突出学科的应用性和创新性。

（3）注重理论、案例与实践相结合。本书在各章末设有实训项目，以增强学生的实践操作能力。

（4）探索"互联网+"的教学模式，形成"线下教学+线上教学""纸介教材+网络资源""线下测试+线上测试"相结合的新型教学模式。

（5）提供各类教学资源。除可克隆的网课外，本书还配有教学大纲、电子教案、教学日历、电子课件、文本及视频案例、模拟试卷及答案等教学资料，索取方式参见书末的"更新勘误表和配套资料索取示意图"（部分资料仅限用书教师下载）。

（6）为方便实践教学的开展，准备了多套实训指导方案及素材。本书实训项目采用的实训平台是郑州卡卡罗特软件科技有限公司开发的悟空 CRM 系统，在此对该公司表示诚挚的感谢！

在编写本书的过程中，编者参考了大量文献和近年来客户关系管理界具有实用价值的典型案例。为尊重原作者，我们尽可能列出文献资料的来源。有些文献来源于互联网，最初作者难以追溯，未能列出，敬请见谅。

由于作者水平有限，书中难免存在不足之处，敬请各位专家、同行及使用本书的读者批评指正。扫描"更新勘误表和配套资料索取示意图"中的二维码可查看随时更新的勘误表（编者邮箱：xsmate@163.com）。

作　者

目　　录

第一章　客户关系管理概述

【理论框架】

学习提示

人邮教育社区本书页面内（www.ryjiaoyu.com/book/details/45014）可下载"在线学习与测试相关链接的二维码"文档，扫描其中的二维码可直接浏览在线课件或进行在线测试。下载"学习通 App"，通过班级邀请码 24348304 可进行在线学习。关注微信公众号"客户关系管理"后可查看更多学习资源。

本书官网链接

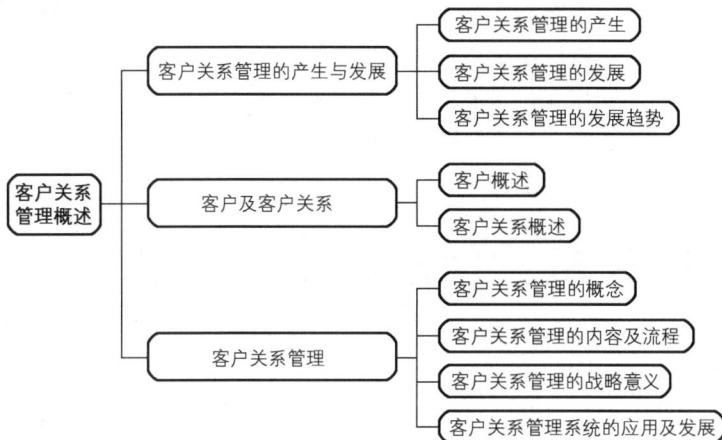

【知识与技能目标】

【知识目标】

1. 了解客户关系管理的产生与发展；
2. 理解客户及客户关系；
3. 掌握客户关系管理的基本含义。

【技能目标】

1. 了解客户关系管理软件的类型、特点及基本功能；
2. 熟悉并掌握客户关系管理系统的功能模块。

【案例导入】

王永庆卖米

王永庆（1917—2008）是知名企业家，台塑集团创办人。

王永庆年少时在一家小米店做帮工。一年后，他用父亲借来的 200 元作本金，开了一家小米店。为了和隔壁一家米店竞争，王永庆颇费了一番心思。

当时大米加工技术比较落后，出售的大米里混杂着米糠、沙粒、小石头等杂质，买卖双方都见怪不怪。王永庆每次卖米前都把大米中的杂质拣干净，这一做法深受客户的欢迎。

王永庆卖米多是送米上门的，他在一个本子上详细记录了客户家有多少人、一个月吃多少米、何时发工资等信息。估计客户的米快吃完了，他就送米上门；等到客户发工资的日子，他再上门收取米款。

在送米时，他会帮人家将米倒进米缸里。如果米缸里还有陈米，他就将陈米倒出来，将米缸刷干净，再将新米倒进去，并将陈米放在上层。这样，陈米就不至于因存放过久而变质了。他这个小小的举动令不少客户深受感动。就这样，他的生意越做越好。从这家小米店起步，台塑集团最终成为我国台湾地区工业领域的龙头企业。后来，他谈到开米店的经历时，不无感慨地说："虽然当时谈不上懂什么管理知识，但是为了服务客户、做好生意，就认为有必要了解客户的需要，没有想到，由此追求实际需要的一点小小构想，竟能作为起步的基础，并逐渐演变为企业管理的逻辑。"

思考： 从客户关系管理的角度来看，王永庆卖米的故事能带给我们什么启示？

评析： 王永庆在企业经营上是一个成功者，单从其卖米的故事中我们就能得到很多启示。王永庆在行业竞争中所做的"人无我有，人有我精"体现出对客户的关怀，提升了客户的满意度和忠诚度。在为客户提供基本服务的同时，还为客户提供了增值服务，体现出客户关系管理的基本任务——保留老客户，避免客户流失。根据客户档案分析客户需求及其规律，以此制订营销计划，体现出数据营销思想在客户关系管理中的应用。

第一节　客户关系管理的产生与发展

客户关系管理是现代市场营销理论发展的产物，与企业及信息技术的发展密不可分。关系营销是客户关系管理的雏形。随着信息及互联网技术的迅猛发展，客户关系管理在技术层面也得到了长足发展。

一、客户关系管理的产生

以往企业只注重产品生产等内在因素，忽视外在的市场因素。随着消费者可支配收入的增加，消费者的消费行为及期望产生了变化，企业获得新客户的成本要比留住现有客户的成本高得多。企业为了增强自身的赢利能力，自然会把目光投向企业的外部因素——客户资源上。企业不仅要吸引能够给企业带来价值的新客户，而且更要保留能给企业带来现金流的老客户。互联网及大数据技术的出现使企业更容易了解并把握客户需求，客户追踪、客户开发、客户分级、客户保留、针对不同客户提供不同产品或服务已成为企业管理活动的重要内容。客户关系管理就是在这一背景下产生并发展的。客户关系管理产生的具体原因主要有以下几个方面。

1. 消费观念、消费行为的变化

随着经济发展和技术进步，产品更新迭代加速，消费者的思维方式、生活方式和消费行为也在不断变化。消费者可以在任何时间、任何地点，通过任何方式购买其喜欢的商品，消费呈现多样化的特征。此外，消费地点、消费时间以及消费需求的碎片化特征也更加明显。面对消费需求的多样性、复杂性以及企业间日益激烈的竞争，企业应积极应对消费观念和消费行为不断变化的消费者，积极与消费者进行沟通与互动，密切关注消费需求的变化。

2. 企业内部管理的需求

在企业内部，销售、市场和客户服务部门面对的客户越来越多样化，而企业难以及时获得这些客户的信息。同时，销售、市场、客户服务、采购、制造、库存等信息分散在企业的各个部门，这些零散的信息会让企业无法对客户有全面的了解，各部门难以在统一的信息基础上面对客户，客户服务效率低下。例如，销售人员直接面对客户，能够及时了解客户的需求及其对产品或服务的建议，如果研发部门也能够获取这些信息，将有助于企业产品或服务的改进。为了企业客户信息共享，各部门需要对客户各项信息和活动进行整合，组建一个以客户为中心的机构，实现对客户活动的全面、有效管理。

3. 竞争的压力

现代企业所面临的市场竞争无论在广度上还是在深度上都在进一步扩大，竞争范围也从区域扩展到全球，低成本、高质量的产品不再是保证企业立于不败之地的法宝。企业竞争观念逐渐由产品导向发展到目标市场导向，再发展到客户导向。竞争压力使企业对可以提高竞争力的各种营销方法和管理方式表现出了极大的热情，多年的经营使企业逐渐认识到强化企业与客户的关系已成为企业间竞争的关键，客户关系管理已成为增强企业核心竞争力的重要内容。

视野拓展
利用客户关系管理系统提升店铺竞争优势

4. 技术的推动

计算机及网络技术的飞速发展使企业管理走向了信息化。客户可以通过现代网络手段与企业进行业务往来，销售人员能够对各种销售活动进行追踪并记录客户信息；企业管理人员不再受地域限制，能随时访问企业业务处理系统，随时掌握客户信息，增强企业对市场活动、销售活动的分析能力。数据仓库、商业智能、知识发现等技术的发展，使企业收集、整理、加工和利用客户信息的效率大大提高。

5. 管理理念的更新

当今是一个变革的时代和创新的时代，传统的管理思想正面临网络时代的挑战。"互联网+"不仅成为一种手段，还触发了企业组织架构、工作流程的重组及整个社会管理思想的变革。企业如果能比竞争对手领先一步，就可能意味着成功。一些企业正在经历从以产品为中心向以客户为中心的转变。业务流程再造为企业管理创新提供了工具。企业在引入客户关系管理的理念和技术时，不可避免地要对原来的管理方式进行改变。变革、创新的思想有利于企业员工接受变革，而业务流程重组也为客户关系管理提供了具体的思路和方法。

二、客户关系管理的发展

从 20 世纪 80 年代中期开始，为了更好地服务客户、降低运营成本、提高运营效率、增强企业竞争力，许多企业进行了业务流程再造。业务流程再造，提高了企业内部运营效率，让企业管理者有更多的精力关注企业与外部相关利益者的互动。在企业的诸多相关利益者中，客户的重要性日益突出，他们对服务的及时性和可靠性等都提出了更高的要求。在客户导向理念及信息技术的推动下，客户关系管理思想应运而生。

客户关系管理在 20 世纪 90 年代初投入使用，主要是基于部门的客户解决方案，如销售自动化和客户服务支持等。20 世纪 90 年代中期推出了功能整合的客户关系管理解决方案，把内部数据处理、销售跟踪、国外市场和客户服务融为一体，不仅包括软件，还包括硬件、专业服务和培训，为企业员工及时提供全面的数据，让员工清晰了解客户的需求和购买历史，从而为客户提供相应的个性化服务。20 世纪 90 年代末，客户关系管理概念开始深入一些企业中。

21 世纪初，互联网技术的迅猛发展促进了客户关系管理的应用和发展。随着移动互联网的普及和应用，智能手机 App 客户关系管理系统让客户关系管理实现了移动化，企业管理人员可以随时随地对客户进行有效管理，从而使客户关系管理进入了广泛应用的时期。

案例 1.1

微信"小程序点餐"引领餐饮业客户关系管理革命

2017 年，微信团队在四川成都举办了微信公开课小程序专场。在公开课上，微信团队发布了"小程序点餐"行业解决方案。小程序点餐解决方案将餐饮系统与小程序支付、卡包、公众号、扫一扫、服务通知、附近等功能打通，用户除了点餐、结算、凭号取餐，用餐后还可在小程序中参与消费调研、获取优惠券等，结合社交立减金、邀请好友办卡和拼团等丰富的社交玩法，为商家提供更有效的流量。"小程序点餐"不仅方便了商家，还方便了顾客，给顾客提供了良好的用餐体验。商家通过"小程序点餐"获取了线上流量，同时也获取了线下潜在顾客。顾客访问小程序时，商家还可以获取顾客的一些基本信息，并快速识别顾客，通过精准营销方式加强与顾客互动，引导顾客进店二次消费，培养顾客忠诚度。

讨论：小程序点餐解决方案是否有助于餐饮企业竞争力的提高？为什么？

三、客户关系管理的发展趋势

客户关系管理在企业经营中的作用日益突出，越来越受到人们的关注。客户关系管理满足了企业在客户导向时代的经营要求，成为指导企业经营管理的重要方式，企业对客户关系管理系统的需求也逐渐增多。

随着客户关系管理系统逐步与企业资源计划、企业网站进一步融合，基于社交型、移动型的客户关系管理越来越普遍，云技术、大数据技术、商业智能技术及区块链技术也逐步与客户关系管理系统相结合。客户关系管理系统的发展趋势主要体现在以下几个方面。

（1）基于云技术。云技术把传统软件"本地安装、本地运算"的使用方式变为"即取即用"的服务方式，基于云技术的客户关系管理系统是客户关系管理的发展方向。不少客户关系管理产品都开发了云应用，提供基于云技术的服务。客户关系管理系统中最重要的信息来自企业外部，而基于云技术的应用程序非常适合收集这些信息，并且能够将它们转化为有用的商业情报存储于企业数据库中。

（2）基于大数据技术。在市场竞争环境中，差异化营销和个性化服务越来越成为企业维系客户关系的重要因素。传统客户关系管理系统主要关注企业的内部数据，搜集存在于企业内部各个业务环节中的零散客户信息。在大数据时代，伴随着社交和移动化的盛行，企业外部数据越来越丰富，促使企业不仅要关注内部数据，而且更要整合大量行业内、外部数据，综合运用机器学习、智能推理等技术，充分挖掘行业结构化与非结构化数据信息的价值，通过自动化工作提醒、优化产品解决方案、智能客户推荐等功能，提高企业客户关系管理的工作效率。

（3）基于商业智能技术。随着商业信息数据量的激增和客户需求的多元化发展，客户关系管理商业智能化正成为一种必然。商业智能拥有机器学习、深度学习、预测分析、自然语言处理和智能数据挖掘能力，自动为客户定制需求模型，自动挖掘商业价值，预测客户消费行为，推荐最优解决方案。商业智能技术凭借先进的算法和计算能力，通过机器学习为企业提供更加准确的信息，将大量数据转化为有助于增强客户体验的智能系统，实现个性化的客户营销活动，提高客户关系管理的成效。

（4）基于区块链技术。客户关系管理系统存储了大量的客户数据、订单数据、费用数据等商业信息，这些数据是企业的商业核心数据，企业及客户都担心这些数据的安全问题。区块链技术与客户关系管理系统的融合，可以将企业的这些核心数据进行分布式加密管理。区块链技术保障了企业与客户交易信息的安全，让企业可以更安全地记录客户交易信息，拉近了企业与客户的关系。此外，区块链技术还可以帮助企业全方位地了解客户当前的状态，让企业更加详细地了解客户需求，从而增强企业的竞争优势。

第二节　客户及客户关系

随着竞争的加剧，企业经营管理模式逐步由以产品为中心转向以客户为中心。客户资源是企业生存与发展的前提，实施客户关系管理是企业与客户建立长期、稳定业务关系的基础。

一、客户概述

要深刻理解客户的概念，就要弄清楚与客户相关的一些概念，如消费者、用户、顾客、客户之间的细微差别以及客户的具体分类等内容。

（一）与客户相关的概念

在现代企业管理中，很多企业将"客户是我们的衣食父母"作为企业客户管理的座右铭。在相关论著中，顾客（customer）和客户（client）是两个不同的概念。尽管顾客与客户都是购买或消费企业产品或服务的个人或组织，但两者最大的区别在于，顾客是"没有名字的一张脸"，而客户是"有名字的一张脸"，因为客户资料被详尽地保存在企业数据库之中。从这个意义上来讲，企业与客户的关系比企业与顾客的关系更为密切。在现代营销管理观念中，顾客可以由任何个人或机构来为其提供产品或服务，如商场里的顾客；客户则主要由专门的人员来为其提供产品或服务，如银行里的理财客户。

营销过程会涉及消费者、用户、顾客及客户的概念，这些概念既具有相似性，也具有一定的差异性。

1. 消费者

消费者的英文是 consumer。从广义上来看，消费者最初是一个经济学上的概念，和生产者、经营者同属一个范畴，后来成了市场营销学的研究对象。消费者是为满足生活需要而购买、使用商品或接受服务的个人或群体，在描述宏观问题时被频繁使用。例如，张三购买了两包 A4 打印纸给孩子打印学习资料，张三就属于消费者；如果张三为自己开的复印社购买了一箱 A4 打印纸用于复印业务，张三就不应该称为消费者。

2. 用户

用户的英文是 user，是指某个产品或服务的具体使用者，是正在使用产品或接受服务的个人或组织。一般地，使用相关机械装备或软件的人群或组织，都可以被称为用户，例如数码相机用户、智能手机用户、支付宝 App 用户。使用产品或接受过服务的人，无论是否付费购买，都可以是用户。例如，我们使用微信进行聊天、使用抖音观看短视频，我们属于微信用户或抖音用户，但我们并没有给微信或抖音付费。用户接受的产品或服务有可能是别人赠送的或借给的，但这些都不会影响其是用户这一角色。

3. 顾客

顾客的英文是 customer。其最初的含义是去商店买东西的人。例如，我们去商店、超市、饭店等，我们就是顾客，那里的营业员会称我们为顾客。顾客有可能消费，也有可能不消费。例如，那些只是去商场逛逛而不买东西的人也是顾客。顾客比消费者概念更宽泛一些，凡是接受或可能接受任何组织、个人提供的产品和服务的购买者或潜在购买者都能被称为顾客。从这个意义上讲，顾客不仅仅指个体，同时也包含企业、政府等团体组织，其购买对象不仅包括用于消费者生活的物品和服务，也包括用于企业生产的各类生产资料和服务。

4. 客户

客户的英文是 client。在营销学中，客户不一定是用户，但一定要付费。例如，甲公司买了一辆汽车给总经理使用，那么总经理只是汽车的用户，不是 4S 店的客户，甲公司才是 4S 店的客户。客户有时也和顾客混用。例如，张三购买了汽车，4S 店可以说张三是它的顾客，也可以说张三是它的客户。顾客和客户概念的差异常常体现在卖方眼里。美国麦肯锡咨询公司的创始人马文·鲍尔曾说："我们没有顾客，我们只有客户。"他认为，顾客一般是指普通商品和服务的使用或接受者，而麦肯锡咨询公司是提供专业服务的。在卖方眼里，客户的层次比顾客的层次要高。顾客强调消费关系，而且有时强调一次性的消费关系，是一般的消费者。而客户除了强调消费关系外还强调洽谈商议的关系。例如，超市销售纸巾，超市是纸巾生产者的客户，而不是顾客或用户，更不是消费者；小丽在超市购买一包纸巾送给小明，小丽是超市的顾客，小明则是纸巾的用户或消费者。

上面所提的客户概念一般是狭义的。在现代营销理论中，客户的意义更为广泛。客户既包括购买企业产品或服务的对象，也包括企业的内部员工、合作伙伴、供应链中的上下游企业，甚至还包括本企业的竞争对手。就客户关系管理的角度而言，客户不仅仅是顾客、用户、消费者，在一切与企业经营有关的环节中的组织或个人都是企业的客户，这就是所谓的大客户概念。

（二）客户的分类

根据客户的价值、需求、偏好等综合因素对客户进行分类，可以为客户提供有针对性的产品和服务，从而可以提高客户满意度，培养客户的忠诚度。

1. 依据客户与企业的商业关系划分

根据客户与企业的商业关系，客户可以被划分为消费者客户、中间商客户、内部客户及公众客户。

（1）消费者客户。消费者客户购买企业的最终产品或服务，用于个人或家庭消费，这类客户又称"终端客户"。这类客户数量众多，但每次消费额一般不高。

~~~ 案例 1.2 ~~~

蜜雪冰城的消费者客户

"蜜雪冰城"是茶饮商标，也是定位于提供以新鲜冰淇淋与茶饮为主的连锁餐饮机构，致力于为年轻消费群体提供高品质、低价格，健康与新鲜融为一体的特色饮品。蜜雪冰城根据顾客需求及顾客回头率把顾客分为三个类别：第一类是重度消费者，这类人群是年龄集中在18～30岁的女性，她们在消费能力、消费观念和消费需求上都契合蜜雪冰城饮品的定位，一般一个星期来消费一次以上；第二类是中度消费者，这类人群是年龄集中在12～18岁的女性，她们有消费需求，但消费能力相对有限，一个月消费一两次；第三类是轻度消费者，这类人群年龄主要是12岁以下和30岁以上的女性或全年龄段的男性，这类消费者对蜜雪冰城饮品的需求不高，几个月才有可能消费一次。可见，喜欢冰淇淋与茶饮的消费者多是一些年轻女性群体，这类消费者热衷于个性化、新奇、独特的事物，她们占全部消费者的80%左右。

讨论： 请对蜜雪冰城的重度消费者、中度消费者及轻度消费者进行消费特征描述。

（2）中间商客户。中间商客户购买企业的产品，但其并不是产品的直接消费者，他们将购买来的产品附加到自己的产品或服务上，并再次进行销售。中间商客户是处于企业与消费者之间的经营者，代理商、批发商、零售商就是典型的中间商客户。

（3）内部客户。内部客户是企业内部的个人或业务部门，这是最容易被企业忽视的一类客户。在企业中，采购部门为生产部门提供服务，生产部门为销售部门提供服务，销售部门为外部客户提供服务。因此，采购部门、生产部门和销售部门三者之间形成了客户关系。而对于销售部门来说，销售人员又成了这个部门的内部客户。

（4）公众客户。政府机构、社会组织、行业协会等代表公众利益，它们属于公众客户。这类客户向企业提供各类资源，同时也会直接或间接向企业收取一定比例的税费或管理费。

2. 依据客户对企业的价值大小划分

根据客户对企业的价值大小，客户可以被划分为重要客户、普通客户及小客户。

（1）重要客户。重要客户是企业的大客户，一般是指采购规模占企业销售总量比例高、对企业销售贡献价值大并对企业经营业绩产生重要影响的客户。重要客户的数量虽然小，但给企业创造的价值大，是企业重点服务的对象。

（2）普通客户。普通客户数量众多，但单一个体消费总量并不大，给企业带来的利润也不多。由于这类客户人数众多，众多普通客户汇集在一起，给企业带来的贡献也是相当可观的。因此，普通客户也是企业需要关注的对象。

（3）小客户。小客户虽然数量众多，但给企业带来的利润并不多，这类客户会占用企业一定的资源，有时甚至可能会给企业带来负利润。一些商业银行曾经针对小客户收取小额账户管理费，其目的就是要将小客户转化为普通客户（或剔除小客户）。

~~~ 案例 1.3 ~~~

兴业银行的客户分级

兴业银行是国内首批股份制商业银行之一。在客户分级方面，兴业银行根据客户的账户金额多少将客户分为重要客户（持有黑金卡的客户）、主要客户（持有铂金卡的客户）、普通客户（持有金卡的客户）及小客户（持有银卡的客户）。针对不同客户群，兴业银行会采取不同的服务策略，为其提供不同的服务项目。

讨论：客户分级服务的做法是否与"以客户为中心"的说法相矛盾？

3. 依据客户状态划分

依据客户状态，客户可以被划分为非客户、潜在客户、现实客户及流失客户。

（1）非客户。非客户是指与企业没有直接的交易关系，不购买企业产品或服务的组织或个人。这类客户有可能对企业的产品或服务没有需求，也有可能对企业的产品或服务持抗拒态度而拒绝购买。

（2）潜在客户。潜在客户是指对企业的产品或服务有需求且具备购买能力的待开发客户。这类客户与企业存在交易机会，销售人员经过努力，就有可能将潜在客户转变为现实客户。例如，已经怀孕的女性就是婴幼儿产品的潜在客户。

（3）现实客户。现实客户是指接受了企业产品或服务的客户，是企业通过开发获得的客户。潜在客户一旦成为现实客户，就有可能成为企业的长期客户。因此，现实客户是客户关系管理的重点。现实客户又具体分为初次购买客户、重复购买客户和忠诚客户。美国苹果公司公布的 2018 年全球前 200 个供应商名单中，我国的京东方、欧菲光、长电科技及明安等企业新入选，苹果公司则是这些企业的初次购买客户。苹果公司从第一代苹果手机开始就采购美国康宁公司大猩猩玻璃屏，康宁公司是苹果公司的长期供应商。对康宁公司来说，苹果公司就是其忠诚客户。

（4）流失客户。流失客户是指曾经是企业的客户，但由于种种原因现在不再购买企业产品或服务的客户。客户流失有可能是企业的原因，有可能是环境的原因，也有可能是客户自身的原因。客户流失会给企业带来损失，因此，客户流失管理也是客户关系管理的一个重要方面。

非客户、潜在客户、现实客户及流失客户等四类客户状态可以相互转化。不同状态的客户间转换过程见图 1.1。例如，非客户由于业务转型有可能成为潜在客户，潜在客户一旦采取购买行为就会变为初次购买客户，初次购买客户如果经常购买或接受同一企业的产品或服务，就可能发展为重复购买客户，甚至成为忠诚客户；初次购买客户、重复购买客户、忠诚客户也会因其他企业的诱惑条件或对企业产生不满而成为流失客户；流失客户如果被挽回，又会成为重复购买客户或忠诚客户，如果无法挽回，就会成为企业的非客户。

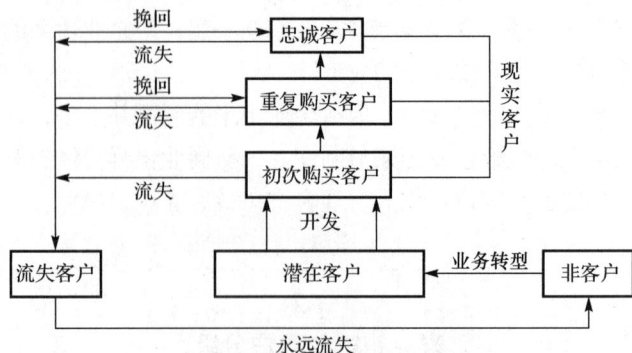

图 1.1 不同状态的客户间转换过程

二、客户关系概述

客户关系是指企业与客户之间相互作用、相互影响、相互联系的状态。企业与客户之间既是买卖关系，也是利益关系，同时又是伙伴关系。良好的客户关系不仅可以为交易双方提供方便、节约双方的交易成本，而且也为企业深入了解客户需求并和客户沟通提供了机会。

（一）客户关系的要素

客户关系的要素主要有以下三项。

（1）客户关系长度，是指企业维持与客户关系时间的长短，通常以客户关系生命周期来表示，分为考察期、形成期、稳定期和衰退期。客户生命周期主要是针对现有客户而言的，要延长客户生命周期，可通过培养客户忠诚度、挽留有价值客户、减少客户流失、去除不具有潜在价值的客户等手段来实现。

（2）客户关系深度，是指客户关系的质量，即企业与客户双方关系的牢固程度。衡量客户关系深度的指标通常包括购买量、重复购买次数、产品或服务质量、客户口碑与推荐率等。

（3）客户关系广度，是指企业拥有客户的数量，既包括获取新客户的数量，又包括保留老客户的数量，还包括重新获得的已流失客户的数量。企业要想获得长期竞争优势，就要维系良好的客户关系。维系持续、良好的客户关系已逐渐成为企业获得核心竞争力的重要途径。

（二）客户关系的类型

从供应链的角度来看，客户关系可分为买卖关系、优先供应关系、合作伙伴关系及战略联盟关系四类。

1. 买卖关系

买卖关系是低层次的客户关系，客户将企业作为一个普通的卖主，企业也将客户作为一个普通的买主，销售仅仅是一次公平交易，交易目的简单。企业与客户之间只有底层人员接触，双方较少进行交易以外的沟通，客户信息极为有限。客户只是购买企业按其自身标准所生产的产品，维护关系的成本与关系创造的价值均较低。例如，一家小餐饮企业到菜市场采购食材，卖家有可能是其随机选择的，二者就是一种简单的买卖关系。

2. 优先供应关系

优先供应关系是销售人员在买卖关系的基础上，通过向客户提供优惠政策来换取长期合作的客户关系。与某客户处于此种关系水平的企业，其销售团队与客户企业中的许多关键人物都有良好的关系，企业可以获得许多优先甚至独占的机会，与客户之间的信息共享范围大。在同等条件下，甚至在竞争对手有一定优势的情况下，客户仍偏爱该企业。在此关系水平上，企业需要投入资源来维护客户关系，主要包括给予重点客户销售优惠政策，优先考虑交付需求，加强双方人员交流等。例如，一家大型餐饮企业在菜市场采购食材，由于采购量大，食材供应商在价格上会给其一些优惠，二者就是一种优先供应关系。

3. 合作伙伴关系

合作伙伴关系是一种存在于企业高层管理者之间、企业与客户交易长期化、双方就产品与服务在认知上达成高度一致的客户关系状态。在这个阶段，企业深刻了解客户需求并进行客户导向投资，双方人员共同探讨行动计划，这对企业竞争对手来说形成了很高的进入壁垒。在此关系水平上，价值由双方共同创造、共同分享。合作伙伴关系使企业和客户的竞争优势均得到了充分发挥。例如，深圳大疆创新公司的合作伙伴就包括欣旺达（提供电池及电源管理系统）、兴森科技（提供样板、高端软硬板）、联芯科技（提供芯片、SDR 平台）、京山轻机（提供马达外壳和金属零部件）。

4. 战略联盟关系

战略联盟关系是指双方有正式或非正式的联盟关系，双方战略目标和企业愿景高度一致，双方可能有相互的股权关系或成立合资企业。两个企业通过共同合作争取更大的市场份额与利润，可以给各自的竞争对手构成极高的进入壁垒。2021 年 10 月，中国一汽与万达集团宣布双方战略合作正式启动，双方将从服务生态、能源生态、会员生态等三大维度相互赋能，创新共建"红旗用户体验生态"。

案例 1.4

上海迪士尼度假区与迪吉图文达成战略联盟

2021 年 6 月，上海迪士尼度假区与影像服务提供商迪吉图文制作（上海）有限公司（以下简称"迪吉图文"）共同宣布双方达成战略联盟协议。在这一全新联盟下，迪吉图文将成为上海迪士尼度假区的官方影像服务合作伙伴，为度假区游客提供迪士尼乐拍通服务。由迪吉图文支持的全新上海迪士尼度假区迪士尼乐拍通应用程序（App）已正式上线。游客在 App 上可以随心预览、挑选和下载由迪士尼乐拍通服务所拍摄的照片，包括由迪士尼乐拍通官方摄影师记录下的美好一刻，以及在乐园多个热门景点乘坐游乐项目时由景点内的照相机捕捉到的快乐瞬间。迪士尼乐拍通 App 还为游客呈现多款迪士尼主题的电子相框，包括上海迪士尼度假区 5 岁生日庆典主题相框、迪士尼朋友主题相框等。双方达成战略联盟，可以为游客提供更加便捷的体验。

讨论：企业是如何通过战略联盟达到"1+1>2"的效果的？

第三节　客户关系管理

客户关系管理（Customer Relationship Management，CRM）是选择和管理价值客户及客户关系的一种商业策略，是获取客户、保留客户、增进客户关系的方法和手段。它既是一种以客户为中心的商业理念和商业运作模式，也是一种以信息技术为手段，有效提高企业效益、客户满意度、企业生产力的软件和实现方法。

一、客户关系管理的概念

由于出发点不同，业界对客户关系管理的理解也有所不同。

（一）对客户关系管理的理解

客户关系管理的概念最初是由美国高德纳咨询公司（Gartner Group）在 1993 年前后提出的。高德纳咨询公司最早对客户关系管理给出的定义是：客户关系管理是代表增加赢利、收入和提高客户满意度而设计的企业范围的商业战略。美国卡森营销集团（Carson Marketing Group）对客户关系管理的定义是：客户关系管理是通过培养公司的每一名员工、经销商和客户对该公司更积极的偏爱或偏好，留住他们并以此提高公司业绩的一种营销策略。美国赫尔维茨集团（Hurwitz Group）认为，客户关系管理的焦点是改善与销售、市场营销、客户服务和支持等领域的客户关系有关的商业流程，并实现自动化。美国国际商业机器公司（IBM）将客户关系管理分为关系管理、流程管理和接入管理三类，涉及企业识别、挑选、获取、保持和发展客户的整个商业过程。

（二）客户关系管理的定义

基于以上观点，我们可以将客户关系管理定义为企业为提高竞争力，以客户满意为战略导向，在此基础上开展的客户选择、客户开发、客户保持和客户发展等商业活动的过程。

客户关系管理意味着企业经营以客户满意为核心，通过优化企业组织体系和业务流程，提高客户忠诚度，实现企业效益和客户价值的双重提升，它是一种建立、维护和发展客户关系的管理理念。基于这种理念，企业应更加关注关系回报而非投资回报，这就需要企业整合经营策略、业务流程、产品功能及目标市场人群等资源，建立、维持并发展客户关系，见图 1.2。

根据以往经验，开发一个新客户的成本是保留一个老客户成本的五倍左右。相对于开发新客户而言，企业更应注重挖掘针对老客户的商业机会。日益激烈的市场竞争也加剧了现有客户的流失，这促使企业致力于建立更稳固的客户关系。因此，企业开展客户关系管理成为必然。通过客户关系管理，企业不仅可以开发新客户，而且可以维系现有

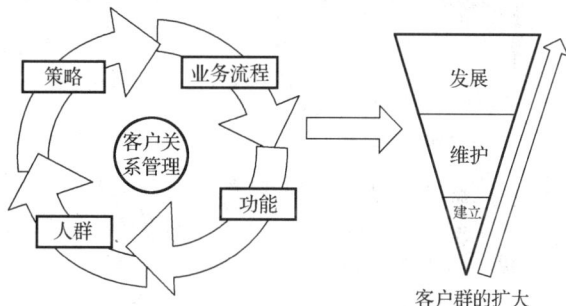

图 1.2　客户关系管理的资源整合

客户关系，以避免客户流失。在客户关系管理过程中，企业还会应用到先进的信息技术、数字化硬件，以及科学的管理方法。因此，客户关系管理有时也指这些设备、技术和方法的总和。

（三）客户关系管理的内涵

很多人以为客户关系管理系统就是一套软件。事实上，用好客户关系管理系统需要有先进的营销理念和管理模式，同时还需要适应复杂的市场环境及客户需求。客户关系管理是一个综合性的概念，反映了人们在不同层面对客户关系管理的理解。

1. 客户关系管理是一种战略

客户关系管理首先是一种战略。作为一种战略，客户关系管理并非直接以提高企业利润为目的，而是以提高企业核心竞争力为目的。这种战略遵循客户导向原则，主张对客户信息进行系统化的分析和管理，改进提供给客户的产品、服务的品质，与客户建立良好的互动关系，提高客户满意度和客户忠诚度，实现企业持续发展的目标。

2. 客户关系管理是一种管理模式

客户关系管理主要集中在业务操作、客户合作、数据分析和信息技术等管理层面，它能对客户数据进行全面储存和分析，并消除信息交流和共享的障碍。客户关系管理依据客户价值对客户优先级进行划分，并根据客户满意度来确定其忠诚度，实现与客户深度交流、改进企业产品或服务的功能。客户关系管理能提供即时的业务分析和建议，并反馈给企业管理层和各职能部门，保证了企业决策的全面性和及时性。

3. 客户关系管理是一种系统、方法和手段的综合

在操作层面上，客户关系管理是信息技术、数字化硬件以及管理策略等技术、设备和方法的总和。客户关系管理系统通过整合企业资源、部门间实时沟通，以及电子化、自动化业务流程，不断改进企业与客户的关系，在为客户创造价值的同时为企业创造利润。

二、客户关系管理的内容及流程

客户关系管理的核心是价值管理，其重要内容是关系管理，客户关系管理的流程就是建立客户关系、维护客户关系和发展客户关系的过程。

图 1.3　客户关系管理的核心模块

（一）客户关系管理的内容

从企业营销角度来看，客户关系管理包括三个核心模块，即销售管理、营销管理及服务管理等模块，见图 1.3。

1. 销售管理模块

销售管理模块是客户关系管理的核心。在销售过程中，销售管理模块针对每一个线索、客户、商机、合同、订单等业务对象进行有效的管理，通过销售过程的自动化，全面提高销售部门的工作效率，缩短销售周期，提高企业销售业绩。销售管理模块支持总经理、销售总监、销售主管、销售人员等不同角色对客户进行管理，对商业机会进行跟踪，对订单合同的执行进行掌控，有助于实现销售团队的协作。

2. 营销管理模块

营销管理模块最重要的目标是帮助企业营销团队对客户群体进行分析，从而使营销活动更有针对性。营销管理模块涉及扩展客户业务所需的全部功能，如营销计划、活动管理、网络营销、商机管理、市场分析及客户细分等。营销管理模块支持预测市场信息，为业务、客户、联系人建立起营销活动关系，随时跟踪市场信息并提交市场分析报告。

3. 服务管理模块

服务管理模块可以确保新客户获得优质的服务从而转变为老客户，它是三个模块中最重要的模块。服务管理模块有助于计划并实施客户服务管理，使客户能够获得潜在的收益。服务管理模块主要包括服务请求录入及处理、服务工单派发及服务报告录入等基本操作。

（二）客户关系管理的流程

客户关系管理的流程包括客户识别、客户选择、客户开发、客户信息管理、客户分级管理、客户体验与沟通管理、客户销售机会管理、客户服务管理以及客户流失管理等内容，见图 1.4。

客户服务管理

客户销售机会管理

客户体验与沟通管理

客户分级管理

客户信息管理

维护客户关系

客户忠诚

客户满意

客户认知

客户流失管理

流失

恢复

流失

客户开发

客户选择

客户识别

建立客户关系

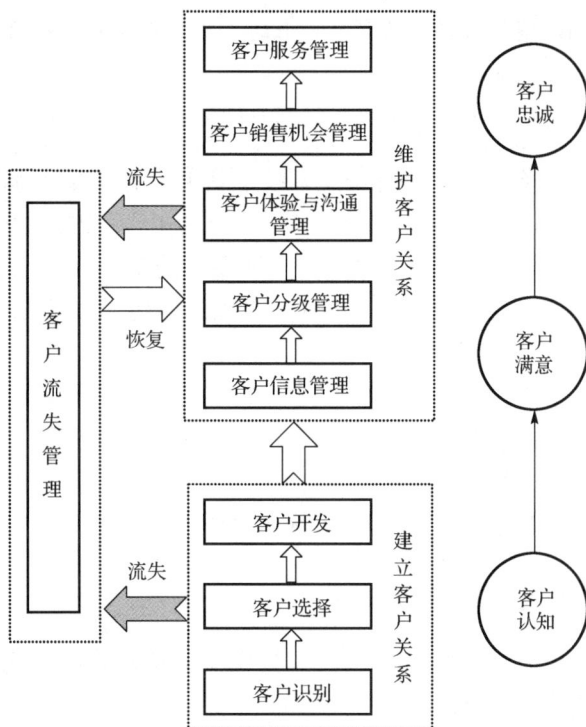

图 1.4　客户关系管理流程

三、客户关系管理的战略意义

　　企业实施客户关系管理，不仅可以提高企业管理的效率，还可以更好地提高客户满意度，增强企业的竞争力。客户关系管理的战略意义主要体现在以下几点。

　　（1）实现利润最大化。通过采用先进的客户关系管理系统，企业能够对客户信息进行全面整合，在企业内部共享客户信息，从而为客户提供更快捷、更周到的优质服务，吸引更多的客户。企业借助客户关系管理的先进管理理念，可以优化业务流程，把为客户服务的经营理念贯彻于企业经营管理的全过程。企业掌握了客户信息，就可以为客户提供及时、周到、令客户满意的服务，通过客户服务最优化、客户价值最大化，实现企业利润的最大化。

　　（2）降低客户开发成本和交易成本。如果企业与客户保持良好、稳定的关系，那么客户就会对企业及其产品或服务有一定的了解和信任，这可为企业节省一大笔宣传、促销等活动的费用。好的客户关系会使老客户主动为企业宣传，企业通过老客户的口碑效应能有效地吸引新客户，降低企业开发新客户的成本。好的客户关系还可使企业与客户形成彼此信赖的合作伙伴关系，使逐次逐项的谈判交易发展为例行的程序化交易，大大降低谈判成本和履约成本。

案例 1.5

良好的客户关系可为企业带来利润

　　一位客户在工行办理了活期存款账户，而活期存款账户是不会为银行带来很多利润的，但工行仍然为他提供了良好的服务。后来，这位客户申请了一个定期存款账户，接着又申请了汽车消费贷款，再后来又申请了购房贷款……这位客户持续不断地给银行带来了越来越多的利润。显然，这些利润不是活期存款账户带来的。给工行带来利润的是建立在良好客户关系基础上的客户办理的拓展业务。

讨论：为什么说良好的客户关系可以降低客户开发成本和交易成本？

（3）降低经营风险。企业的经营环境越来越不确定，主要表现为客户需求的不确定性因素增加、多元化趋势加强等方面。传统的"以产品为中心"的经营理念受到了极大的挑战，因为产品一旦不能满足客户需求，企业将遭受灭顶之灾。而"以客户为中心"的经营理念，由于其出发点是满足客户需求，因此它能够成为企业抵御市场冲击、降低经营风险的有效手段。

（4）培育竞争优势。客户资源作为企业的一项无形资产，其重要性已经受到了广泛的关注，成为影响企业经营业绩的要素之一。客户关系管理注重与客户的长期关系，一旦企业与客户建立了持久的关系，这种客户关系就会成为企业的竞争优势。如果这种竞争优势不易为竞争者所模仿，那么这种竞争优势就会演变为企业的核心竞争力。

四、客户关系管理系统的应用及发展

随着市场竞争的加剧，越来越多的企业认识到了客户关系管理的重要性，客户关系管理系统在国内的应用范围也越来越广。

（一）客户关系管理系统的行业应用

在我国，客户关系管理系统应用已经覆盖了几乎所有的行业，但在不同行业的应用程度有所差别。调查显示，应用客户关系管理系统最广泛的是金融、电信及 IT 行业。这些行业的企业信息化程度高，业务流程较为完整，应用客户关系管理系统能迅速建立企业与客户的关系，并产生良好的效益。随着对客户关系管理系统认知程度的不断提高，客户关系管理系统将逐渐被越来越多的企业所熟悉并接受。

1. 企业规模与客户关系管理系统的应用

不同规模的企业有不同的客户关系管理系统应用需求。例如，与中小企业相比，大型企业在业务方面有明确的分工和纵横交错的庞大而复杂的组织体系，大型企业的业务规模远大于中小企业；此外，大型企业在业务运作上具有严格的流程管理。因此，大型企业所用的客户关系管理系统比中小企业所用的客户关系管理系统要更复杂、更庞大。越来越多的客户关系管理系统软件厂商依据不同企业规模提供不同的客户关系管理系统产品及服务，并逐渐向市场潜力大的中小型企业市场转移。

2. 客户关系管理系统应用集成度

客户关系管理系统涵盖整个客户生命周期，涉及众多的企业业务，如产品销售、技术支持、市场营销、订单管理、数据挖掘、建立电子商务平台等。不同的企业或同一企业处于不同的发展阶段时，对客户关系管理系统整合应用和企业集成应用有不同的要求。为满足不同企业的不同要求，客户关系管理系统在集成度方面也有不同的分类，如客户关系管理系统专项应用、客户关系管理系统整合应用和客户关系管理系统企业集成应用等。随着企业资源计划等信息化系统在企业应用的日益广泛，未来用户对客户关系管理系统产品和方案中的集成功能会有更迫切的需求。

（二）SaaS 模式的客户关系管理系统成为应用趋势

随着互联网技术的发展和应用软件的成熟，SaaS 应用模式应运而生。SaaS 是 Software-as-a-Service（软件即服务）的简称，它与按需软件（on-demand software）、应用服务提供商（the Application Service Provider，ASP）、托管软件（hosted software）具有相似的含义。SaaS 是一种通过互联网提供软件的模式。软件厂商将应用软件统一部署在自己的服务器上，客户可以根据自己的实际需求，通过互联网向软件厂商订购所需的应用软件服务，按订购的服务时间长短向软件厂商支付费用，并通过互联网获得软件厂商提供的服务。在 SaaS 模式下，用户不用再购买软件，而是向提供商租用基于 Web 的软件来开展企业的经营活动，无须对软件进行维护。对于小型企业来说，SaaS 模式是较好的选择，它节省了企业购买、搭建和维护系统所需的费用。

> **课程学习方法**
>
> 客户关系管理是一门应用学科，涉及管理、市场营销、销售管理、服务营销、管理沟通、电子商务、互联网技术及管理信息系统等相关理论及技术，要求学生在学习该课程之前应熟练掌握管理、市场营销、管理信息系统及互联网等与计算机相关的理论及技术。学生在学习时，应遵循理论联系实际的原则，在掌握课程理论知识的基础上，运用本书提供的配套实训项目进行实际操作，理解并掌握客户关系管理核心流程和支撑平台，培养客户关系管理岗位实践能力。

实训项目　认识客户关系管理软件

【实训目的】

1. 了解客户关系管理软件的类型、特点及基本功能；
2. 理解 C/S 架构与 B/S 架构的不同；
3. 熟悉客户关系管理软件的功能模块及基本操作。

【实训准备】

客户关系管理软件是通过对客户详细资料的深入分析，来提高客户满意度，从而提高企业竞争力的一套应用程序。客户关系管理软件类型可以按不同标准进行划分。

1. 根据服务器来划分

根据服务器来划分，客户关系管理软件可分为产品型和租用型两类。

（1）产品型客户关系管理软件，其服务器架设在企业内部，客户关系管理系统安装在企业内部的服务器上，数据由企业来管理。一般是一次购买终身使用，每年只需交少量的服务费。

（2）租用型客户关系管理软件，其系统和服务器都由软件服务商提供，采取月付费或年付费的方式，数据被保存在软件服务商处，对于短期内预算较少的企业比较适用。

2. 根据产品功能划分

根据产品功能划分，客户关系管理软件可分为应用型和分析型两类。

（1）应用型客户关系管理软件，其功能比较简单，具有基础的客户关系管理功能，如客户资料管理、行动记录管理、销售数据管理和订单合同管理等。

（2）分析型客户关系管理软件，除了具备基础功能外，更侧重于对企业数据的综合分析，找出重点客户的特征、销售波动周期、畅销的产品等。分析型客户关系管理软件可以帮助管理者分析目标市场客户，制定相应的市场规划和战略决策，有效开发客户资源。

3. 根据系统架构划分

根据系统架构划分，客户关系管理软件可分为浏览器/服务器模式和客户端/服务器模式。

（1）浏览器/服务器模式（Browser/Server，B/S 架构），该模式是 Web 兴起后的一种网络结构模式。这种模式统一了客户端，将系统实现的核心功能部分集中在服务器上，简化了系统的开发、维护和使用流程。只要在服务器安装好客户关系管理软件，客户端仅通过浏览器（Browser）就可以同服务器端进行数据交互。

（2）客户端/服务器模式（Client/Server，C/S 架构），该模式服务器通常采用高性能的计算机、工作站或小型机，并安装客户管理软件，客户端需要安装专用的软件。客户端/服务器模式一般建立在专用的网络或小范围的局域网上，网络间通过服务器提供数据交换服务。

当前，采用 B/S 架构的客户关系管理软件已经占据主要地位，并且成了一种趋势，很多厂商正从 C/S 架构向 B/S 架构转变。这种趋势与 B/S 架构的功能优势密不可分。未来，C/S 架构将逐渐被 B/S 架构替代。

【实训内容】

悟空 CRM 系统是基于云计算技术为国内中小企业设计和开发的一套具有领先管理思想和易用性的客户关系管理解决方案。该客户关系管理解决方案分为 SAAS 云平台版、悟空 CRM 开源版、悟空 CRM 专业版和量身定制版，见图 1.5。

SAAS云平台版
无须投入开发运维成本，按月计费

悟空CRM开源版
永久开源，采用先进的技术架构

悟空CRM专业版
永久开源，采用先进的技术架构

量身定制版
您可以随时联系悟空

图 1.5　悟空 CRM 系统各版本

SAAS 云平台版通过浏览器进行操作的方式为客户提供客户关系管理服务，用户不需要在客户端安装软件，只需在网站页面输入用户名和密码登录服务器，就可以直接在线使用客户关系管理系统。通过智能手机客户管理 App，企业管理人员可以用智能手机随时随地进行客户关系管理，不再受工作时间、工作空间限制。悟空 CRM 系统提供了企业营销、销售、服务全流程解决方案，可实现客户价值最大化和企业收益最大化的平衡。

悟空 CRM 系统的主要功能有以下几项。

（1）客户管理。悟空 CRM 系统能帮助销售人员管理手上的客户资源，通过客户信息、跟进过程、关联商机、合同等的管理，与客户建立紧密的联系，赢得竞争优势。

（2）沟通管理。利用云呼叫中心技术，企业可以轻松跟进客户关系生命周期各阶段，覆盖客户服务全过程，满足不同场景业务需要，节省人力成本。

（3）线索管理。高效把握商机，快速成交。有效的线索管理是产生更多销售机会的有效途径。线索管理功能可以帮助销售人员进行科学决策，将销售流程推向下一阶段。

（4）合同/订单/回款管理。悟空 CRM 系统能随时跟踪订单完成情况、控制订单实际执行、即时反馈订单异常，做到随时随地记录；还能跟踪和控制订单执行过程，设置合同回款计划，有序记录每一笔回款金额。

（5）客户分析。悟空 CRM 系统能针对客户数据进行分析，对客户进行画像，了解客户来源、行业及区域分布情况，形成数据分析报告，为企业管理人员提供决策依据。

【实训方法与步骤】

1. 注册悟空 CRM 系统 SAAS 云平台版

进入悟空 CRM 网站，在网站首页顶端【产品】导航栏进入悟空 CRM 系统 SAAS 云服务版平台，输入手机号进行账号注册，见图 1.6。

2. 登录悟空 CRM 系统 SAAS 云平台版

登录悟空 CRM 系统 SAAS 云平台版，首先进入的是悟空个人中心。用户在这里可以完善企业基本信息，见图 1.7。

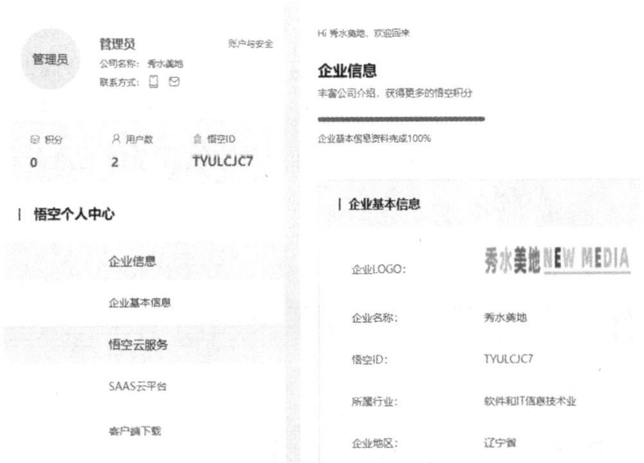

图 1.6　注册悟空 CRM 云服务（SAAS 版）平台账号

图 1.7　完善企业基本信息

填写完成企业名称、LOGO 以及所属行业与地区并保存后，点击【SAAS 云平台】导航按钮进入悟空 CRM 云平台仪表盘界面，见图 1.8。

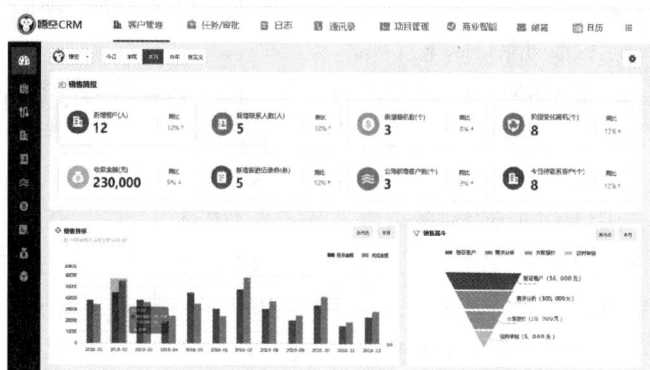

图 1.8　悟空 CRM 云平台仪表盘界面

仪表盘是一种智能工作助理，是客户关系管理辅助工具。仪表盘集成了销售简报、销售目标及完成情况、销售漏斗以及数据汇总等各种信息提醒等功能模块，可帮助用户更加有条理、科学地分配时间，有效安排和推进工作。

3. 了解悟空 CRM 系统 SAAS 云平台版基本功能模块

悟空 CRM 系统 SAAS 云平台版左侧包含待办事项、线索、客户、联系人、商机、合同、回款、发票、回访、产品以及市场活动等业务模块。顶部包括客户管理、任务/审批、日志、通讯录、项目管理、商业智能、邮箱、日历、知识库、进销存、人力资源及呼叫中心等工具模块。

【实训任务】

1. 使用计算机登录悟空 CRM 系统 SAAS 云平台版，根据提示进行账号注册。
2. 熟悉悟空 CRM 系统 SAAS 云平台版的工作界面。
3. 了解悟空 CRM 系统 SAAS 云平台版提供的客户关系管理功能模块。

【实训讨论】

1. 比较采用浏览器/服务器模式的悟空 CRM 系统 SAAS 云平台版与传统客户端/服务器模式客户关系管理系统的优缺点。
2. 使用互联网搜索引擎了解市场上常见的客户关系管理系统的产品种类，分析其功能及特点。

📖 本章小结

本章主要介绍了客户关系管理的产生与发展，与客户相关的概念及客户分类、客户关系概述、客户关系管理的概念与内容、客户关系管理的内容及流程、客户关系管理的战略意义、客户关系管理系统的应用及发展等内容。

思考与练习

一、单项选择题

1. 在日益激烈的市场竞争环境下，企业单纯靠产品已难以留住客户，（　　）已成为企业竞争制胜的一张王牌。

    A. 价格　　　　　　B. 服务　　　　　　C. 竞争　　　　　　D. 促销

2. 客户关系管理产生和发展的推动力量是（　　）。

    A. 超强的竞争环境　　　　　　B. 互联网及通信技术的发展

    C. 管理理论重心的转移　　　　　　D. 对客户利润的重视

3. 客户关系管理的理论基础来自西方，最早产生于美国的（　　）理论。

    A. 管理学　　　　　B. 经济学　　　　　C. 互联网　　　　　D. 市场营销

4. "没有名字的一张脸"与"有名字的一张脸"分别是指（　　）。

    A. 顾客与用户　　B. 消费者与用户　C. 消费者与顾客　　D. 顾客与客户

5. 客户关系管理意味着企业经营要以（　　）为核心。

    A. 客户开发　　　B. 客户资产　　　C. 客户满意　　　D. 客户识别

6. 客户关系管理的核心是（　　）管理。

    A. 客户　　　　　B. 关系　　　　　C. 价值　　　　　D. 沟通

7. 客户关系管理的流程就是建立客户关系、维护客户关系和（　　）的过程。

    A. 发展客户关系　　B. 评价客户关系　C. 终止客户关系　　D. 暂停客户关系

8. 在客户关系中，不属于根据客户状态进行分类的客户类型是（　　）。

    A. 非客户　　　　　B. 潜在客户　　　C. 流失客户　　　D. 中小商户

9. 从企业营销角度来看，客户关系管理的核心模块包括（　　）。

    A. 销售、营销、服务　　　　　　B. 采购、生产、销售

    C. 生产、销售、服务　　　　　　D. 财务、营销、服务

10. SaaS 模式是指（　　）。

    A. 按需软件　　　　　　B. 应用服务提供商

    C. 软件即服务　　　　　　D. 托管软件

二、名词解释

客户　　客户关系　　客户关系管理　　战略联盟

三、简答题

1. 简述客户关系管理出现的原因。
2. 客户关系管理有哪些发展趋势？
3. 顾客与客户有什么区别？
4. 如何对客户进行分类？
5. 客户关系有哪些类型？
6. 客户关系管理包括哪些核心模块？

7. 简述客户关系管理的流程。
8. 企业开展客户关系管理具有哪些战略意义？

四、讨论题

1. 企业实施客户关系管理是以管理为核心，还是以技术为核心？
2. 移动网络的普及将会对客户关系管理的发展带来哪些变化？

五、案例分析

　　医院客户关系管理是客户关系管理在医疗领域的应用，是在客户关系管理理念的基础上，融入医院自身的特殊性，在医院与患者之间，运用计算机技术、通信技术、多媒体技术等现代信息技术手段建立起来的一种优化医院内部服务流程的管理思想和服务理念。医院是具有一定福利性质的社会公益性场所，其提供的医疗服务是一种特殊服务，专业性强，同时还具有风险性。医院客户关系管理通过各种渠道加强与患者的沟通交流，建立患者资料档案，充分了解患者现有和潜在的医疗服务需求，不断调整和优化医疗服务提供方式和质量，为患者提供个性化服务，提高患者满意度，建立优良的医疗服务体系，实现医院和患者的双赢。

　　讨论：与制造业相比，医疗服务行业实施客户关系管理是否有助于提高患者的满意度？为什么？

第二章　客户关系管理理论基础

【理论框架】

```
                                              ┌─ 关系营销
                           ┌─ 客户营销理论 ─┼─ 一对一营销
                           │                 └─ 大数据营销
                           │
                           │                 ┌─ 客户让渡价值
                           ├─ 客户价值理论 ─┤
                           │                 └─ 客户终身价值
                           │
                           │                 ┌─ 客户满意概述
                           ├─ 客户满意理论 ─┼─ 客户满意模型
  客户关系管理              │                 └─ 提高客户满意度的策略
  理论基础 ────────────────┤
                           │                 ┌─ 客户忠诚概述
                           │                 ├─ 客户忠诚的战略意义
                           ├─ 客户忠诚理论 ─┼─ 客户满意度与客户忠诚度
                           │                 └─ 实现客户忠诚的策略
                           │
                           │                    ┌─ 客户生命周期的内涵
                           │                    ├─ 客户生命周期的阶段
                           └─ 客户生命周期理论 ─┼─ 客户生命周期的模式
                                                └─ 客户生命周期的应用
```

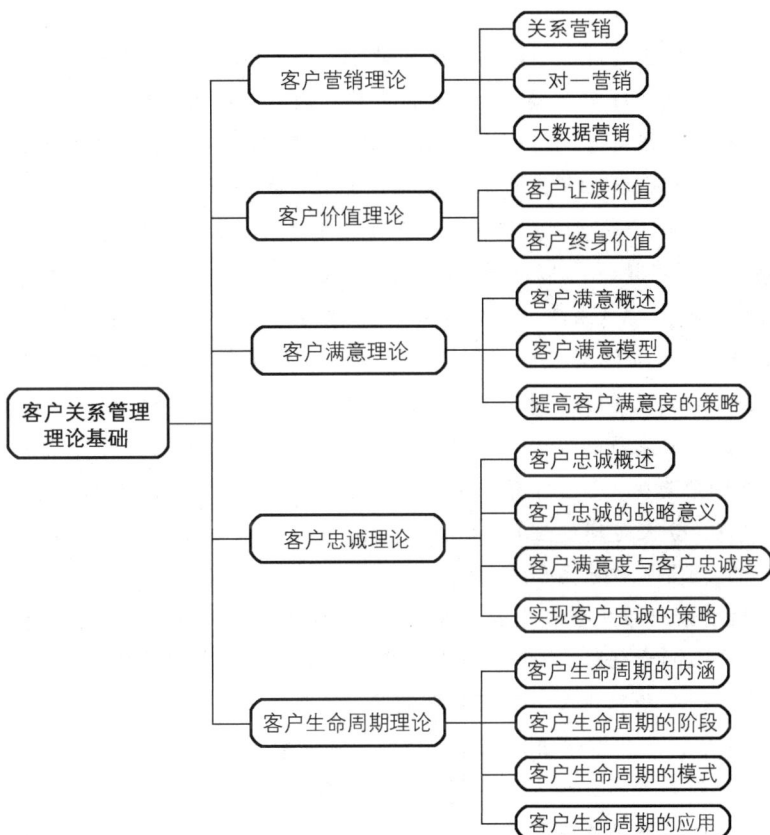

【知识与技能目标】

【知识目标】

1. 了解关系营销、一对一营销及大数据营销等相关理论;

2. 理解客户终身价值及客户生命周期理论;

3. 掌握客户满意理论及客户忠诚理论。

【技能目标】

1. 了解 CRM 系统企业管理后台内容;

2. 掌握 CRM 系统后台员工与部门管理操作。

【案例导入】

从泰国东方饭店看客户关系管理

泰国东方饭店的客房几乎天天订满，不提前一个月预订很难有入住机会。泰国在亚洲算不上是经济发达国家，但为什么会有如此强吸引力的饭店呢？大家往往会以为泰国是一个旅游国家，饭店是不是借助旅游资源吸引到了客户呢？答案是否定的，泰国东方饭店靠的是非同寻常的客户服务，也就是我们说的客户关系管理。该饭店的客户服务到底好到什么程度？我们不妨看一个案例。

一位商务人士因公务经常到泰国出差。第一次入住时，东方饭店就给他留下了深刻的印象。第二次入住时，几个细节更加深了他对饭店的好感。

早上，他走出房门去餐厅，楼层服务生恭敬地问道："余先生是要用早餐吗？"他感到很奇怪。当他乘电梯下到餐厅所在楼层，刚走出电梯门时，餐厅服务生说："余先生，里面请。"他走进餐厅，服务小姐微笑着问："余先生还要老位子吗？"他的惊讶再次升级，心想"尽管我不是第一次在这里吃饭，但离最近的一次入住也有一年多了，难道这里的服务小姐记忆力那么好？"服务小姐说："我刚刚查过记录，您在去年的 6 月 8 日在靠近第二个窗口的位子上用过早餐。"他听后兴奋地说："老位子!老位子!"服务小姐接着问："老菜单？一个三明治，一杯咖啡，一个鸡蛋？""老菜单，就要老菜单。"服务生上菜时，后退两步说："这是我们特有的小菜。"这种细致的服务不要说在一般的酒店，就是在豪华饭店里他都没有见过。

这一顿早餐给他留下了终生难忘的印象。后来，由于业务调整的原因，他有三年多的时间没有再到泰国。在他生日的那天，突然收到一封来自泰国东方饭店的生日贺卡。里面附了一封短信："亲爱的余先生，您已经有 3 年没有来过我们这里了，我们全体人员都非常想念您，希望能再次见到您。今天是您的生日，祝您生日愉快!"他当时激动得热泪盈眶，以后有机会再去泰国时，一定还要入住东方饭店。

（本故事整理自余世维先生在中国人寿的"成功经理人"讲座实录《管理者常犯的第一个毛病：拒绝承担个人的责任》，本文在互联网流传广泛，未能查到原始出处）

思考：结合案例分析客户关系管理的精髓是什么？

评析：泰国东方饭店非常注重培养忠实客户，为此建立了一套完善的客户关系管理体系，客户入住后可以得到无微不至的人性化服务。用饭店管理者的话说，只要每年有十分之一的老顾客光顾饭店，客房就会永远客满。这就是东方饭店成功的秘诀。客户关系管理并非只是一套软件系统，而是以全员服务意识为核心贯穿于所有经营环节的一整套全面完善的服务理念和服务体系。在这方面，泰国东方饭店的做法值得很多企业认真学习和借鉴。

第一节　客户营销理论

随着"以客户为中心"时代的来临，传统的 4P 营销组合似乎已无法完全顺应时代的要求，4C 营销组合应运而生。4C 营销组合强调企业应该把追求客户满意放在第一位。客户营销理论内容广泛，与客户关系管理联系密切的有关系营销、一对一营销、大数据营销等相关理论。

一、关系营销

关系营销是 20 世纪 80 年代末在西方企业界兴起的一种营销理论。它是西方营销学者在企业营销思想、营销策略、营销行动分析总结的基础上提出的一种新营销理论。

（一）关系营销概述

1983 年，美国学者贝利（Berry）在服务营销研究中正式引入了关系营销的概念，并将其定义为"吸引、保持和增进客户关系"。早期的关系营销主要集中运用于工业市场和服务市场，以后逐步扩展为一个具有普遍意义的营销理论。

1. 关系营销的概念

关系营销是企业为实现其自身目标与相关市场参与者建立和维持互利合作关系的过程。关系营销把营销活动看成一个企业与消费者、供应商、分销商、竞争者、政府机构及其他公众发生互动作用的过程，正确处理企业与这些组织及个人的关系是关系营销的核心。

关系营销是一个持续的过程，其实现的途径是企业通过多种接触点与客户发生持续的互动以建立企业与客户的良好关系，见图 2.1。

关系营销关注的重点不是获得新客户，而是提

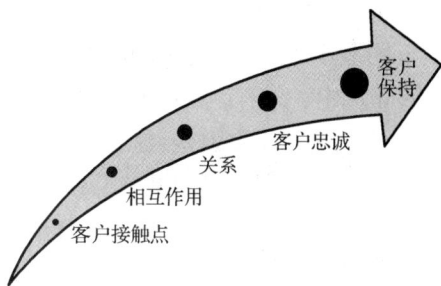

图 2.1　关系营销实现的途径

高现有客户的满意度，培养现有客户的忠诚度，从而获得稳定的客户群。关系营销从根本上改变了传统营销将交易视作营销活动关键的狭隘认识，企业应与客户、分销商及其他组织建立并保持长期良好关系，并在此基础上寻求企业的长期发展。

2. 关系营销中的关系

关系营销是以建立、维护关系为核心的。这里的"关系"，主要是指企业与目标客户、供应商、分销商、竞争者、内部员工及其他机构等之间的关系。

（1）与目标客户的关系。企业的生存与发展需要依靠稳定的客户群，企业可通过搜集市场信息与客户进行沟通，了解并满足客户需求，将潜在客户发展为现实客户，将短期客户发展为长期客户，将新客户发展为老客户，与客户建立与维系长期稳定的合作关系。例如，联想公司与国内一些高校建立了长期合作关系，以优惠的价格为这些高校提供实践教学用的机器。

（2）与供应商、分销商的关系。供应链的参与者可通过信息和利益共享，形成"供应商—企业—分销商"的商业纽带。企业在竞争与合作的基础上，可与供应商、分销商建立起长期的、彼此信任的互利合作关系。例如，苏宁电器是我国家电连锁零售企业的领先者，也是联想公司的重要分销商，联想公司曾为苏宁电器的信息化提供了最新的服务器产品和先进的解决方案，苏宁电器提高了业务处理的速度和工作效率，并为苏宁电器后续快速的发展奠定了坚实的平台基础。

（3）与竞争者的关系。与竞争者合作，各方可以建立一种"双赢"或"多赢"的关系，使合作各方获得更多的利益，如两个或两个以上企业联合开发某一新产品等。通过合作，各方可以优势互补，获得更多的竞争优势和利益。例如，苹果与三星既是竞争关系，又是合作关系；从手机整机销售来看，两者是竞争关系；但从供应链角度来看，两者又是合作关系，三星不仅为苹果代工生产 A 系列处理器，而且还为苹果提供 OLED 显示屏配件。

（4）与内部员工的关系。员工不仅是企业的雇员，还是企业的伙伴。企业要处理好与内部员工的关系，不仅要为员工提供令其满意的物质利益，还要为员工提供成长空间。例如，海底捞为员工设计了职业发展路径，海底捞的管理人员全部是从服务员、传菜员等基层岗位做起的，海底捞为每位员工提供了公平的发展空间和良好的晋升通道。

（5）与其他机构的关系。各种金融机构、新闻媒体、公共事业团体及政府机构等对企业的营销活动都会产生重要的影响，企业应通过公共关系为主要手段争取其理解和支持。例如，早年 IBM 为配合我国科教兴国战略，先后与清华大学、北京大学等高校合作，建立了开思软件培训中心、基础研究中心、联合培训中心和软件开发公司等。

3. 关系营销的特征

关系营销把企业的市场营销活动置于整个社会经济的大循环之中，而不仅仅局限于产品交易市场中。只有让客户体会到营销的互利性，企业才能与客户建立牢固的交易关系。

（1）沟通的双向性。建立关系是一种信息沟通的过程，其过程是双向的。沟通既可以由企业开始，也可以由客户开始。广泛的信息沟通，可以让企业赢得客户的支持与合作。

（2）过程的协同性。在竞争性的市场上，营销管理者应与利益相关者建立长期、彼此信任、互利的关系。双方可以通过协同合作实现对彼此有益的共同目标。

（3）营销的互利性。关系营销建立在互利的基础上，如果无法实现和满足各自利益，双方就不会建立良好的关系。关系营销要求双方互相了解对方的利益诉求，寻求双方利益的共同点，并努力实现双方的共同利益。

（4）反馈的及时性。企业通过反馈可以及时了解外部环境及客户需求的变化，这不仅有助于企业根据这些变化不断改进产品或服务，而且还有助于企业挖掘新的市场机会。

（二）关系营销策略

良好的客户关系是企业营销活动成功的基本保证。关系营销是企业以客户为中心，在满足客户需求的同时与客户建立长期稳定的良好关系，也是企业得到长期发展的策略。

（1）与客户进行有效的沟通。客户满意的前提是了解客户的需求，与客户进行有效沟通是了解客户需求的重要途径。沟通的渠道有服务电话、企业微博、企业公众号、企业邮箱等。此外，通过客户关系管理系统，企业可以及时捕捉和掌握客户的需求信息，并采取有针对性的营销策略来吸引新客户，提升客户关系管理水平。

（2）为客户提供高质量的产品和服务。产品和服务是企业与客户的接触点。客户对企业的认知，在很大程度上源于对企业产品和服务的认知。高质量的产品和服务本身就是优秀的"推销员"。提供高质量的产品和服务是企业树立品牌形象、开展关系营销的前提。

（3）对客户进行感情投资。企业一旦与客户建立了业务关系，就应积极找寻业务之外的其他关系，并用这些关系来强化交易关系。例如，越在细节方面关心客户，如记住客户的生日、结婚纪念日，并在当天为客户寄送祝福等，越能体现企业对客户的重视。

（4）奖励忠诚客户。企业可以通过对客户进行奖励来培养客户关系。例如，给予客户价格优惠，或者向老客户提供他们所认同的价值，如增强产品功能、改善产品品质或提供灵活的付款方式、资金融通方式等，使企业与客户形成长期稳定的合作关系。

（5）向基层员工授权。传统岗位责任制会严重束缚企业的服务能力，在处理客户问题时往往需要经过汇报、请示、申请、批准等程序。企业应向基层员工授予一定的权力，使其能够及时、快速、合理地解决客户问题，提高服务水平和客户满意度。

二、一对一营销

一对一营销（one-to-one marketing），又叫个性化营销，是企业与特定客户进行个性化沟通，提供符合其需要的定制化产品或服务的营销活动。定制化是一对一营销的本质特征，企业可以通过一对一营销为客户提供具有针对性的个性化产品或服务解决方案。一对一营销的目标是提高客户关系的投资回报，提升客户满意度和忠诚度，使客户价值达到最大化。

案例 2.1

戴尔公司的一对一营销

1984 年，戴尔公司成立之初即确立了直销模式，针对消费者的不同需求和偏好，专门设计并生产个人计算机，并有针对性地向消费者提供独具特色的服务。戴尔公司提出"按照客户要求定制计算机，满足消费者的个性需求"的市场营销新理念，它绕过了一些中间环节，直接按订单将定制产品销售到客户手中，以客户为中心，实现零库存。戴尔公司以特色鲜明的一对一营销方式使其销售业绩飞速提升，在短短 20 年内即由一家名不见经传的小公司发展为国际计算机市场的龙头企业。这应该是世界上成功运用一对一营销策略的典范。

讨论：一对一营销是否适合所有企业？

1. 一对一营销的特点

相对其他客户营销理论，一对一营销具有以下特点。

（1）从追求市场占有率到追求客户占有率。传统营销方式强调将产品更多地卖出去，从而实现更高的市场占有率。一对一营销则强调尽量做好与每一位有价值客户的沟通工作，通过满足他们各自不同的需求来保持同每一位客户的密切关系，从而提高客户的占有率。

（2）从注重产品差异到注重客户差异。一对一营销理论认为，区分每一位客户的差异是满足客户需求的前提。企业通过对客户资料的统计分析，判定每一位客户的价值追求，实施各种有针对性的服务，培养忠诚客户，并通过客户的口碑传播不断扩大客户群。

（3）从产品管理到客户管理。在传统营销中，企业根据市场调研了解客户需求，然后开发满足客户需求的产品，营销活动以产品管理为中心。在一对一营销中，营销管理则是以客户为中心，为客户提供定制化的产品或服务。定制化意味着企业要努力满足每个客户的个性化需求，这有别于传统企业的营销模式。

（4）从强调规模经济到强调范围经济。传统营销强调规模经济，企业试图通过增加产量来降低产品成本。在一对一营销中，企业不再强调"规模"，而是强调"范围"。范围经济是企业通过生产多种产品或增加产品种类而引起的单位成本降低。与规模经济不同，范围经济通常是企业从生产或提供系列产品单位成本中获得节约的，这种节约可以来自分销、研发和服务中心等部门。

2. 一对一营销的过程

一对一营销的核心是企业与客户建立起一种新型的服务关系，企业通过与客户接触不断增强对客户的了解，并提供符合特定客户需要的个性化产品或服务。

（1）需求识别。不同客户具有不同的需求，一对一营销要求企业从每一个接触层面或沟通渠道，搜集客户信息并了解每一位特定客户的个性化需求。企业应尽可能多地掌握客户信息，如客户购买产品的种类、规格、数量、价格、采购条件及特定需要等。例如，为方便销售，某超市要求日化产品生产企业提供具有磁性防盗条码的塑料容器等。

案例 2.2

用户真的需要一匹跑得快的马吗

100多年前，福特公司的创始人亨利·福特先生曾经问过客户："你需要一个什么样的交通工具？"几乎所有的客户都回答："我要一匹马。"一般人听到这个回答后，可能都会跑到马场去选马配种，以满足客户的这种需求。但是福特先生并没有这样做，他接着问："你为什么需要一匹马？"客户回答："因为它跑得快。"福特继续问："你为什么需要马跑得快？"客户回答："因为这样我就可以用更短的时间到达目的地。"听到客户的回答，福特略有所思，后来基于客户的需求开发了汽车生产流水线，实现了汽车批量生产，很好地满足了客户的代步需求。

讨论： 这个故事给了我们什么启发？

（2）行为定制。一对一营销的目标是为特定客户定制实体产品或围绕产品提供某些方面的定制服务。例如，2018年，招商银行推出一款借记卡——魔漫卡，该卡是招商银行联合魔漫相机发行的印有个人原创漫画形象的联名借记卡。客户只要进入借记卡定制页面，拍摄一张照片，就可以制作印有个人漫画形象的专属银行卡，还能选择自己喜欢的卡面。

（3）部门合作。一对一营销是建立在定制利润高于定制成本基础之上的，这就要求企业的营销部门、研发部门、采购部门、制造部门和财务部门之间通力合作。营销部门要确定满足客户所要求的定制规格；研发部门要对产品进行高效率的重新设计；采购与制造部门要保证原材料的有效供应和生产的顺利进行；财务部门要及时提供生产成本与财务分析报告。

三、大数据营销

以往，企业获取营销数据的途径一般是通过市场调研。市场调研信息仅能满足企业的部分营销需求，不足以洞察客户消费行为。在大数据时代，企业可以利用社交媒体、邮件、地理位置、图片、视频等数据洞察客户，采集和分析更多客户信息，同时可以洞察这些信息之间的联系或规律。

1. 大数据营销的特点

在互联网时代，大数据越来越被人们所重视，营销领域引入大数据后产生了一个新的概念——大数据营销。大数据营销是指通过互联网采集大量客户消费数据，在分析客户消费信息的基础上，预测客户的消费行为，有针对性地制定营销策略的一种营销手段。大数据营销是一种精准营销，它可以把不同客户的消费习惯、消费偏好、消费频率及营销人员所需的用户画像描绘得更加精准，从而使企业营销策略更加有的放矢。

（1）多平台数据采集。大数据营销的数据来源多样化，多平台的数据采集能将用户画像刻画得更加全面和准确。这些数据采集平台包括互联网、智能电视及户外智能终端等。

（2）数据时效性强。大数据营销具有很强的时效性。在网络时代，客户的消费行为和购买方式极易在短时间内发生变化。大数据营销可利用技术手段充分了解客户需求，并让客户在第一时间收到产品或服务信息。

（3）营销个性化。在移动互联网时代，营销理念已从"媒体导向"向"受众导向"转变。以往营销活动主要以媒体为导向，客户被动接收信息。现在，企业以客户为导向，应用大数据技术进行数据采集，让营销传播更加精准，客户服务更加个性化。

（4）信息关联性。大数据可以对客户的各种信息进行多维度的关联分析，从大量数据中发现数据项之间的联系。例如，超市通过对购物小票清单进行分析可以发现客户购物车中的不同商品之间的联系，从而分析出客户的消费习惯。

案例 2.3

花旗银行的大数据营销

花旗银行是具有创新意识的银行之一，它所采用的大数据营销方式与众不同。花旗银行有自己的客户数据库，运用大数据技术更好地了解客户，为客户提供更好的金融服务。花旗银行数据库信息主要包括：客户的基本信息，如姓名、性别、职业、职位、偏好、交易时间等；统计分析资料，包括客户对银行的态度和评价以及客户自身的信用情况和潜在需求特征等；银行投入记录，包括银行与客户联系的方式、地点、时间，客户使用产品的情况等。数据库的基本资料既能靠人工输入，又能在客户使用银行产品的过程中，自动被数据库记录下来，从而减少了信息调研所需付出的人力成本。

讨论：企业如何通过客户大数据信息了解客户需求？

2. 大数据营销的意义

在大数据时代，企业应用大数据营销具有以下意义。

（1）精准分析客户特征与行为。只有积累足够多的客户数据，才能分析出客户的喜好与购买习惯，做到"比客户更了解客户自己"。这是大数据营销最核心的价值。例如，在某电影预告片投放后，营销人员通过微博大数据分析得知电影的主要观众群为"90后"女性，后续的营销活动则主要针对这些人群展开。

视野拓展
大数据与零库存案例

（2）精准推送营销信息。面对日新月异的新媒体，企业想要有效传播品牌，就要对粉丝信息和互动记录进行分析，将粉丝转化为潜在客户，并对潜在客户进行多维度画像。企业通过大数据营销可以精准了解活跃粉丝的互动内容，关联潜在客户与会员数据，关联潜在客户与客服数据，从而有效地筛选目标客户群体，做到精准营销。

（3）有效改善客户体验。改善客户体验的关键在于了解客户使用产品的状况与感受。例如，汽车在行驶中，驾驶员对车辆的控制是基于对交通规则的判定，而在未来更加复杂的路况下，基于大数据驱动的驾驶行为的决策，将变成未来发展的主流。

（4）预防客户流失。通过客户数据库信息及消费行为大数据分析，企业可以随时掌握客户动态，防止客户转向竞争对手而造成客户流失。

3. 大数据营销策略

大数据作为信息技术的产物，越来越受到企业管理者的青睐。大数据营销在维系客户关系、提高销售额方面扮演着越来越重要的角色。

（1）分析客户消费行为。客户大数据是企业通过对客户信息的采集和追踪获得的，企业可通过客户大数据来推测客户未来的消费行为。例如，利用客户大数据信息对客户过去的购买习惯进行分析，从而判断客户是被产品、服务所吸引还是被价格所吸引的。基于这样的分析，企业可以有针对性地制定营销策略。例如，许多航空公司利用常旅客留下的信息建立了常旅客数据库，航空公司可以利用这个数据库统计和分析常旅客的构成、流向和流量，分析常旅客出行及消费的趋势，订票、购票的方式与习惯，以及他们对航空公司市场营销活动的反应等，从而有针对性地采取相应的营销策略。

（2）提供个性化服务。获取客户大数据信息后，企业对客户的这些基础信息和交易信息进行加工、提炼、挖掘、分析、处理和对比，可以在海量数据中探求客户现有及潜在的需求，从而有针对性地为目标客户提供个性化服务。

~~~ 案例 2.4 ~~~

Apple Store 上线激光刻字服务

AirPods 耳机是苹果公司的一款产品。2019 年 3 月 20 日，苹果发布了新一代的 AirPods 耳机，可以称作 AirPods2。对比上一代的产品，AirPods2 并没有太大变化，采用的是 H1 芯片，稳定性更好，续航时间更长。有意思的是，苹果在官网上线了一项私人定制服务，消费者购买 AirPods2 后，可以要求在 AirPods2 机身上刻字。至于刻什么字，完全由消费者自己来决定。此前苹果一直有为 iPad 等产品的消费者提供激光刻字服务。

讨论：Apple Store 上线激光刻字服务是否有助于该类产品的销售？

（3）服务过程自动化。掌握客户大数据后，企业可以增强跟踪服务和自动服务的能力，从而更好地维系客户关系，使客户得到更快捷和更周到的服务。大数据对客户历史交易行为进行监控和分析，当某一客户购买产品或服务的价值累计达到一定金额后，客户数据可以提示企业对该客户给予优惠或为其提供个性化服务。例如，当客户在网上书店购买图书时，销售系统就会自动记录书目，生成有关客户偏好的信息。当客户再次访问网上书店时，销售系统就会自动识别其身份，并依据其偏好来推荐书目。

（4）动态管理客户信息。企业通过应用客户大数据可以了解和掌握客户的需求及其变化规律。由于客户信息总是在不断地发生变化，客户资料也应随之不断地进行调整。例如，母婴用品公司可以为怀孕的准妈妈寄送公司的宣传品，等新生儿出生后，公司可以把折价券寄送到产妇手中，产妇凭借折价券可以买到价格优惠的纸尿裤。公司凭折价券也可记录客户的购买情况，并继续追踪客户持续使用该产品的情况。

第二节　客户价值理论

客户是否会购买某一产品或服务，从根本意义上讲，取决于两个方面：一方面是其可能获得的效用或价值；另一方面是其在得到这一效用或价值时的付出。两者相比，若效用或价值大于付出，客户就会倾向于购买；而若付出大于效用或价值，客户则可能放弃购买。

一、客户让渡价值

客户让渡价值是指客户总价值与客户总成本之间的差额，见图2.2。

当客户让渡价值为正时，购买行为有可能发生；当客户让渡价值为负时，购买行为则难以发生。例如，一位住在县城的消费者准备购买一台空调，其会面临两种选择：是在当地购买，还是到省会城市购买。当地的空调价格较高且款式少，但负责送货和安装；省会城市的空调价格较低且款式多，但不负责送货和安装。如果在

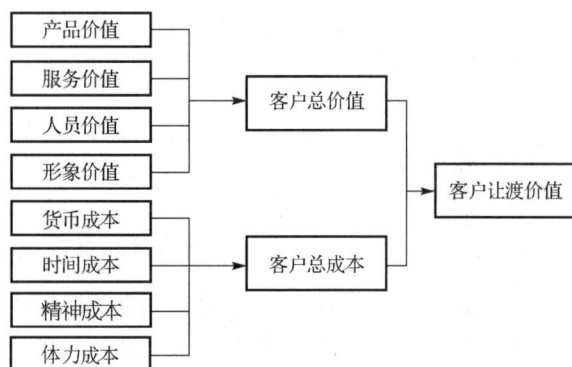

图 2.2　客户让渡价值

省会城市购买同类产品支付的价格比在附近购买支付的价格低不了多少，那么，消费者会认为，其得到的客户总价值（产品效用）差异不大。如果在省会城市购买的客户总成本（运货、安装、时间、精力、体力）要比在当地购买大很多，从而使客户让渡价值减少，消费者就会决定在当地购买。如果省会城市的价格比当地价格低很多，消费者则会选择去省会城市购买，因为那样客户让渡价值会增加。

（一）客户总价值

客户总价值是指客户为购买某一产品或服务所期望获得的利益，是客户获得更大客户让渡价值的途径之一。客户总价值由产品价值、服务价值、人员价值和形象价值构成。

1. 产品价值

产品价值是由产品的功能、特性、品质、品种与式样等所产生的价值。它是客户购买需求的中心内容，也是客户选购产品的首要因素。

案例 2.5

OPPO 通过内容生态提升产品与品牌价值

技术的变革让内容和终端硬件进行了深度结合，不仅为内容创作者创造了更多的市场机遇，同时也为自身提升了产品与品牌价值。OPPO 就是通过内容生态将内容和终端硬件结合得比较好的手机厂商之一。OPPO 依托自身终端媒体属性，拥有强大的流量支撑，其平台主

要包括乐划锁屏、OPPO 浏览器、OPPO 主题商店、OPPO 视频等内容分发场景。此外，OPPO 依托耳机、手表、电视等终端产品，组成不同的终端产品矩阵，又提供了更多内容消费场景。OPPO 为每一位合作伙伴提供了创作土壤，不断创新产品，为合作伙伴提供内容变现机会的同时，也提升了自身的产品与品牌价值。

讨论： OPPO 内容生态是不是提升 OPPO 产品及品牌价值的有效途径？

2. 服务价值

服务价值是指伴随产品实体的出售，企业向客户提供的各种附加服务，包括产品介绍、送货、安装、调试、维修、技术培训、产品售后等所产生的价值。随着购买力水平的不断提高，客户对企业服务的要求越来越高，服务质量对客户购买决策的影响也越来越大，企业给客户提供优质的服务已经成为提高客户感知价值和满意度的重要因素之一。这就要求企业站在客户的角度，想客户所想，优化服务内容、提高服务水平，提升客户的感知价值，进而不断提高客户满意度。

案例 2.6

海底捞通过服务创新提升服务价值

海底捞在服务价值提升上有许多创新，其从顾客利益出发，一切以顾客消费体验为核心，抓住服务价值的本质。海底捞除了提供热情的服务和对顾客的细致关怀外，还提供人性化服务。例如，到一家生意火爆的餐馆就餐，顾客一般需要等位置。在等位置的过程中，顾客会做什么呢？吃点零食和朋友聊聊天，打会儿游戏……如果该餐馆能帮顾客打发无聊的时光，顾客会感觉怎样？海底捞在等位区提供水果、小零食、美甲、擦鞋等产品或服务，这些个性化服务成了海底捞的核心竞争优势，也是很多顾客愿意选择去海底捞消费的重要原因之一。

讨论： 与其他你熟悉的火锅店相比，海底捞在提升服务价值方面有什么不同？

3. 人员价值

人员价值是指企业员工的经营思想、知识水平、业务能力、工作效益和质量、经营作风、应变能力所产生的价值。企业员工直接决定着企业为客户提供的产品与服务的质量，决定着客户总价值的大小。人员价值对企业、对客户具有潜移默化的巨大影响。20 世纪 70 年代，日本企业崛起的一个很重要的原因是其采用人性化管理，大大提升了员工的满意度，激励员工为客户提供优质的产品或服务，从而提高了客户感知价值和满意度。

4. 形象价值

形象价值是指企业及其产品在社会公众中形成的总体形象所产生的价值。形象对企业来说是宝贵的无形资产，良好的形象会对企业的产品产生巨大的支持作用。因此，赋予产品较高的价值，使客户的需要得到更高层次和更大限度的满足，可以增加客户总价值。

（二）客户总成本

客户总成本是指客户为购买某一产品所耗费的时间、精力及所支付的资金等，包括货币成本、时间成本、精神成本和体力成本。

1. 货币成本

要提高客户感知价值和满意度，仅靠提供高质量的产品仍然不够，还需合理地制定产品的价格。企业定价应以客户满意为出发点，依据市场环境、竞争程度和客户的接受能力来制定。例如，某超市站在消费者采购代理的立场上，严格挑选供应商，与供应商讨价还价，提出"帮顾客节省每一分钱"的口号。

2. 时间成本

时间成本是指客户为得到所期望的产品或服务而处于等待状态的代价。时间成本是客户满意度和客户让渡价值的减函数，在客户总价值和其他成本一定的情况下，时间成本越低，客户总成本越低，客户让渡价值越高；反之，时间成本越高，客户总成本越高，客户让渡价值会越低。在保证产品与服务质量的前提下，企业应尽可能节省客户的购物时间，从而降低客户购买的总成本，提高客户的感知价值和满意度。例如，近年来提出的一站式购物可使客户在较短的时间内以较快的速度购齐所需要的商品，降低了客户购物的时间成本，提高了客户的感知价值和满意度。

3. 精神成本

精神成本是客户在购买产品或服务时承担的精神压力。在相同情况下，精神成本越低，客户总成本越低，客户的感知价值越高；相反，精神成本越高，客户总成本越高，客户的感知价值越低。降低精神成本最常见的做法是给予承诺与保证，如数码产品的保修承诺等。此外，企业为了降低客户的精神成本，还可以为客户购买保险。例如，航空公司为乘客提供航空险，其目的就是减少客户风险，降低客户的精神成本。

4. 体力成本

体力成本是指客户在购买某一产品或服务时在体力方面的付出。例如，产品信息的搜集，"货比三家"的选择，产品购买后的搬运，产品开箱或拆包，产品的安装、调试，产品发生故障时与商家、厂家联系维修事宜，维修过程中给予的配合等。在客户总价值和其他成本一定的情况下，体力成本越低，客户为购买产品或服务所付出的总成本就越低，客户的满意度就会越高。

二、客户终身价值

客户生命周期概念改变了企业对客户的看法，企业关注的是客户的整个生命周期，而不是分散的交易活动。企业希望了解长久的客户关系给企业带来的价值，以便决定为客户付出努力的程度。

1. 客户终身价值的含义

客户终身价值是指随着时间的推移，客户未来可能为企业带来的收益总和。客户终身价值也是客户在整个生命周期中全部支付净额的折现值，它是客户未来带来的所有收益减去因该客户发生的费用后的余额的折现值。客户关系被认为是一种投资，获得一个客户就像是获得新的资产一样，它在未来能够为企业带来利润。然而，客户关系需要花费成本去维护，因此，未来全部的收益和费用都需要进行估算以评估客户终身价值。通常，客户终身价值是通过预估该客户未来的全部购买量，再将其转化为折现值来计算的。

2. 客户终身价值的应用

了解客户终身价值有助于营销战略的制定。客户终身价值在客户细分、客户选择、客户资源分配等方面具有重要的指导作用。

（1）客户细分。企业可以用客户终身价值作为标准对客户进行细分，并在此基础上确定企业的目标客户。以客户终身价值为基础对客户进行细分是服务营销和服务计划开展的基础，企业通过为不同终身价值的客户提供不同产品或服务，不仅可以满足不同客户的需求，而且能使企业收益最大化。例如，在竞争激烈的电信行业，电信运营商会给高端客户提供更加贴心的资费套餐和服务项目，以便给这些客户提供更高价值的服务，从而长期保留客户。

（2）客户选择。客户终身价值经常作为企业获得客户所需费用的上限。例如，企业从客户关系中获得的客户终身价值是 500 元，则该企业获取这个客户的费用就不能超过 500 元。客户终身价值是影响企业进行客户选择的一个重要因素，但并不是唯一因素。企业进行客户选择时除了要考虑客户终身价值外，还要考虑其他因素，如客户对企业产品的满意度及忠诚度等情况。

（3）客户资源分配。在考虑资金时间价值的前提下，客户终身价值是指从客户身上获得的所有预期价值的折现值。企业对特定客户分配恰当的资源，这些特定客户有可能给企业带来长远利益。例如，招商银行针对大学生推出校园版信用卡，这种校园版信用卡虽在短期内并不能给招商银行带来巨大利润，但大学生群体具有潜在的客户终身价值，招商银行是在有意培育这部分客户群体。

3. 客户终身价值计算

客户终身价值可用每个客户创造的毛利润来评价。在实际中，企业很难将成本分配给特定的客户，因此，可以用每个客户为企业带来的收入代替每个客户创造的毛利润。不同细分市场会存在不同现金流特性（即不同的毛利润和保留率），因此，企业应对每个特定细分市场以现金流为基础分别计算客户终身价值。

要计算客户终身价值，企业需要知道客户获取成本、来自客户的收入、客户保留成本、客户保留率以及基于资金时间价值的折现率，见图 2.3。

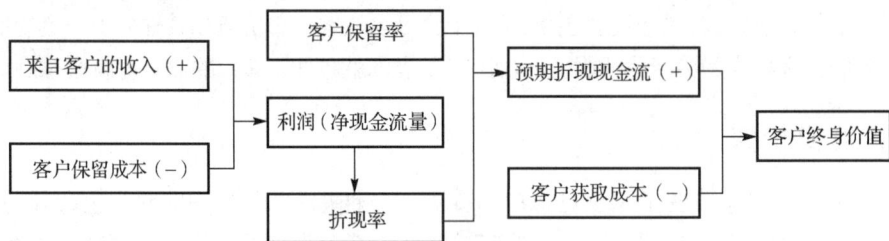

图 2.3　客户终身价值计算

客户终身价值=来自客户的现金流的净现值=预期折现现金流-客户获取成本

$$= \sum_{i=1}^{n} p_i \cdot \text{DNCF}_i - AC = \sum_{i=1}^{n} p_i \cdot \text{NCF}_i / (1+r)^i - AC$$

式中，p_i 为 i 期间的客户保留率；DNCF_i 为 i 期间的现金流折现值；AC 为客户获取成本；NCF_i 为 i 期间的净现金流（年收入减去在此期间的客户保留成本）；r 为折现率。

【例题】一家客户关系管理软件服务商为企业客户提供基于 SaaS 形式的客户关系管理服务。为了了解客户的终身价值，企业对某位客户的客户关系维系成本及获得的收益进行了跟踪，情况如下：客户获取初始成本是 3 000 元；来自客户的收入，分别是第一年 9 000 元，第二年 7 500 元，第三年 8 000 元，第四年 8 500 元。假设折现率为 20%，这四年中每年客户保留率分别是 0.9、0.8、0.7 和 0.5。这四年中每一年为客户提供服务的费用分别是 1 000 元、1 300 元、1 500 元和 1 600 元。试计算该客户这四年的终身价值。

根据客户终身价值相关概念及量化关系，利用 Excel 表计算，计算过程见表 2.1。经计算得知，该客户这四年的终身价值为 10 741 元。

表 2.1　客户终身价值计算　　　　折现率=20%

年次	来自客户的收入 B	保留成本 C	净现金流量（利润）$D=B-C$	折现现金流 $E=D/(1+r)^i$	客户保留率 F	预期折现现金流 $G=E \times F$
1	9 000	1 000	8 000	6 666.7	0.9	6 000
2	7 500	1 300	6 200	4 305.6	0.8	3 444
3	8 000	1 500	6 500	3 761.6	0.7	2 633
4	8 500	1 600	6 900	3 327.5	0.5	1 664
总预期折现现金流 $\sum G$		13 741				
客户获取成本 AC		3 000				
客户终身价值 $\sum G-AC$		10 741				

第三节　客户满意理论

客户满意理论的产生经历了从"产值中心论"到"销售中心论"，再到"利润中心论""市场中心论""客户中心论"，最后进入"客户满意中心论"的过程。

一、客户满意概述

人们对客户满意的认知大都是围绕"感知与期望"展开的，其核心是客户期望形成了一个可以对产品、服务进行比较、判断的参照点。客户满意作为一种主观的感觉被感知，描述了客户对某一特定购买期望得到满足的程度。

（一）客户满意的特征

菲利普·科特勒认为，客户满意是指个人对产品或服务的可感知效果与其期望值相比较后，所形成的愉悦或失望的感觉状态。亨利·阿塞尔认为，当商品的实际消费效果达到客户的预期时，客户就满意；否则，客户就不满意。可见，满意水平是客户可感知效果和期望值之间的差额。如果客户可感知效果低于期望值，客户就会不满意；如果客户可感知效果与期望值相匹配，客户就会满意；如果客户可感知效果超过期望值，客户就会高度满意。因此，客户满意与否，取决于客户在接受产品或服务之前的期望值同客户接受产品或服务之后的感知效果比较所产生的感受，见图 2.4。

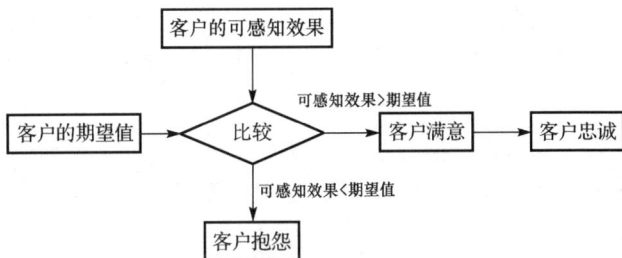

图 2.4　客户期望值与客户可感知效果比较后的感受

来自公交车的启示

设想一下，在烈日炎炎的夏日，当你一路狂奔，气喘吁吁地在车门关上之前的一刹那，登上一辆早已拥挤不堪的公交车时，洋溢在内心的是何等的庆幸和满足。而在秋高气爽的秋日，你悠闲地在车站等了十多分钟，却没有在起始站获得一个座位时，又是何等的失落和沮丧。同样的结果——都是搭上没有座位的公交车，却因为过程不同，在你心里的满意度也大不一样。

讨论：同样的结果为什么给乘客的感受不同？

满意是一种感觉状态，是客户对企业提供的产品或服务的价值判断或评价，客户满意主要表现为以下三个特征。

（1）主观性特征。客户感受对象是客观的，但满意是建立在对产品或服务的体验之上的，所以，满意与否具有强烈的主观色彩。满意与否会受到客户自身条件如文化背景、知识和经验、经济地位、生活习惯、价值观念、个人需求及评价动机，甚至个人好恶、性格、情绪等非理性主观因素的影响。

（2）层次性特征。客户满意是客户对企业提供的产品或服务的心理评价，这种评价是多层次的，同时也具有多重指标。客户满意从横向来看，包括理念满意、行为满意、视听满意、产品满意和服务满意；从纵向来看，包括物质满意、精神满意和社会满意三个逐渐递进的层次。不同的客户，其满意的变化情况可能是多种多样的。

（3）动态性特征。由于客户需求具有变化性，因此客户满意也会相应发生变化。随着社会经济和文化的发展，客户的需求和期望也会相应增多，客户满意也会发生变化，甚至会从满意转为不满意。客户对企业产品或服务满意的评判是一个随时间发展而变化的动态过程。

（二）客户满意度

1. 客户满意度的概念

满意是一个不确定的概念，满意的标准会因人而异。面对同样的产品或服务，有人满意，也有人不满意。从个体角度出发，客户是否满意呈现出随意性，没有规律可循。如果将足够多的个体集合为一个整体来观察，就能体现出其规律性。因此，依据统计学原理对客户满意度进行调查，就能得到正确反映客户满意状况的有用信息。

客户满意状况是由客户的期望和客户的感知两个因素决定的，如期望越低就越容易满意，实际感知越差就越不容易满意等。可见，客户是否满意与期望成反比关系，与感知成正比关系。要测量客户满意状况，就要看客户实际满意度的大小，可以用一个简单的公式来描述：

$$c = \frac{b}{a}$$

式中，c 为客户满意度；b 为客户感知值；a 为客户期望值。当 c 等于 1 或接近 1 时，客户的感受为"比较满意"；当 c 小于 1 时，客户的感受为"不满意"；当 c 等于 0 时，客户的期望完全没有实现。在一般情况下，客户满意度的值多在 0 到 1，但在某些特殊情况下，客户满意度的值也可能大于 1，这意味着客户获得了超过其期望的满足感受。

客户满意度是客户满意的程度，一般用客户满意等级来表示。客户满意等级是指客户在购买或消费相应的产品或服务后，所产生的满足状态层次。例如，我们可以把客户满意程度分成七个等级，即很不满意、不满意、不太满意、一般、较满意、满意和很满意。客户满意等级是相对的，满意虽有层次之分，但其界线模糊，从一个层次到另一个层次并没有很明显的界线。

2. 客户满意度的衡量指标

衡量客户满意度的指标主要有以下几个。

（1）美誉度。美誉度是客户对企业或品牌的褒扬程度。借助美誉度，企业可以了解客户对企业所提供的产品或服务的满意状况。

（2）指名度。指名度是客户指名购买或消费企业产品或服务的程度。指名度高，说明客户的满意度高。

（3）回头率。回头率是客户购买或消费企业产品或服务后，愿意再次购买或消费的次数占所有客户购买或消费的总次数的百分比。在一定时期内，客户对产品或服务的重复购买或消费次数越多，说明客户的满意度越高。

（4）投诉率。客户投诉是其不满意的具体表现。投诉率是指客户在购买或者消费企业产品或服务之后所产生投诉的比例。客户投诉率越高，表明客户越不满意。

（5）购买额。购买额是客户购买企业产品或服务所支付的金额。一般而言，客户的购买额越大，表明客户对企业产品的满意度越高。

（6）对价格的敏感度。客户对企业产品或服务的价格敏感度或承受能力，也可以反映客户对企业产品或服务的满意度。当某企业产品或服务的价格上调时，客户如果表现出很强的承受能力，那么表明客户对该企业产品或服务比较满意。

3. 客户满意度的测量

企业、产品、营销与服务、沟通及客户关怀都会影响客户满意度。这些影响因素又因人而异。我们需要一定数量的客户样本，测量客户满意度。客户满意度的测量方法有很多，最简单的方法就是评价客户的总体满意程度。根据五级评价量表，客户满意水平分为非常不满意、不满意、中性、满意、非常满意五级。客户满意水平从最不满意的 0 分到非常满意的 100 分。该量表可以用于评价样本客户对某一产品或服务的满意水平。

客户满意度是一个有价值的营销绩效指标，它可以帮助企业预测未来的销售及赢利情况，测量客户未来一段时间对企业的响应程度。营销绩效的其他指标，如销售额和市场份额，只能告诉我们企业过去的表现如何，不能告诉我们未来会怎样。对许多企业来说，对客户满意度的测量是预计未来业绩的有效方法。如果客户满意度下降，这一早期预警信号为企业在发生危机之前预留了采取行动的时间。如果不能追踪客户满意度，企业就无法预知客户规模缩小的趋势，也就错失在销售额和利润下降之前纠正错误的良机。

二、客户满意模型

客户满意模型是度量客户对企业的认同、对产品或服务的满意程度，以及再次购买倾向的模型。

视野拓展
感受服务的本质

（一）双因素模型

双因素模型是赫兹伯格的双因素理论在客户满意上的运用。根据该理论，影响客户满意的因素可分为两类：一类是保健因素，另一类是激励因素。保健因素是客户所期望的，没有满足的话，客户就不满意；激励因素是企业提供给客户后能让客户感到愉悦和满意的因素。

这两类因素对客户满意度的影响是不同的。保健因素是避免客户不满意的因素，激励因素是使客户满意度提高的因素。没有提供保健因素，客户会很不满意；提供后，客户只是没有不满意，而并不代表很满意。企业若提供了激励因素，客户会很满意；若没有提供激励因素，客户只是没有很满意而已，而不会不满意。企业在保健因素上无论做得如何出色，客户只是没有不满意而已，并不会有很高的满意度。客户没有得到激励因素也并不会对企业产生怨恨，只是会感到有些遗憾而已，而这并不会导致客户不满意。

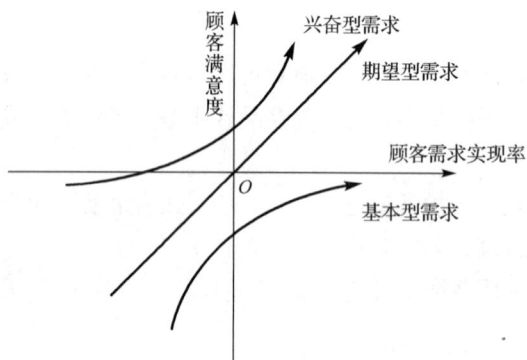

图 2.5　KANO 模型

（二）KANO 模型

受赫兹伯格双因素理论的启发，日本东京理科大学教授狩野纪昭提出了一个客户感知模型——KANO 模型，将满意与不满意标准引入了客户关系管理领域。

KANO 模型定义了三个层次的客户需求：基本型需求、期望型需求和兴奋型需求，见图 2.5。这三种需求对应影响绩效的基本因素、绩效因素和激励因素。

1. 基本型需求

基本型需求是客户对企业提供的产品或服务因素的基本要求。这是客户认为产品或服务"必须有"的属性或功能。当基本要求得不到满足时，客户会很不满意；当基本要求得到满足时，客户也不会表现出满意。例如，客户购买桶装水，希望水是纯净的，水桶是洁净的，送水员将桶装水送到家门口等。对于客户而言，这些基本要求是理所当然必须被满足的。

2. 期望型需求

期望型需求体现的是更舒适、更快、更好的因素，是客户的满意状况与需求的满足程度成比例关系的需求。企业提供的产品或服务水平超出客户期望越多，客户越满意。如果这些需求没有被满足，客户就会感觉失望；如果这些需求得到合理的满足，客户不会有什么感觉；如果这些需求被很好地满足，客户就会增加满意度。例如，客户打电话订购桶装水，而桶装水通常是六个小时后送到的，如果太久才送达，客户就会抱怨；如果在预期时间送达，客户则不会有什么反应；如果在很短的时间内送达，客户就会高兴。

3. 兴奋型需求

兴奋型需求是指不会被客户过分期望的需求。因为它是期待之外的，所以如果不能满足这类需求，客户不会产生任何消极的情绪；但如果能满足这类需求，如为长期客户定期免费清洗饮水机，为行动不便的客户安装水桶等，就会产生积极效果，提高客户满意度。兴奋型需求一旦得到满足，客户则会表现出满意的态度。企业可以考虑为客户提供一些完全出乎其意料的产品属性或服务项目，为客户带来意外惊喜。

（三）ACSI 模型

ACSI 模型是美国密歇根大学商学院与其他研究机构联合编制的美国客户满意度指数模型，它既是一种衡量经济产出质量的宏观指标，也是在微观上根据客户对产品或服务的满意度而构建的经济模型。ACSI 模型属于方程组模型，它以客户行为理论为基础，由客户满意的三个前提变量（感知质量、客户预期和感知价值）以及客户满意的三个结果变量（客户满意度、客户忠诚和客户抱怨）组成一个逻辑结构，借助计量经济学中的有关方法将此逻辑结构转化成数学模型，形成客户满意度指数算法，以此对客户满意水平进行评估，见图2.6。

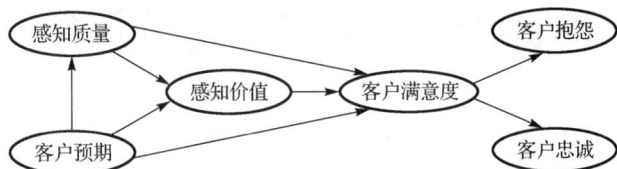

图 2.6　ACSI 模型结构

ACSI 模型认为客户满意的三个前提变量和三个结果变量之间存在复杂的相关关系。该模型假定客户是理性的，即客户具有从以前的消费经历中学习的能力，而且能够据此预测产品或服务未来的质量和价值水平。如果对产品或服务的感知质量超过客户的预期，客户就会满意；如果对产品或服务的感知质量没有达到客户的预期，客户就会不满意。

ACSI 模型为企业提供了一个从客户满意的角度系统观测产品或服务质量的指标，完善了客户满意度量化指标体系。

三、提高客户满意度的策略

从客户满意的定义出发，要实现客户满意，需从两个方面着手：一是把握客户期望；二是让客户感知价值超出客户期望。

1. 把握客户期望

如果客户期望过高，一旦企业提供给客户的产品或服务的感知价值没有达到客户期望，客户就会感到失望，从而导致客户的不满意。可见，过高的客户期望会增大企业的服务成本。但是，如果客户期望过低，其可能就没有兴趣来购买或消费企业的产品或服务了。因此，客户期望过高或过低都对企业不利，企业必须正确把握客户期望。

---- 案例 2.8 ----

迪士尼乐园

迪士尼乐园作为全球三大娱乐服务品牌之一，非常善于在各个环节设定客户期望值，而后往往给客户以超值惊喜。例如，某项娱乐项目广播通知需要等待45分钟，这时，选择等待的游客就会产生需要等待45分钟的期望。然而，迪士尼乐园总是能够在不到45分钟时就提前让游客达成心愿，因此，游客对这样的结果总是会很满意的。

讨论：迪士尼乐园是如何把握游客的期望的？

2. 让客户感知价值超出客户期望

企业如果善于把握客户期望，为客户提供超出期望的感知价值，就能够使客户满意。企业要使客户获得的总价值大于客户付出的总成本，这样才能提高客户的感知价值。因此，提高客户的感知价值可以从两个方面来考虑：一是增加客户的总价值；二是降低客户的总成本。

增加客户总价值可以通过提升产品价值、服务价值、人员价值及形象价值来实现；降低客户的总成本可以通过降低货币成本、时间成本、精神成本、体力成本来实现。

第四节　客户忠诚理论

客户忠诚理论可追溯到客户满意理论，因为客户忠诚是从客户满意的概念中引出的，是指客户满意后而产生的对企业品牌、产品或服务的信赖并希望重复购买的一种心理倾向。客户忠诚实际上是客户购买行为的持续，客户忠诚度是指客户信赖企业并长期持续购买该企业产品或服务的程度。

一、客户忠诚概述

随着市场竞争的日益加剧，客户忠诚已成为影响企业长期发展的决定性因素。以客户忠诚为标志的市场份额，比用客户多少来衡量的市场份额更有意义，企业管理者应将营销管理的重点转向提高客户忠诚度方面，从而使企业在激烈的市场竞争中获得竞争优势。

（一）客户忠诚的概念与类别

1. 客户忠诚的概念

客户忠诚是指客户愿意继续购买企业产品或服务的一种倾向，表示客户对企业产品或服务的高度信赖与认可。客户忠诚是客户长期购买和使用企业产品或服务所表现出的在情感上的一种高度信任，是客户对企业产品或服务的综合评价。客户忠诚是企业成长的基石，也是企业重要的无形资产。

客户忠诚可以通过以下行为表现出来：再次购买的意向；再次购买的实际行为；客户的认可和口碑等从属行为；对竞争对手的排斥行为；对企业的超强信任关系。

2. 客户忠诚的类别

根据客户忠诚的来源，客户忠诚分为以下几类。

（1）垄断忠诚。这种客户忠诚源于企业对产品或服务的垄断。一些企业在行业中处于垄断地位，在这种情况下，无论客户对企业产品或服务满意与否，客户都别无选择，只能被动地长期使用或接受这些企业的产品或服务。典型的例子就是城市居民采暖，即使大家对供暖企业的服务不满意，也不会拒绝供暖服务。

（2）亲缘忠诚。企业自身的员工通常会习惯使用自己企业的产品或服务，这是一种牢固的客户忠诚。例如，华为企业员工一般都会使用华为手机。

（3）利益忠诚。利益忠诚来源于企业给予客户的额外利益，如优惠价格、促销政策等。较低的价格对价格敏感型的客户有很强的吸引力，因此，在同类产品中，他们对价格低的产品保持忠诚。例如，某电信运营商给用户提供低价光纤宽带服务，就是为了获得用户的这种忠诚。

（4）惰性忠诚。有些客户出于方便的考虑或因为惰性，会长期保持一种忠诚。例如，很多人之所以会长期固定地在某家超市购物，仅仅是因为这家超市离家近而已。

（5）信赖忠诚。当客户对企业产品或服务感到满意并逐步建立信赖关系后，往往会形成持久的忠诚。这一类型的忠诚客户不仅对企业产品或服务情有独钟，还会主动将他们感受到的满意告诉身边的亲朋好友，并向他们推荐使用或接受企业产品或服务。例如，在专业摄影圈子里，用户一般都会选择佳能或尼康这两个品牌的单反器材。信赖忠诚客户是企业最为宝贵的资源，获得这类客户也是客户关系管理要达到的最终目的。

（6）潜在忠诚。潜在忠诚是指客户虽然拥有但是还没有表现出来的忠诚。通常的情况是客户可能希望继续购买企业的产品或服务，但是一些额外的因素限制了客户的这种需求。例如，对低收入的华为手机爱好者来说，如果可以分期付款购买华为最新的顶配版手机，他们可能会乐意购买。这样的客户就是潜在忠诚客户。对于这类客户，企业可以通过适当调整营销策略，将这种潜在忠诚转变为现实忠诚。

上述各类型客户忠诚，其依赖性和持久性是不同的，见图2.7。

在各类客户之中，信赖忠诚客户的依赖性和持久性是最高的，他们是企业追求的目标客户，也是客户关系管理的核心客户。

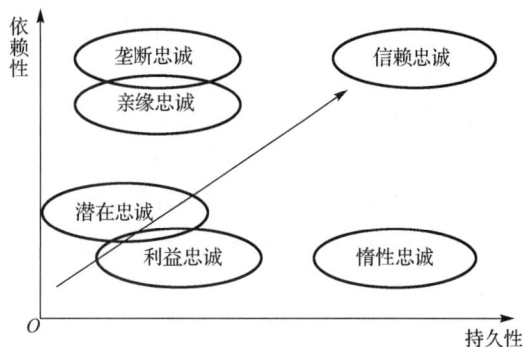

图 2.7 各类型客户忠诚的依赖性及持久性

（二）客户忠诚度

1. 客户忠诚度的衡量指标

客户忠诚度是指受质量、价格、服务等诸多因素的影响，客户对某一企业的产品或服务产生感情、形成偏好并长期重复购买该企业产品或服务的倾向，它是一个量化概念。

客户对某品牌的忠诚度，可以用以下指标来衡量。

（1）客户对品牌的信赖程度。由于客户对品牌的信赖程度存在差异，客户对不同品牌的挑选时间也是不同的。通常，客户如果对某品牌信赖，则该客户对该品牌具有较高的忠诚度；反之，忠诚度会较低。

（2）客户复购频率。它是指在一定时期内，客户重复购买某品牌产品的次数。客户对品牌产品重复购买的次数越多，说明客户对这一品牌的忠诚度越高；反之则说明忠诚度越低。

（3）客户购买额。客户为购买某品牌产品支付的费用高，说明客户对此种品牌的忠诚度高；反之，则说明忠诚度低。

（4）客户对价格敏感程度。可以依据客户对品牌产品价格的敏感度来衡量客户的忠诚度。对品牌产品价格的敏感度高，说明客户对该品牌的忠诚度低；反之，则说明忠诚度高。

（5）客户对产品质量的包容能力。客户如果对某品牌的忠诚度较高，当产品出现一般质量问题时，他们会表现出宽容的态度，不会由此而失去对它的偏好。相反，如果客户对某品牌的忠诚度较低，产品一旦出现质量问题，他们会产生强烈的不满。

（6）客户对竞争品牌的态度。一般来说，对某品牌忠诚度高的客户会排斥其他品牌的产品或服务。因此，如果客户对竞争品牌的产品或服务感兴趣并有好感，那么就表明其忠诚度较低；反之，则说明其忠诚度较高。

2. 客户忠诚度的测量

为了研究方便，我们可以选用客户购买史、客户采购数量、客户复购意愿、客户品牌偏好及客户推荐意愿等五项指标对客户忠诚度进行测量。这五项指标构成客户忠诚指数，数值从 0 至 100。客户忠诚指数越高，表明客户忠诚度越高。

客户忠诚指数=（客户购买史+客户采购数量+客户复购意愿+客户品牌偏好+客户推荐意愿）÷5

（1）客户购买史。对客户购买史评价的方法是根据该客户的平均购买历史给出长期、平均及短期评价。长期购买史指数为 100，平均购买史指数为 50，短期购买史指数为 0。忠诚客户的购买史长，新顾客购买史短。

（2）客户采购数量。客户采购数量的评价从低于平均水平到高于平均水平。忠诚客户的采购数量高于平均水平，采购数量指数为 100；一般忠诚度客户的采购数量处于平均水平，采购数量指数为 50；低忠诚度客户的采购数量低于平均水平，采购数量指数为 0。

（3）客户复购意愿。客户复购意愿评价代表客户有一定意愿再次购买该企业的产品。复购意愿强的客户，复购意愿指数为 100；复购意愿一般的客户，复购意愿指数为 50，复购意愿低的客户，复购意愿指数为 0。

（4）客户品牌偏好。客户对品牌偏好的评价可以从客户对本企业品牌及竞争品牌的态度来看。一般来说，对某品牌偏好度高的客户会排斥其他品牌。客户对本企业品牌产品或服务感兴趣并有好感，品牌偏好指数为 100；客户对本企业品牌与竞争企业品牌没有偏好差异，品牌偏好指数为 50；客户对竞争企业品牌产品或服务感兴趣并有好感，品牌偏好指数为 0。

（5）客户推荐意愿。客户推荐意愿的评价也是影响客户忠诚度的决定性因素。忠诚度高的客户一般购买史长、产品偏好度高，通常愿意向他人推荐产品，推荐意愿指数为 100；忠诚度低的客户有可能多次购买，但不会经常推荐产品，推荐意愿指数为 50；新顾客一般不会推荐产品，这类客户购买该产品的经验有限，推荐意愿指数为 0。

通过对购买史指标、采购数量指标、复购意愿指标、品牌偏好指标及推荐意愿指标的综合评价，企业大体可以了解不同客户群体对一个企业产品或服务的忠诚度情况。

二、客户忠诚的战略意义

随着市场竞争的日益加剧，客户忠诚已成为影响企业长期利润的决定性因素。以客户忠诚来衡量的市场份额，比用客户规模来衡量的市场份额更有意义。企业管理者应将营销管理的重点转向提高客户忠诚度方面，这可使企业在激烈的市场竞争中获得优势。

（1）"忠诚"比"满意"更能确保企业的长久收益。企业如果只能实现"客户满意"而不能实现"客户忠诚"，则意味着企业没有稳定的客户群，企业的经营就会不稳定。仅有客户满意是不够的，客户忠诚才是企业客户关系管理的目标。因为只有忠诚的客户才会持续购买企业的产品或服务，才能给企业带来长期的收益。

（2）节省开发客户的成本，降低交易成本和服务成本。在竞争日益激烈的买方市场中，企业开发新客户的成本越来越高。相比开发新客户，留住老客户的成本要相对低很多。有研究表明：获得一个新客户的成本是维系一个老客户的成本的五倍左右。忠诚客户比新客户更了解和信任企业，并与企业形成了一种合作伙伴关系，彼此达成一种信任关系，其交易的程序化可使企业大大降低搜寻成本、谈判成本和履约成本。

（3）增加企业收益。忠诚客户因为对企业信任和偏爱，会重复购买企业的产品或服务，还会增加购买量或提高购买频率。同时，忠诚客户还会对企业的其他产品产生连带信任，当其对某类产品产生需求时，会自然地想到购买该企业的产品，这可以增加企业的销售量，为企业带来更多的利润。

（4）降低企业的经营风险。相对固定的客户群体和稳定的客户关系，可使企业不再疲于应付因客户数量的不断波动而产生的需求变化，有利于企业排除一些不确定因素的干扰，集中资源为这些稳定客户提供高质量产品和完善的服务，以降低经营风险。同时，企业能够为老客户提供满意的服务，这也意味着企业具有更高的工作效率和更低的失误率。

（5）获得良好的口碑效应。忠诚客户是企业产品或服务的倡导者和宣传者，他们会将对产品或服务的好感告诉亲朋好友，甚至积极推荐他人购买，从而帮助企业增加新客户。

总而言之，忠诚客户不仅能使企业获得丰厚的利润，还保证了企业的可持续发展。忠诚客户的数量及稳定性决定了企业的生存与发展；客户忠诚度的高低，决定着企业竞争能力的强弱。

三、客户满意度与客户忠诚度

客户满意度与客户忠诚度是客户关系管理中十分重要的两个概念，二者并不是简单的线性关系。

1. 客户满意度与客户忠诚度的关系

客户满意度与客户忠诚度是紧密相关的。客户满意度与态度相关联，客户忠诚度与行为相关联。

（1）客户满意不等于客户忠诚。客户满意是客户希望重复购买产品或服务的一种心理倾向，客户忠诚实际上是一种客户购买行为的持续性。前者对于企业来说并不产生直接的价值，而后者对企业来说则具有非常大的价值。

（2）满意度是忠诚度的必要条件。一般来说，只有客户对企业的满意程度达到一定水平，客户才会有忠诚于企业产品或服务的意愿，但提高客户满意度不一定能提高客户忠诚度。

（3）客户忠诚是客户满意的升华。对于大多数企业来说，客户忠诚才是更重要的，才是企业管理者需要更加关注的。企业应该在提高客户满意度的基础上，逐步培养客户的忠诚度。

（4）客户忠诚比客户满意更有价值。客户满意和他们的实际购买行为之间不一定有直接的联系。满意的客户并不一定能始终对企业忠诚，也并不一定会重复购买企业的产品和服务。

2. 客户满意度和客户忠诚度曲线

有研究机构通过客户调查、客户反馈、市场调查等一些数据对客户的满意度和忠诚度进行分析发现，客户满意度和忠诚度的关系见图2.8。

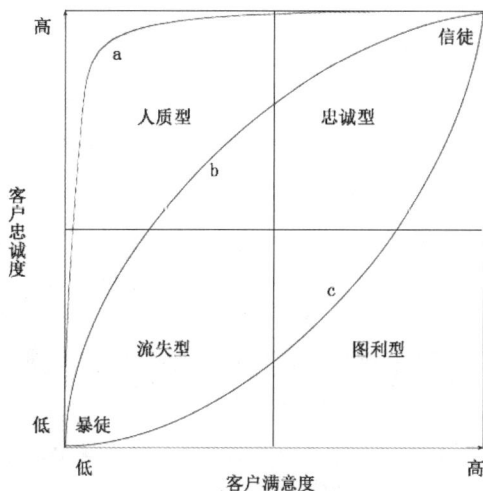

图2.8　客户满意度和忠诚度的关系

一些企业的产品几乎垄断了整个市场，具有优势品牌价值、高昂的转换成本、强有力的客户忠诚计划或专有技术，它们的客户满意度和忠诚度的曲线与图 2.8 中的线 a 相近。而处于高度竞争领域中的企业，由于产品的同质化严重，市场存在大量的替代品，客户选择余地大，客户转换成本低，因此其客户满意度和忠诚度分别停留在图 2.8 的线 b 和线 c 上。由此可看出，只有满意度高的客户才会保持对企业的忠诚。

根据单个客户的行为特征、满意的程度以及他们对自身满意状况做出的反应，客户可分为忠诚型客户、流失型客户、图利型客户和人质型客户，见表 2.2。

表 2.2　不同客户类型的满意度、忠诚度及其行为

客户类型	满意度	忠诚度	行为
忠诚型	高	高	长期购买企业产品或服务
流失型	低于中等水平	低于中等水平	即将离开或已经离开且对企业产品或服务不满意
图利型	高	低于中等水平	会为谋求低价格而转换服务提供商
人质型	低于中等水平	高	对产品或服务不满意，但没有或很少有其他选择

（1）忠诚型客户。大多数情况下，忠诚型客户是指对企业完全满意并不断重复购买其产品的客户，这类客户称为"信徒"。例如，个别狂热的苹果手机用户就属于这种类型。

（2）流失型客户。流失型客户一般是指对企业产品或服务不满意的客户，满意客户也可能会因为期望的变化而流失。最危险的流失型客户是"暴徒"，这类客户对企业的负面影响最大，他们会让其他客户对企业产生怀疑，降低对企业的信任度。例如，某品牌手机因为电池爆炸而流失掉大量的用户。

（3）图利型客户。图利客户只关心价格，他们的满意度可能很高，但他们的忠诚度却很低，当他们遇到更低价格的产品或服务时，会立刻转向其他企业。例如，手机用户转换运营商，最主要的原因可能就是资费问题。

（4）人质型客户。人质型客户是指对产品或服务极不满意，与企业保持关系仅仅因为没有更好选择的客户。例如，冬季某小区供暖不达标，住户只能向供暖企业表达不满情绪，而不能更换供暖企业。

四、实现客户忠诚的策略

企业要实现客户忠诚一般可采取以下策略。

（1）培育员工忠诚度。客户忠诚度的培养与维持关键在于对员工忠诚度的培养，员工如果对企业不满意，就不会投入激情和活力到工作中去，甚至不会对其工作尽职尽责。尤其是对直接向客户提供产品与服务的商业流通企业来说更是如此。只有忠诚的员工才能带来忠诚的客户，所以先让员工满意，才能留住客户。

（2）遵循"二八法则"。不同的客户对企业的贡献程度不同。帕累托的"二八法则"（即帕累托定律）指出企业 80% 的营业收入来自 20% 的客户，而其他 80% 的客户只能给企业带来 20% 的收入。企业要区别对待不同的客户，对能够和企业长期合作的高价值型客户给予更多的客户关怀，这样可以有效分配企业的资源，避免资源浪费。

（3）了解客户所处的阶段。一个忠诚客户的形成会经历六个阶段：持币待购阶段、犹豫不决阶段、信任阶段、重复购买阶段、稳定合作阶段和长期合作阶段。要了解客户，使之成

为忠诚客户，首先应了解客户处在哪一个阶段，并针对不同阶段的客户制定不同的策略，促使客户最终进入长期合作阶段。

（4）先提供服务，再推销产品。客户大多不喜欢强迫式推销，他们所期望的是企业采取尽可能让他们感到愉快和满足的交易方式。如果他们曾经在和其他企业的交易中得到了比较好的体验，他们会要求你的企业也这么做，如果企业做不到，可能就会感到不满意，甚至离开。

（5）深入了解客户看重的价值。客户忠诚的根源是企业能带给客户价值。要想培育客户的忠诚度，就要发掘客户看重的价值，然后让客户从产品或服务中获得良好体验。不同的客户对企业的要求不同，如有的客户认为，节约了交易时间就意味着提供了高价值的服务。因此企业应简化交易程序，为客户节约交易的时间成本。

（6）积极处理客户抱怨。一个不满意的客户通常会向十个以上的人传播他的不满，其不良影响不可低估。企业员工如果能当场处理好客户的抱怨，70%的客户还会继续购买；如果能够当场解决问题，95%的客户会继续购买。客户向企业宣泄他们的不满和抱怨时，企业只要能够妥善处理，便能留住客户。为此，企业应设置更多的、更方便的渠道处理客户的抱怨，并对客户的抱怨给予及时、有效的反馈。

（7）与渠道伙伴合作。要想在错综复杂的市场环境中取得优势，企业应与渠道伙伴建立良好的合作关系。例如，欧洲的一家汽车生产厂商，将其所有客户资料与渠道成员共享，从而得到了渠道成员的广泛支持，最终赢得了客户的忠诚。

（8）整合客户数据库。许多企业虽然建立了客户数据库，但是里面的客户信息却是不完整的和分散的，企业无法利用这些数据对客户进行全方位的评价，因而也就无法有效地实施忠诚客户培育计划。

第五节　客户生命周期理论

客户生命周期是企业产品生命周期的演变，它描述的是客户关系从一种状态向另一种状态运动的特征。

一、客户生命周期的内涵

客户关系具有生命周期的特征，一个客户对企业而言会有一个类似生命的诞生、成长、成熟、衰老、死亡的过程，生命周期理论也可以运用到客户关系管理研究中。

（一）客户生命周期的概念

客户生命周期（Customer Life Cycle，CLC）也称客户关系生命周期，是指企业与客户从建立业务关系开始直到终止业务关系的全过程。客户生命周期是客户关系水平随时间变化的发展轨迹，它动态地描述了客户关系在不同阶段的总体特征，是动态研究客户关系的一个有用工具。客户生命周期具体到不同的行业，具有不同的详细定义。例如，在电信行业，客户生命周期是指客户从成为电信公司客户并产生业务消费开始，到消费成长、消费稳定、消费下降，最后到离网的过程。客户生命周期是企业产品或服务生命周期的演变，对企业来讲，客户生命周期比企业产品或服务生命周期更为重要。

（二）客户生命周期框架

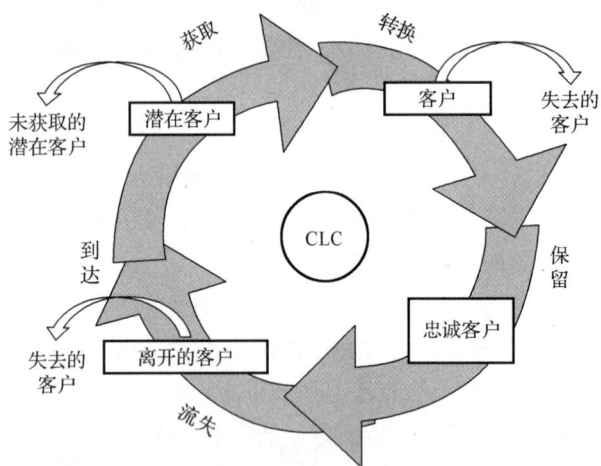

图 2.9　客户生命周期框架

客户和企业之间的关系随着时间的推移而演变。新客户和老客户有不同的需求，而且在一段时间里，客户的需求、期望和行为模式也在随着其与企业的关系变化而改变。客户生命周期为理解和管理不同阶段的客户提供了理论基础。客户生命周期框架包括到达、获取、转换、保留和流失过程（见图 2.9），这为企业与不同阶段客户进行沟通提供了不同的策略。

1. 到达

到达是指获得潜在客户关注的过程，可以通过增加促销活动和接触点来实现，这是与潜在客户接触的第一阶段，也是建立客户生命周期的基础。浏览企业网站、观看街道上的广告牌、阅读促销短信或任何形式的广告等，都是潜在客户与企业接触的方式。由于客户大多使用搜索引擎搜索产品信息，企业可以利用搜索引擎优化（SEO）工具来优化自己的网站，使自己网站的搜索关键词排名靠前。随着微博、微信、小程序、抖音等新媒体工具的出现，营销人员开始利用它们与潜在客户建立接触点。

2. 获取

获取是企业获得潜在客户的关注或回应，形成各种交流互动的过程，但不一定能促成客户购买。潜在客户回复促销短信，在企业网站上填写表格，打电话给客户中心询问产品特性，在零售店观看产品演示，试驾一辆新推出的汽车，参观房地产公司的样板间……这些都能促进客户从到达状态向获取状态转变。企业通过接触点能够理解客户的需求和期望并提供适当的解决方案，就有可能将获取的潜在客户转变成真正的客户。

3. 转换

获取的潜在客户通过产品或服务的交换过程转变成现实客户，这个过程会给交换双方带来价值。转换是获取的客户转变为现实客户的过程，也是客户与企业之间买卖关系的建立过程。转换对企业收入的增加和客户基数的扩大有明显的贡献。当市场上存在众多竞争者时，企业需要采取比竞争对手更有效的竞争措施将潜在客户转换为现实客户。

4. 保留

在转换的基础上，企业还应保留现有客户，维护与现有客户的关系。维护客户关系、保留现有客户涉及提高客户满意度、培养忠诚客户等问题。研究表明，与新客户相比，老客户能为企业带来更高的收益，因为维持老客户的成本明显低于获得新客户的成本。良好的客户关系可以使客户和企业共同受益。客户保留的工作重点应该放在完善售后服务以及理解与满足客户的新期望和新需求上，企业应提高客户满意度，使老客户成为忠诚客户。随着时间的推移，忠诚客户不仅会给企业传播良好的口碑，而且还会成为企业产品或服务的推荐者。

5. 流失

流失是指客户不再购买企业产品或接受企业服务的状态。客户流失是一个不可避免的过程，在客户生命周期的每一个阶段都会发生。企业应分析客户流失的原因，重点关注客户流失率，同时要有应对客户流失的措施，尽力将客户流失率限制在一定范围之内。

二、客户生命周期的阶段

客户生命周期是客户关系水平随时间变化的发展轨迹，也是客户价值随时间变化的发展轨迹，它是从动态角度研究客户关系的有用工具。企业与客户从建立业务关系开始直到终止业务关系的过程，根据企业投入与客户产出比（客户价值）变化，客户生命周期可以分为开发期、成长期、成熟期和衰退期四个阶段，见图2.10。

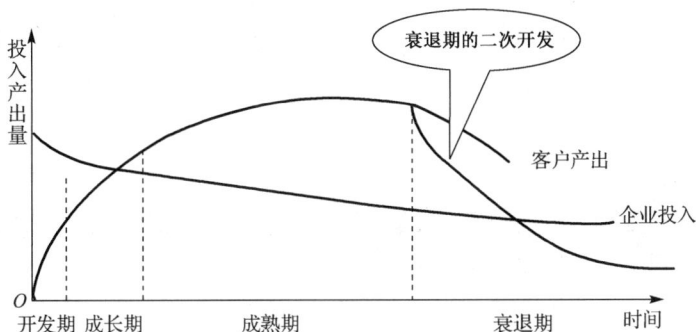

图2.10 客户生命周期阶段投入与产出对比

开发期阶段是客户关系的孕育阶段；成长期阶段是客户关系的快速发展阶段；成熟期阶段是客户关系的稳定阶段；衰退期阶段是客户关系的退化阶段。

（1）开发期阶段是企业对客户关系的考察、培育和开发阶段。在这一阶段，双方相互了解不多，不确定性大，要考察彼此的需求能否得到很好的满足。处于这个阶段的客户，一般还不是企业的现实客户，企业还不能从他们身上获取现实的利润。

（2）成长期阶段是企业与客户关系的快速发展阶段。企业与客户双方在开发期内彼此满意，并建立了相互信任和相互依赖的关系。在这一阶段，双方获得的回报日益增多，相互依赖的范围和深度也日益增加。处于这个阶段的客户，已经成为企业的现实客户。随着客户购买量的不断增加，客户关系管理的费用有所下降，客户开始为企业创造价值并保持持续增长的态势。

（3）成熟期阶段。经过一段时间的发展后，企业与客户的关系处于比较稳定的状态。成熟期阶段是企业与客户关系发展的最高阶段，处于这一阶段的客户一般对企业比较忠诚，虽然与企业的交易不再具有明显的成长性，但能为企业提供较多的现实利润。这一阶段的客户属于企业"最有价值客户"。这一阶段，双方的相互依赖水平达到整个客户关系发展过程中的最高点，双方关系处于一种相对稳定的状态。

（4）衰退期阶段。由于种种原因，客户与企业的关系会或早或晚地结束，从而进入衰退期阶段。由于破产倒闭、经营方向调整、重要人事变动等各种原因，企业从处于这个阶段的

第二章 客户关系管理理论基础

45

客户身上获得的订单及利润不断减少直至为零。衰退期是客户关系发生逆转的时期，这种关系的退化也可能发生在前三个阶段的任意时点：有些关系可能永远都越不过开发期，有些关系可能在成长期退化，有些关系则会越过开发期、成长期而进入成熟期，并在成熟期维持较长时间后再退化。

以上四个阶段的发展、转化，是客户生命周期演进变化的一般形态。在现实经营过程中，具体客户生命周期形态各异，并非严格遵循以上规律演变。此外，认识客户生命周期各阶段的转换点，判断客户所处的生命周期阶段，应做到具体情况具体分析，通常要根据客户特征、交易状况、客户价值等因素综合加以确定。

三、客户生命周期的模式

随着时间（t）的变化，客户给企业带来的总价值（TV）也在变化，但客户生命周期并非总是按照理想的生命周期轨迹发展，客户生命周期模式存在多种类型，不同的类型代表着不同的客户关系质量（见图2.11）。客户关系的退化可以发生在任意阶段，根据客户关系退出时所处的阶段不同，客户生命周期模式可分为早期流产型、中途夭折型、提前退出型以及长久保持型。

1. 早期流产型

客户关系进入开发期后很快衰退，如图2.11（a）所示。原因主要有：开发期客户关系比较脆弱，如果企业提供的价值没有达到客户预期或客户认为企业没有能力提供令其满意的价值，客户会很快退出；企业也可能认为客户没有太大的价值，不愿与其建立长期关系。该客户生命周期模式是一种常见的客户关系形态，在企业与客户的双向选择中，能够达成交易并维持长期交易关系的是少数。

2. 中途夭折型

客户关系越过了开发期，在成长期衰退，如图2.11（b）所示。客户关系能够进入成长期，表明企业与客户双方对开发期的关系是满意的，并建立了一定的相互信任关系。中途衰退最有可能的原因是企业不能满足客户不断提升的价值预期。企业如果不能满足客户不断提升的要求，就无法成为客户心目中最好的供应商，客户便会寻找更合适的供应商。一旦发现有可替代的供应商，客户便从现有关系中退出，从而转向新的供应商。

3. 提前退出型

客户关系进入了成熟期但在成熟期前期退出，如图2.11（c）所示。要想使客户关系长久保持在高水平的成熟期，则企业必须始终提供比竞争对手更高的客户价值。企业由于受自身能力的限制，或者不能及时捕捉客户需求的变化，或者没有能力持续满足不断变化的个性化客户需求，就会失去客户信任，从而导致客户关系退化。

4. 长久保持型

客户关系进入成熟期并在成熟期长久保持，如图2.11（d）所示。该客户生命周期模式是企业期望实现的客户生命周期模式，这种客户关系能给企业带来更多的利润。客户是企业重要的资产，谁拥有了高质量客户，谁就掌握了主动权。客户质量决定了企业竞争力，客户生命周期也反映了客户的质量。

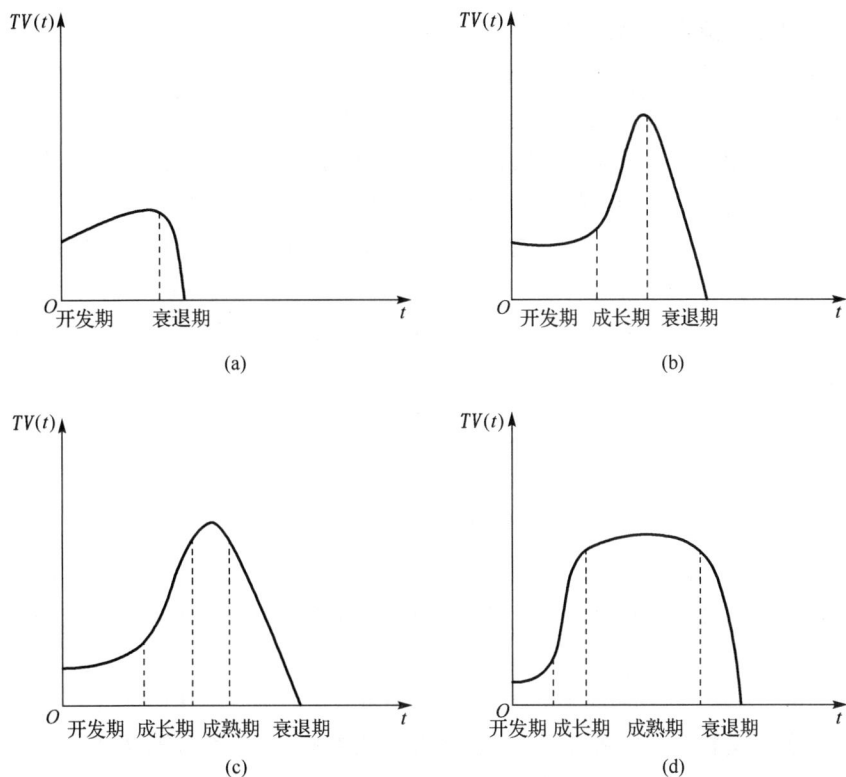

图 2.11　客户生命周期模式

四、客户生命周期的应用

客户生命周期理论在客户关系管理实践中可以结合销售阶段应用，见图 2.12。

图 2.12　客户生命周期与销售阶段

在客户开发期之前，企业需要挖掘潜在客户，这一阶段就是销售过程中的销售线索阶段，其核心主要工作就是获取客户线索。

客户开发期是企业对客户关系的考察、培育和开发阶段。处于这个阶段的客户，一般还不是企业的现实客户，只是企业挖掘到的潜在客户。这一阶段就是销售过程中的潜在客户阶段，其核心主要工作就是售前跟单。

客户成长期是企业与客户建立客户关系的初期阶段。处于这个阶段的客户，已经成为企业的现实客户。这一阶段就是销售过程中的签约客户阶段，其核心主要工作就是合约执行。

客户成熟期是企业与客户关系发展处于稳定状态。客户重复购买，属于企业最有价值客户。这一阶段企业的核心工作就是完善售后服务。

客户衰退期是客户关系发生逆转的时期，客户由于各种原因不再购买企业的产品或服务，企业出现客户流失，客户关系进入衰退期阶段。进入衰退期阶段的客户并不一定意味着客户关系的终结，有些流失客户可能因为企业不懈地挽救而再次购买企业的产品或服务。这一阶段就是销售过程中的流失客户阶段，其核心工作就是客户挽救。

案例 2.9

电信客户生命周期

电信客户生命周期是指电信客户从开始进入电信运营网络、享受电信通信服务到退出该网络所经历的过程。在该过程中，客户通信的消费量和给电信企业带来的利润都会发生一定的规律性变化。

阶段 A：客户获取。发现和获取潜在客户，利用有效渠道提供合适的价值定位以获取客户。

阶段 B：客户成长。利用刺激需求的产品组合或服务组合把客户培养成高价值客户。

阶段 C：客户成熟。让客户使用电信新产品，培养客户忠诚度。

阶段 D：客户衰退。建立高危客户预警机制，延长客户的生命周期。通过促销手段积极挽留欲离网客户。

讨论：对于电信企业来讲，可以通过提供哪些服务策略延长客户生命周期。

实训项目　客户关系管理系统基础设置

【实训目的】

1. 了解 CRM 系统企业管理后台内容；
2. 掌握 CRM 系统后台员工与部门管理。

【实训准备】

视频指导
企业管理后台
模块

公司背景：XSMATE 数码科技有限公司（以下称 XSMATE 公司）是一家集研发、制造、销售、服务为一体的高新技术企业。公司从事高技术含量的数码科技类产品领域的核心应用研发，业务涉及计算机外设、人工智能、数码设备以及一些新兴领域，产品涵盖全景相机、智能翻译设备、卫星导航设备等系列产品。在规模扩张的同时，公司也不得不面对越来越多的竞争对手。为了解决公司发展过程中出现的客户流失、投诉增多、服务质量下降等诸多问题，公司意识到必须建立一套高度集成的客户信息化管理系统，实现对全国市场、销售、服务的统一管理和监控。悟空 CRM 系统就是该公司客户关系管理系统采用的方案。

XSMATE 公司的组织结构图、部门设置资料、员工资料、产品分类资料、产品明细资料、客户资料、合作伙伴资料以及竞争对手资料的实训数据包索取方式见本书前言中的说明。

【实训内容】

1. 用注册账号登录悟空 CRM 系统 SAAS 云平台版【企业管理后台】。
2. 在【员工与部门管理】栏内创建部门。
3. 在【员工与部门管理】栏内新建/添加员工。

几点说明如下。

系统内置角色包括系统管理角色、办公管理角色、客户管理角色、项目管理角色、人力资源管理角色以及进销存管理角色。

系统管理角色又包括超级管理员、系统设置管理员、部门与员工管理员、审批流管理员、工作台管理员、客户管理员、公告管理员以及项目管理员等角色。

客户管理角色又包括销售、财务、销售经理等角色。

【实训方法与步骤】

1. 登录悟空 CRM 系统 SAAS 云平台版【企业管理后台】

进入悟空 CRM 首页，点击右上方的【用户登录】，用手机号及验证码登录悟空 CRM 系统。首先进入悟空个人中心界面，企业基本信息可以在这里进行完善。点击右上角的【SAAS 云平台】，进入 CRM 系统。

在正式使用悟空 CRM 系统之前，我们需要登录后台管理系统对悟空 CRM 系统进行基本设置。点击右上角用户下拉菜单，在菜单中选择【企业管理后台】，见图 2.13。点击【企业管理后台】后，进入企业管理后台界面，见图 2.14。

图 2.13 选择【企业管理后台】   图 2.14 企业管理后台界面

2. 企业部门设置

在企业管理后台界面左侧管理栏中选择【员工与部门管理】，见图 2.15，点击【创建部门】，根据实训数据包创建部门，见图 2.16。

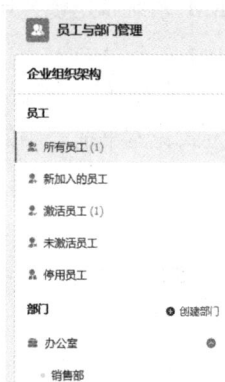

图 2.15　员工与部门管理　　　　　　　图 2.16　创建部门

3. 新建/添加员工

部门创建完成后，点击右上方【添加】，新建/添加员工账号，根据实训数据包中所给员工信息进行添加，见图 2.17。

图 2.17　新建/添加员工账号

4. 赋予员工角色

员工角色权限与业务有关，我们需要根据员工角色赋予相应权限。系统内置角色包括系统管理角色、办公管理角色、客户管理角色、项目管理角色、人力资源管理角色以及进销存管理角色。操作方法是：首先选择要赋予相应权限的角色，然后点击右上方的【关联员工】，根据实际工作岗位将角色分配给相应的员工。

【实训任务】

1. 学生登录悟空 CRM 系统 SAAS 云平台版，进入企业管理后台界面，根据实训数据包创建部门。

2. 在【员工与部门管理】栏内新建/添加员工。根据实训数据包新建员工账号。

3. 给新添加的员工分配相应的角色，赋予相应权限。

【实训讨论】

1. 销售部门员工都有哪些角色，这些角色有什么区别？
2. 设置用户权限时要考虑哪些因素？

本章小结

本章主要介绍了客户营销理论、客户价值理论、客户满意理论、客户忠诚理论及客户生命周期理论。客户营销理论包括关系营销、一对一营销、大数据营销等内容。客户价值理论包括客户让渡价值、客户终身价值等内容。客户满意理论包括客户满意及客户满意度的概念、衡量客户满意度的指标、客户满意模型及提高客户满意度的策略。客户忠诚理论包括客户忠诚与客户忠诚度的概念、客户忠诚的战略意义、客户满意度与客户忠诚度的关系及实现客户忠诚的策略。客户生命周期理论包括客户生命周期的内涵、阶段、模式及应用等内容。

思考与练习

一、单项选择题

1. 在客户关系管理中，客户的满意度是由（　　）决定的。
   A. 客户的期望和感知　　　　　　　　B. 客户的抱怨和忠诚
   C. 产品的质量和价格　　　　　　　　D. 产品的性能和价格

2. 客户满意中超出期望的式子是（　　）。
   A. 可感知效果>期望值　　　　　　　B. 可感知效果<期望值
   C. 可感知效果=期望值　　　　　　　D. 可感知效果 ≠ 期望值

3. （　　）是从客户与企业关系开始到结束的整个客户生命周期的循环中，客户对企业的直接贡献和间接贡献的全部价值总和。
   A. 客户终身价值　　B. 创造价值　　C. 获取价值　　　　D. 客户让渡价值

4. 客户价值的衡量标准是（　　）。
   A. 客户利润　　　B. 客户成本　　C. 客户终身价值　　D. 客户让渡价值

5. 下列不属于客户关系生命周期阶段的是（　　）。
   A. 开发期　　　　B. 调整期　　　C. 成长期　　　　D. 成熟期

6. 在客户关系管理中，（　　）不是客户忠诚的表现。
   A. 对企业的品牌产生情感和依赖　　B. 重复购买
   C. 每次采购产品时都要货比三家　　D. 向身边的朋友推荐企业的产品

7. 下列对客户满意或客户忠诚的论述，错误的是（　　）。
   A. 客户满意是一种心理的满足　　　B. 产品价格越低，客户对该产品越忠诚
   C. 客户满意是客户关系管理的核心　　D. 客户忠诚可以避免客户流失

8. 客户忠诚度一般是建立在（　　）基础之上的，因此提供高品质的产品、优质服务及

贴心的客户关怀是必不可少的。

    A. 产品价格　　　B. 客户沟通　　　C. 客户期望　　　D. 客户价值

9. 客户关系管理研究的忠诚类型是（　　）。

    A. 垄断忠诚　　　B. 亲友忠诚　　　C. 惰性忠诚　　　D. 信赖忠诚

10. 客户对供电公司所提供的电力服务是基于（　　）类型的忠诚的。

    A. 垄断忠诚　　　B. 亲友忠诚　　　C. 惰性忠诚　　　D. 信赖忠诚

二、名词解释

关系营销　　一对一营销　　大数据营销　　客户终身价值

客户满意　　客户忠诚　　客户生命周期

三、简答题

1. 简述大数据营销的策略。

2. 客户满意度的衡量指标有哪些？

3. 简述 KANO 模型。

4. 简述 ACSI 模型。

5. 客户忠诚有哪些类型？

6. 简述客户满意度与客户忠诚度的关系。

7. 简述实现客户忠诚的策略。

四、计算题

一家网络服务提供商为用户提供互联网接入服务。为了了解客户终身价值，该服务提供商对某位用户的客户关系维系成本及获得的收益进行了跟踪，情况如下：客户获取初始成本是 100 元，受提速降资费因素影响，该服务提供商第一年的收入是 1 680 元，第二年的收入是 1 500 元，第三年的收入是 1 200 元，第四年的收入是 1 000 元。假设折现率为 10%，这四年中保留客户的概率分别是 0.9、0.8、0.7 和 0.6。这四年中提供服务的费用分别是 300 元、260 元、210 元和 180 元。

要求：试用电子表格计算该客户的终身价值。

五、案例分析

某颇具规模的美容美体会所，地理位置优越，其周边有学校、政府机关、企事业单位、银行、商店等。近年来，该会所引进了先进的美容设备，增加了新的服务项目，包括纤体、美容、健身、针灸理疗等在内的多个项目，尤以纤体和健身闻名。在美容行业竞争日益激烈的情况下，该会所仍取得了不错的业绩，在消费者心目中树立了较好的企业形象。会所生意好，员工积极性也高，但是，老板戴女士却忧心忡忡，因为有个问题越来越严重：消费者的满意度没有提高，甚至出现了客户流失的现象。戴女士担心，这个问题如果不能尽快解决，会影响会所未来的发展。

讨论：假如你是戴女士，你会如何解决这个问题？

第三章　客户关系管理技术基础

【理论框架】

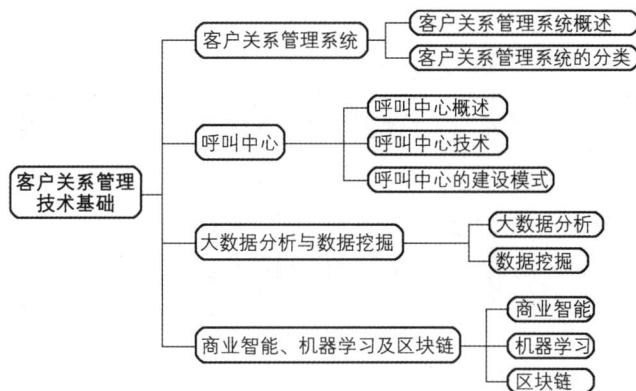

【知识与技能目标】

【知识目标】

1. 了解客户关系管理系统的概念、分类及核心模块；

2. 理解呼叫中心的概念、分类、功能及作用，以及商业智能、机器学习及区块链在客户关系管理中的应用；

3. 掌握数据挖掘的概念、功能及应用。

【技能目标】

1. 熟悉企业产品的种类及规格；

2. 掌握产品分类与维护管理模块的操作方法。

【案例导入】

啤酒、尿布与数据挖掘

20世纪90年代，沃尔玛超市的管理人员在分析销售数据时发现了一个令人难以理解的现象：在某些特定的情况下，啤酒与尿布这两种看上去毫无关系的商品会经常同时出现在顾客的购物篮中，这种独特的现象引起了管理人员的注意。经过后续调查发现，这种现象经常出现在年轻的父亲身上。在有婴儿的美国家庭中，一般是母亲在家中照看婴儿，父亲去超市购买尿布。这类顾客在购买尿布的同时，往往会顺便为自己购买啤酒，所以才会出现啤酒与尿布这两种看上去不相干的商品经常出现在同一个购物篮的现象。如果这类顾客在卖场只能买到两件商品之一，则其很可能会到另一家商店去购物，直到可以一次同时买到啤酒与尿布为止。沃尔玛了解了这一独特现象的背后原因后，开始尝试在卖场将啤酒与尿布摆放在相邻的区域，以方便这类顾客找到这两种商品，并很快完成购物。沃尔玛超市通过方便顾客购买这两类不同商品，获得了丰厚的销售收入。

思考：这个故事带给了我们什么启示？

评析：一般看来，啤酒和尿布有完全不同的用户群，而沃尔玛却发现了啤酒和尿布销售之间的联系，这个发现为沃尔玛带来了大量的利润，这就是一个数据挖掘的经典案例。这个故事告诉我们对超市购物小票进行分析的重要性。要想找到两种商品之间的关联性，就要对顾客手中的购物小票进行分析，判断商品之间是否具有关联性，然后再将其延伸到商品销售与其他因素的关联性上，这样我们就可以结合不同的因素制定产品销售策略。

第一节　客户关系管理系统

客户关系管理系统是以网络和通信技术为手段，运用先进的管理思想，通过业务流程与组织变革，实现企业营销、销售、服务等活动的自动化。该系统通过为客户提供满意、周到的服务来提高客户满意度和忠诚度。

一、客户关系管理系统概述

客户关系管理系统可以帮助企业实现以客户为中心的管理模式，它既是一种管理理念，也是一种技术，其宗旨是满足客户个性化需求，为客户提供一对一个性化服务。

1. 客户关系管理系统模型

客户关系管理系统模型见图 3.1。这个模型阐明了客户关系管理系统的主要过程是对营销、销售、服务三个部分业务流程的信息化。产品开发和质量管理过程分别处于客户关系管理过程的两端，为客户关系管理系统提供必要的支持。客户关系管理系统模型反映了客户关系管理系统中目标客户、主要过程以及任务功能之间的相互关系。

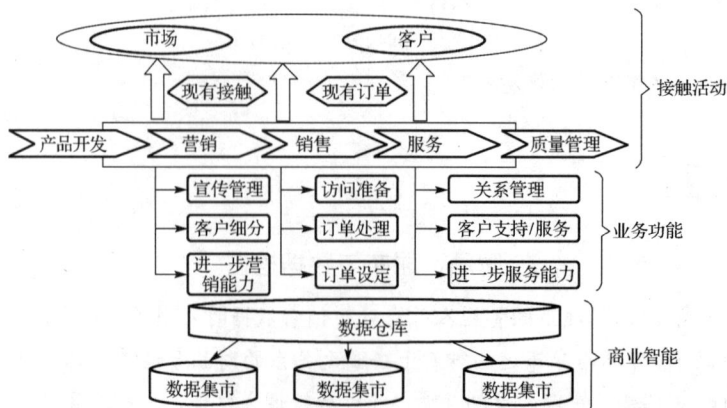

图 3.1　客户关系管理系统模型

客户关系管理系统可分为接触活动、业务功能及商业智能三个部分。

（1）接触活动。客户关系管理系统支持各种各样的与客户的接触活动，典型的接触方式有呼叫中心（call center）、面对面沟通、电话、电子邮件、移动互联网等。这些接触方式能让企业采取更为方便或友好的方式与客户随时沟通，保证信息的及时性和一致性。随着通信技术的迅速发展，以及客户关系管理系统与移动互联网紧密结合，移动互联网已成为企业与外界沟通的重要工具。

（2）业务功能。营销、销售和服务部门与客户的接触和交流较为频繁，客户关系管理系统应主要对这些部门予以支持。客户关系管理系统的业务功能模块主要包括销售管理模块、营销管理模块、服务管理模块、呼叫中心模块、电子商务模块等。

（3）商业智能。随着营销、销售、服务工作的逐步开展，大量有价值的客户信息会应运而生。企业可以利用人工智能技术对这些信息进行分析，在此基础上形成客户关系管理智能方案，从而帮助管理者及时做出正确决策。

2. 客户关系管理系统的核心模块

销售管理模块、营销管理模块和服务管理模块是客户关系管理系统的核心模块。

在客户关系管理系统中，销售管理模块主要针对商业机遇、销售渠道等进行管理。该模块将企业所有的销售环节结合起来并形成统一的整体。销售管理模块有助于缩短企业的销售周期，提高销售的成功率，同时还为销售人员提供包括企业动态、客户、产品、价格和竞争对手等大量的最新商业信息。

营销管理模块可对客户和市场信息进行全面的分析，在此基础上再进行市场细分，有效提高市场营销活动的有效性。营销自动化模块是营销管理模块的重要组成部分，可以为营销活动提供一些独特的功能，如营销活动计划的编制执行、营销活动的控制和结果的分析、营销活动预算及其结果预测、营销资料管理等。

服务管理模块能为客服人员提供易于使用的工具和有用的信息，可提高客服人员的服务效率，提升其服务水平。服务管理模块包括客户服务与支持、关系管理等多个方面的功能。客户服务与支持是客户关系管理中的重要部分，可为企业提供更多的商机，向已有的客户销售更多的产品。

二、客户关系管理系统的分类

美国调查研究机构麦塔集团（Meta Group）把客户关系管理系统按功能不同分成三类，即运营型客户关系管理系统、分析型客户关系管理系统和协作型客户关系管理系统。

（一）运营型客户关系管理系统——联机事务处理

运营型客户关系管理系统又叫操作型客户关系管理系统，也称前台客户关系管理系统。运营型客户关系管理系统是建立在业务流程的自动化基础之上的。它基于角色的关系管理工作平台实现员工授权，使前台交互系统和后台订单系统无缝连接，并同步客户交互活动，使相关部门的业务人员在日常工作中共享客户资源，从而使企业作为一个统一的信息平台面对客户。

运营型客户关系管理系统是客户关系管理的基础，它在收集客户信息、市场活动信息和客户服务信息的基础上，实现了销售、市场、服务活动一体化、规范化和流程化。运营型客户关系管理系统主要帮助企业做流程控制，适合制造业与零售业使用。另外，保险行业也适合选择运营型客户关系管理系统，因为保险公司客户多、数据分散，所以共享数据成为关键。

（二）分析型客户关系管理系统——联机分析处理

企业在收集客户信息后，只有从中获取有用信息，才能制定正确的策略，这就出现了分析型客户关系管理系统。分析型客户关系管理系统主要分析运营型客户关系管理系统中获得的各种数据，并利用数据挖掘技术为企业经营和决策提供可靠的量化依据。

1. 分析型客户关系管理系统的功能

分析型客户关系管理系统具备六大支柱性功能，见图 3.2。

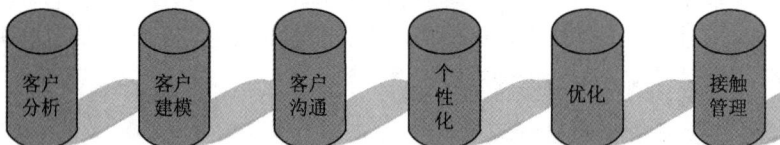

图 3.2 分析型客户关系管理系统的功能

（1）客户分析。分析型客户关系管理系统通过客户分析与查询，掌握特定细分市场的客户行为、购买模式、属性以及人口统计资料的信息，可为营销活动的开展提供方向性的指导。

（2）客户建模。分析型客户关系管理系统可以依据客户的历史资料和交易模式等影响未来购买倾向的信息来构造预测模型。预测模型可以帮助企业建立成熟、有效的统计模型，准确识别和预测有价值的客户。一旦模型建立，企业可以对客户进行价值评估，并在适当的时间以适当的方式与客户沟通。

（3）客户沟通。分析型客户关系管理系统为企业提供了个性化的沟通管理平台。通过客户关系管理系统，企业能够有效地整合数据资源，快速创建智能化、个性化、一对一的客户沟通渠道，由此可以挖掘更多的商业机会，并将商业机会转化为客户实际购买行为。

（4）个性化。企业建设客户关系管理系统，其目标是追求企业在市场竞争中的优势，本质就是使企业能够提供具有不可替代的产品，而成功实现这一目标的途径就是以客户为中心，满足客户个性化需求。

（5）优化。分析型客户关系管理系统能帮助企业建立最优的处理模式，能分析出每个营销人员每天应接触的目标客户的数量、与客户沟通或进行客户关怀的间隔时间，以及各类营销策略对各类客户的有效程度。

（6）接触管理。接触管理是企业为实现预期沟通目标与客户进行沟通而开展的管理工作，其核心是在正确的时间以正确的方式向正确的客户提供正确的产品或服务信息。接触管理可以帮助企业有效地与客户联络并记录客户对促销活动的反应，将企业与客户发生的交易与互动事件转化为有意义、高获利的营销商机。

2. 分析型客户关系管理系统的核心技术

分析型客户关系管理系统的核心技术包括数据仓库、数据挖掘、联机分析处理及决策支持和报表工具四个部分，见图 3.3。

分析型客户关系管理系统主要用来进行数据挖掘和分析，适用于金融、电信、证券行业。

这些行业中的企业大多具备比较成熟的信息系统，对原有系统获取的各种数据进行分析，可以为企业制定经营决策提供可靠的量化依据。

（三）协作型客户关系管理系统

协作型客户关系是企业与客户互动的一种状态。协作型客户关系管理系统以交互的方式为客户服务提供信息并形成与客户沟通的渠道，注重全方位地为客户提供交互服务，实现多种客户沟通渠道的相互融合，借助多元化、多渠道的沟通工具，让企业内部各个部门与客户一起完成价值创造活动。

（1）协作型客户关系管理系统的组成。协作型客户关系管理系统主要由呼叫中心、客户多渠道联系中心、帮助平台以及自助服务等功能模块组成，具有多媒体、多渠道整合能力的客户联络中心是协作型客户关系管理系统的发展方向。

（2）协作型客户关系管理系统的功能。协作型客户关系管理系统全方位为客户提供交互服务，可实现多种客户交流渠道（如网点与柜台、通信工具、呼叫中心、自助服务等）的集成，使各种交流渠道相互交融，以保证企业和客户都能得到完整、准确和一致的信息。

三种类型的客户关系管理系统之间的关系，见图3.4。

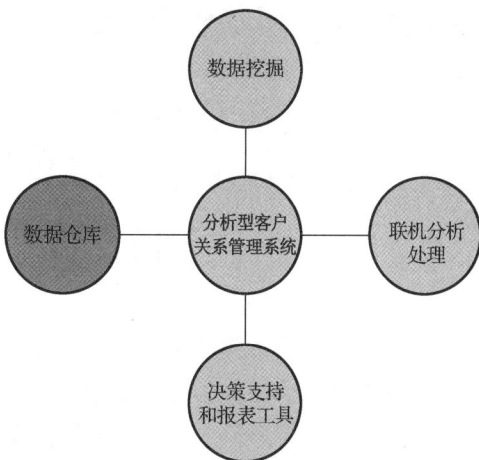

图 3.3　分析型客户关系管理系统的核心技术

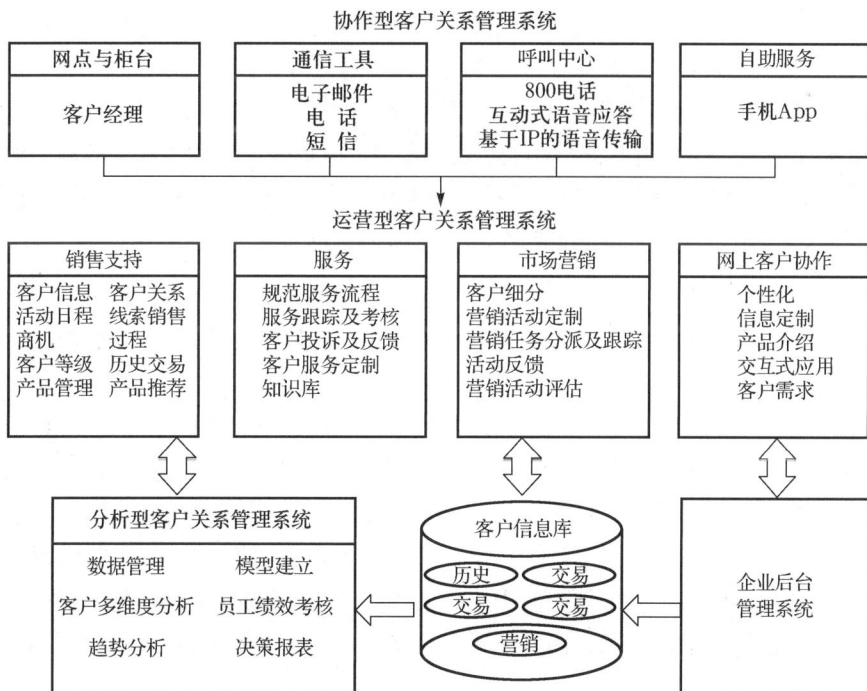

图 3.4　三种类型的客户关系管理系统之间的关系

运营型客户关系管理系统是客户关系管理系统的"躯干"，是整个客户关系管理系统的基础，为分析型客户关系管理系统提供依据。分析型客户关系管理系统是客户关系管理系统的"大脑"，为企业决策提供指导。协作型客户关系管理系统将分析型客户关系管理系统分析的结果，通过合适的沟通渠道，自动地分发给相关的客户。

第二节 呼 叫 中 心

在客户关系管理系统中，呼叫中心已不再是传统意义上的电话中心了。随着计算机电话集成技术的发展，呼叫中心不仅能处理传统的电话业务，而且能更有效地处理电子邮件、网站访问以及基于互联网的电话和视频会议，广泛地应用在市政、公安、交管、邮政、电信、银行、保险、证券、电力等行业，极大地提高了行业服务水平和运营效率。

一、呼叫中心概述

早在20世纪80年代，电信企业、航空公司、商业银行等为了密切地与用户保持联系，利用电话和计算机作为与用户交互联系的媒介，设立了呼叫中心（call center）。早期的呼叫中心，主要起咨询服务作用，把用户呼叫转接到应答台。随着转接呼叫和应答的增多，企业开始建立起交互式语音应答（IVR）系统。现代的呼叫中心则应用了计算机电话集成（CTI）技术，使呼叫中心的服务功能大大加强。

1. 呼叫中心的概念

呼叫中心是一种基于计算机电话集成技术，将通信网和互联网有机集成起来，并利用现代网络技术向客户提供交互式客户服务的系统。现代呼叫中心充分利用通信网和互联网的多项功能集成，与企业各业务部门连为一体，为客户提供完整的综合信息服务。呼叫中心应用领域广泛，典型代表是电信客户服务中心。长期以来，电信部门建立了庞大的客户服务体系，以特种号码为用户提供客户服务，如中国移动的10086、中国电信的10000、中国联通的10010。呼叫中心还广泛应用于银行、证券、航空和铁路运输、物流等行业。

2. 呼叫中心的分类

按采用的技术类别不同，呼叫中心可以分为基于互联网的呼叫中心、多媒体呼叫中心及虚拟呼叫中心。

（1）基于互联网的呼叫中心。基于互联网的呼叫中心能够将呼叫中心与互联网集成在一起，客户通过访问企业网站接入呼叫中心。这种呼叫中心还集成了互联网电话、互联网传真、文本交互、网页浏览自助服务、呼叫恢复、电子邮件等众多功能，可为客户提供更为广泛的服务，主要有电子邮件、互联网电话、文字沟通、业务代表回复、网页同步等功能。

（2）多媒体呼叫中心。多媒体呼叫中心将文本、语音、图片、视频及数据进行集成，使交换系统不仅可以传输语音电话，而且还可以快速而准确地传输文本、图片、视频等多媒体信息。

（3）虚拟呼叫中心。虚拟呼叫中心也叫分布式呼叫中心，它是在多个场点建立的、能够互联互通的呼叫中心。该技术可以帮助企业提供高度统一的呼叫中心服务，优化和协调呼叫中心资源，提高服务水平，降低呼叫中心的运营成本。虚拟呼叫中心可以使同一个呼叫在多个呼叫中心之间自由切换，对于多场点、多分支机构的企业具有重要的意义。虚拟呼叫中心还可根据企业业务量的大小来灵活、动态地配置呼叫业务，使业务代表的工作不受时空的限制。

3. 呼叫中心的功能

呼叫中心一般具有以下几项基本功能：客户信息管理功能；来电弹出功能；通话记录管理功能；遇忙处理功能；自动语音应答功能；智能选择坐席功能。

4. 呼叫中心的作用

呼叫中心可以很好地拉近客户与企业间的关系，其作用主要表现在以下几个方面。

（1）提高客户满意度。呼叫中心向客户提供了一个交互式、专业化的、集成式的客户服务窗口，不但能缩短客户请求的响应时间，而且还有助于解决客户的问题，大大提高客户满意度。

（2）降低企业运营成本。呼叫中心可以使坐席人员从客户频繁而机械的问题中脱身出来，重点为客户解答疑难问题，降低企业成本，提高响应速度。

（3）辅助企业进行决策。呼叫中心可以帮助企业获得准确信息。通过对这些信息进行分析，企业可以发现营销管理中存在的问题，如服务质量、产品设计等问题，并给出相应的解决对策。

（4）为客户提供个性化服务。呼叫中心能提供贴心的客户关怀，如特殊天气提醒、设备保养提醒、节假日及生日祝福等，增加企业在客户面前的展现频率，从而有利于保持客户对企业的关注度。

（5）从成本中心变成利润中心。建立呼叫中心是企业为客户提供优质服务的有效手段，但呼叫中心的建立需要企业投入不少成本，企业如果能够深入挖掘呼叫中心的潜力，使其由被动接入电话发展为积极主动地提高客户满意度，则完全可以为企业创造丰厚的利润。

二、呼叫中心技术

呼叫中心采用先进的互联网和电话通信集成技术，可将企业信息与客户信息连成一体。

呼叫中心的基本结构（见图 3.5）包括智能网（IN）、自动呼叫分配、计算机电话集成、交互式语音应答、用户交互管理系统、呼叫管理系统、工作流管理系统以及电话、计算机以及人工坐席等。其中，自动呼叫分配、计算机电话集成及交互式语音应答是呼叫中心的关键技术。

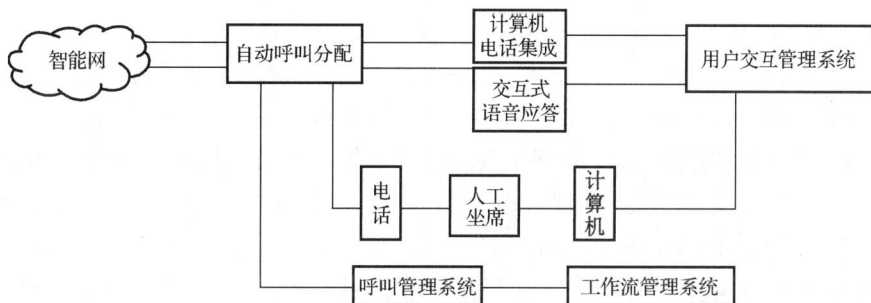

图 3.5 呼叫中心的基本结构

自动呼叫分配（Automatic Call Distribution，ACD）是现代呼叫中心有别于一般热线电话系统和自动应答系统的重要标志，该功能可以把大量的呼叫进行排队并将其分配到闲暇的人工坐席，提高了客户满意度。

计算机电话集成（Computer Telephone Integration，CTI）技术是通过软件、硬件接口及控制设备把电话通信和计算机信息处理集成在一起，实现对话、传真和数据通信的相互控制和综合应用的技术。企业使用计算机电话集成技术可以有效缩短通信时间，减少通信线路的占用，提高通信线路的利用率，节省通信费用，从而可以更合理地利用通信网络。

交互式语音应答（Interactive Voice Response，IVR）相当于一个自动话务员，用于坐席人员繁忙或无人值守时完成各种自动化任务，以减轻话务员负担，提高客户满意度。使用交互式语音应答有助于企业改善客户服务质量、提高工作效率、增加呼叫数量和拓展客户服务空间。

三、呼叫中心的建设模式

呼叫中心的建设过程包括确定目标、制订技术方案、完成详细设计、系统设计与实现、系统测试、系统运行及系统维护等环节，见图 3.6。其中，呼叫中心建设的技术方案主要有外包方案、自建方案和托管方案等。

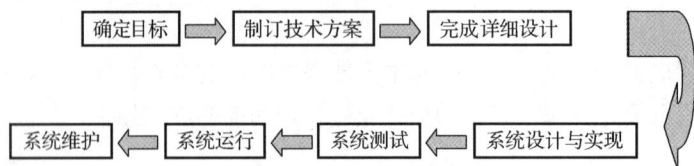

图 3.6 呼叫中心的建设过程

（1）外包方案是指企业支付一定的外包费用将自身的呼叫业务外包给第三方呼叫业务提供商的方案。这种方案的优势在于系统开通迅速，几乎没有初期建设时间成本，企业可以省去呼叫中心建设的烦琐过程，并且企业只需要把项目需求提交给外包呼叫中心即可，日常运营由外包呼叫中心负责。这种方案的劣势在于价格比较高、可控性差。另外，由于业务外包，企业资料的安全性和保密性也存在隐患。

（2）自建方案是指企业采购建设呼叫中心系统所需要的所有软、硬件，从通信运营商处租赁通信线路和号码资源，自行建立坐席队伍、自主经营、自主维护的一种方案。自建方案的建设成本、使用成本和维护成本都非常高，适合于需要建设大型呼叫中心的企业使用。这种方案的优势在于能提供一体化解决方案、保密性好；业务软件定制灵活，易用性强；与客户现有系统无缝集成。这种方案的劣势在于建设成本高、周期长，需要专人维护管理。

（3）托管方案是指由托管服务商来集中建设，企业租用基于云计算的大型、高并发处理能力的呼叫中心系统的方案。该方案通过远程坐席功能，将呼叫中心坐席分租给位于不同地点的不同企业使用。企业无须购买任何软、硬件系统，只需具备人员、场地等基本条件，就可快速拥有属于自己的呼叫中心软、硬件平台。通信资源、日常维护与服务由服务商提供，企业在使用时只需远程登录托管服务商网页即可。这种方案的优势在于企业不需要花费大量的成本去购买软件和硬件建设呼叫中心，也不需要投入大量的人力和物力去维护呼叫中心。

第三节　大数据分析与数据挖掘

随着计算机技术的广泛应用，各行各业都积累了大量的数据，企业如果不能对数据进行有效的分析，就无法发现数据中存在的关系和规律。为决策制定提供支持的数据仓库的出现，改变了传统数据库的不足，而支持数据仓库的技术就是大数据分析和数据挖掘。

一、大数据分析

经济社会中的数据正在迅速膨胀，随着时间的推移，越来越多的企业管理者意识到了数据对企业的重要性。移动互联网的快速发展，使互联网从信息产业（IT）时代进入了数据产业（DT）时代。

（一）大数据的概念、构成和特点

随着云时代的到来，大数据（big data）引起了越来越多人的关注。大数据是指无法在一定时间范围内用常规工具软件进行捕捉、管理和处理的数据集合。大数据通常特指一个企业创造的大量非结构化数据和半结构化数据，这些数据在被下载到关系型数据库用于分析时会花费更多的时间和费用。大数据分析是从各种类型的巨量数据中快速获得有价值信息的技术。大数据分析与数据仓库应用相比，具有数据量大、查询分析复杂等特点，解决大数据问题的核心是大数据分析技术的应用。大数据分析的战略意义不在于掌握庞大的数据信息，而在于对这些具有特定含义的数据进行专业化处理。

1. 大数据的构成

大数据包括海量交易数据和海量交互数据在内的所有数据集。

（1）海量交易数据。企业内部的交易信息主要包括联机交易数据和联机分析数据，它们是结构化的、通过关系数据库进行管理和访问的、静态的、历史的数据。通过对这些数据进行分析，企业可以了解过去的经营状况。

（2）海量交互数据。交互数据一般来源于微信、QQ、微博、领英等社交媒体，它包括详细呼叫记录、设备和传感器信息、地理定位映射数据、图像文件、网页文本和点击流数据等。通过对这些数据进行分析，企业可以推测未来的经营状况等。

2. 大数据的特点

"大"是指数据规模，大数据一般指在 10TB（1TB=1 024GB）规模以上的数据量。大数据具有海量性、多样性、低密性、时效性等特征。

（1）海量性。电子商务与移动通信将人类社会带入了一个以 PB（1PB=1 024TB）为度量单位的数据信息新时代。百度资料表明，首页导航每天提供的数据量超过 1.5PB，如果将这些数据打印出来，需要使用超过 5 000 亿张 A4 纸。

（2）多样性。信息社会数据类型繁多，如网络日志、视频、图片、地理位置信息等。这些海量数据具有不同的格式，如常见的结构化数据、半结构化网页数据，还有非结构化的视频、音频数据等。近年来，非结构化数据大规模增长，占到总数据量的 80%~90%。

（3）低密性。大量不相关的信息，如果不经过处理，其价值就低，属于价值密度低的数据。以视频为例，在连续不间断的监控过程中，有用的可能仅仅是一两秒的视频。

（4）时效性。大数据分析要求数据处理速度快，并且对数据的时效性要求高。这是大数据区分于传统数据分析最显著的特征。大数据的时效性对数据的快速处理能力提出了新的挑战，也为人们获得更为全面的洞察能力提供了前所未有的空间。

（二）大数据分析方法

企业只有通过大数据分析才能获取深入的、有价值的信息。大数据的特征及其复杂性使得大数据分析方法在大数据领域尤为重要。

（1）可视化分析。大数据分析的使用者有大数据分析专家，同时还有普通用户。二者对于大数据分析最基本的要求就是可视化分析，因为可视化分析能够直观地呈现出大数据的特点，同时能够非常容易被用户接受。

（2）数据挖掘算法。大数据分析的核心是数据挖掘算法。数据挖掘算法是根据数据创建数据挖掘模型的一组试探法和计算过程。为了创建模型，数据挖掘算法将首先分析所提供的数据，并查找特定类型的模式和趋势。

（3）预测性分析。企业要想从大数据中挖掘出隐含的规律，需要科学建立模型，并输入大数据，从而预测未来的相关信息。

（4）语义引擎。非结构化数据的多元化给数据分析带来了挑战。语义引擎可以通过人工智能从非结构化大数据中提取有用信息，从而在网络环境下进行广泛有效的语义推理，实现更加准确、全面的语义分析。

（5）数据质量和数据管理。大数据分析离不开数据质量和数据管理，高质量的数据和有效的数据管理，无论是在学术研究方面，还是在商业应用领域方面，都能够保证分析结果真实和具有价值。

（三）大数据的处理

大数据的处理由大数据采集、大数据导入/预处理、大数据统计/分析、大数据挖掘等过程构成。

（1）大数据采集。大数据采集是指利用多个数据库来接收客户端（如 Web、App 或者传感器形式等）数据的过程。在大数据采集过程中，高并发访问量时常出现，因为有可能成千上万的用户同时对客户端进行访问和操作。例如，12306 火车订票网站和淘宝网并发的访问量在峰值时可达到上百万次。

（2）大数据导入/预处理。虽然采集端本身会有很多数据库，但是如果要对这些海量大数据进行有效的分析，企业需要将这些来自前端的巨量数据导入一个集中的大型分布式存储集群中，并做一些预处理工作。

（3）大数据统计/分析。大数据统计/分析主要是利用分布式计算集群来对数据库中的海量数据进行分析和汇总，以满足大多数常见的分析需求。大数据统计/分析涉及的数据量巨大，对系统资源，特别是输入/输出系统（I/O），占用率极高。

（4）大数据挖掘。大数据挖掘是指从海量数据中找到未知的、有用的、隐藏的、规则的过程。企业可以通过关联分析、聚类分析、时序分析等各种算法发现一些无法通过观察图表得出的深层次原因。

二、数据挖掘

数据（data）是一种未经组织的对原始事实的记录，如原材料的存储量、企业员工数量、销售订单的数量等。信息（information）是一种按一定形式加以排列和处理的有意义的数据，如今年销售订单的数量比去年同期增加了5%等。知识（knowledge）是数据、信息的另一种表现形式，一般倾向于把概念、规则、模式、规律和约束等信息看作知识。有意义的数据形成信息，信息经过加工形成知识。数据和信息是知识的源泉，知识是数据和信息的高层次应用。

（一）数据挖掘的概念

数据挖掘是指从大量数据中提取隐含的、未知的、潜在的、有用的信息，使其表现为概念（concept）、规则（rule）、模式（pattern）等形式。数据挖掘实质上是一个深层次的数据分析过程，即从大量的数据中抽取出潜在的、有价值的知识、模型或规则的过程。例如，当银行对业务数据进行挖掘后，发现某位银行客户突然要求申请双人联合账户，并且确认该客户是第一次申请联合账户时，银行会推断该客户有可能要结婚了，这时银行可以向该客户定向推销用于购买房屋、支付子女学费等的长期贷款业务。

（二）数据挖掘的功能

数据挖掘可以帮助企业从大量数据中发现隐含的、有意义的知识。数据挖掘的目的在于预测未来趋势及行为并做出基于知识的决策。从分析角度来说，数据挖掘主要有以下六大功能。

（1）趋势和行为分析。数据挖掘能自动在大型数据库中寻找预测性信息，解决了以往要靠大量手工分析的问题，其典型应用是市场预测。此外，数据挖掘也可以预测客户流失情况。

（2）关联分析。若两个或多个变量的取值之间存在某种规律性，就称这种规律性为关联。关联可分为简单关联、时序关联和因果关联。关联分析的目的是找出数据库中隐藏的关联网。

案例 3.1

购物篮分析

研究商品关联关系的方法叫购物篮分析。在购物篮分析方面有两个值得我们学习的榜样，一个是沃尔玛，另一个是7-Eleven便利店。

我们把找出购物篮中商品之间关系的方法称为"美式购物篮"分析法，这种方法适合应用于类似沃尔玛这样的大卖场，用于找出不同陈列区域商品之间的关系。我们把找出影响商品销售的关联因素关系的方法称为"日式购物篮"分析法，这种方法适合应用于类似7-Eleven便利店这样的小卖场，用于找出影响商品销售的外在因素。日本的超市以7-Eleven便利店为典型，其经营面积比较小，一般只有100~250平方米，而商品有3 000~10 000种。顾客站在门店里任何一个角落，转个身就能看见所有的商品，所以找出商品关联关系并不是7-Eleven便利店分析的重点。7-Eleven便利店关注的是气温由28℃上升到30℃，对碳酸类饮料、凉面的销售量会有什么影响；下雨的时候，关东煮的销售量会有什么变化；盒饭加酸奶、盒饭加罐装啤酒都是针对什么样的客户群体的；顾客什么时间到门店购买商品。可见，7-Eleven便利店分析的重点是所有影响商品销售的关联因素，如天气、温度、时间、事件、客户群体等，这些因素称为商品相关性因素。这样就不难理解为什么7-Eleven便利店会设置专门的预报天气的部门了，也能够理解为什么7-Eleven便利店会要求门店每天五次将门店内外的温度、湿度信息上传到总部，供总部进行商品销售对比分析了。

讨论："美式购物篮"与"日式购物篮"分析法在数据挖掘方面有何异同？

（3）序列分析。序列分析和关联分析相似，其目的也是挖掘出数据间的联系，但是序列分析的侧重点在于分析数据间的前后关系，发现诸如"在购买商品 A 后，一段时间里客户会接着购买商品 B，而后购买商品 C"的规律，形成一个客户行为的"A—B—C"模式。例如，一个客户在购买了手机之后，很有可能继续购买手机贴膜、手机套、手机挂件和充电宝等配件。

（4）聚类分析。数据可以被划分为一系列有意义的子集，即聚类。聚类增强了人们对客观现实的认识，是概念描述和偏差分析的先决条件。例如，电商网站可以依据网站数据分析对客户群进行聚类，从而为不同类别的客户提供不同的服务，以此来达到保持客户高忠诚度的目的。

（5）概念描述。概念描述就是对某类对象的内涵进行描述，并概括这类对象的有关特征。概念描述分为描述某类对象共同特征的特征性描述和描述不同类对象之间区别的区别性描述。例如，销售经理按照客户居住区域进行分组汇总，观察每组客户的购买频率和购买支出等情况，描述每组客户间的差异性，这就是区别性描述。

（6）偏差检测。数据库中通常会有一些异常的数据记录，因此，从数据库中检测这些偏差很有意义。偏差包括很多潜在的知识，如分类中的反常实例、不满足规则的特例、观测结果与模型预测值的偏差、量值随时间的变化等。

（三）数据挖掘在客户关系管理中的应用

数据挖掘技术从一开始就是面向应用的。在很多领域，如银行、电信、保险、交通、零售（如超级市场）等领域，数据挖掘技术都得到了广泛的应用。数据挖掘所能解决的典型商业问题包括大数据营销、客户群体划分、背景分析、交叉销售、客户流失分析、客户信用状况、商业欺诈等。

1. 数据挖掘在客户分类中的应用

聚类分析是一种用数学方法通过自然聚集的方式定量地确定属性或状态的亲疏关系，从而客观地划分类别的多元分析方法。聚类是将数据分类到不同簇的过程，同一簇中的对象具有相似性，不同簇间的对象具有相异性。例如，银行在长期的金融服务中，积累了大量的数据信息，包括对客户的服务历史、客户的收入以及客户的人口统计学资料和生活方式等。银行可以将这些大量的信息资源综合起来，在数据库中建立起完整的客户背景信息。在客户背景信息中，大批客户可能在存款、贷款或使用其他金融服务上具有极高的相似性，形成了具有共性的群体。经过聚类分析，银行可以发现客户的共性，掌握他们的投资理念，并为其提供有针对性的理财服务，进而引导他们的投资行为，提升银行的综合服务水平。

2. 数据挖掘在客户识别和客户保留中的应用

客户识别是企业发现潜在客户、获取新客户的过程。对于新客户或潜在客户，企业可以通过商业客户数据库或市场调查来获取这些客户的基本信息，如住址、年龄、收入范围、职业、受教育程度和购买习惯等。在得到这些客户信息以后，企业根据客户对企业产品或服务的不同反应建立数据挖掘预测模型，找到对产品最感兴趣的客户群，并根据潜在客户的信息分析出最可能的潜在客户，这样就可以有针对性地制定营销及服务策略。

企业间竞争激烈，客户保留成为企业面临的一个重要课题。在客户保留的过程中，企业可以运用关联分析和序列分析等方法进行决策分析。企业通过对已经流失的客户数据进行分析，可以找到流失客户的行为模式，分析客户流失的原因，并根据已经流失客户的特点，预测现有客户中有流失倾向的客户。对于这些客户，企业应及时调整服务策略，针对在用户分类时得到的用户特点采取相应的措施挽留客户。

3. 数据挖掘在客户忠诚度分析中的应用

客户忠诚度是衡量企业客户关系管理效果的一个重要指标。企业如能获得更多的忠诚客户，无疑会大大降低企业的成本、提高企业的竞争力。

数据挖掘在客户忠诚度分析中的应用主要是对客户持久性、牢固性和稳定性进行分析。客户持久性反映的是客户在企业连续消费的时间。客户牢固性反映的是客户受各种因素的影响程度。客户稳定性是客户以一定的周期和频率消费的表现。例如，零售企业经常通过办理会员卡、建立客户会员制度的方式来跟踪客户的消费行为。通过对客户会员卡信息进行数据挖掘，企业可以记录客户的购买序列，分析客户的购买趋势，从而对客户的忠诚度进行区分，预测客户忠诚度的变化。

4. 数据挖掘在客户赢利率分析中的应用

客户赢利率是一个定量评价客户价值的指标，它是指在扣除客户开发所需的成本后，客户给企业带来的年利润大小。数据挖掘技术在客户赢利率分析中的应用主要体现在目标客户分析上。企业可以运用数据挖掘技术预测在不同的市场环境和市场活动下客户赢利率的变化，其目的是找到最合适的市场策略，使企业的客户赢利率最优。对于银行来说，为了识别出最有价值的客户，银行可以选取客户为银行带来的净收入和风险值作为输入变量，分别确定收入和风险的分界值，运用决策树方法对客户进行分析与分类管理。

5. 数据挖掘在个性化营销中的应用

针对不同类型的客户，企业可以采取不同的营销策略。企业可以运用序列分析的方法，对客户备选产品进行数据挖掘，并根据数据挖掘的结果有针对性地进行营销。例如，商家通过数据挖掘分析发现，不少购买了洗衣机的客户在一个月内会购买自动晾衣架，因此，商家可以针对这一发现向正在购买洗衣机的客户顺便推荐自动晾衣架，或者在给客户的服务跟踪调查问卷中附带自动晾衣架的宣传广告。

～～～ 案例 3.2 ～～～

卡夫食品公司的数据挖掘

企业可以利用数据挖掘得到的信息制定营销策略，向消费者发出与其消费行为相关的推销材料。曾有资料显示，美国卡夫（Kraft）食品公司建立了一个拥有 3 000 万个客户资料的数据库，卡夫食品公司收集对公司发出的优惠券或其他促销手段做出积极反应的客户资料和销售记录，建立了数据库。卡夫食品公司通过数据挖掘了解特定客户的兴趣和口味，以此为基础向他们发送特定产品的优惠券，并为他们推荐符合其口味和健康状况的卡夫产品食谱。

讨论： 食品企业如何通过客户购买信息数据挖掘提高销售业绩？

第四节　商业智能、机器学习及区块链

随着人工智能与机器学习技术的逐步应用，企业运营流程变得更加智能化。区块链技术越来越引起企业界的关注，也必然会对客户关系管理产生深远的影响。

一、商业智能

以商业智能为代表的信息技术越来越引起企业界的关注。例如，甲骨文（Oracle）、微软等公司纷纷推出了支持商业智能开发和应用的软件系统，有的甚至直接进入了商业智能的开发领域。

1. 人工智能概况

2017年5月，阿尔法狗（AlphaGo）战胜了围棋世界冠军，大众第一次直观地认识到了人工智能的威力和强大。

人工智能是研究、开发用于模拟、延伸和扩展人的智能的技术。人工智能是计算机科学研究领域的一个重要分支，是一种新的能以与人类智能相似的方式做出反应的机器。在语音识别、图像识别、机器人、自然语言处理、智能搜索和专家系统等方面，人工智能可以对人的意识、思维的信息过程进行模拟。人工智能从诞生以来，其理论和技术日益成熟，应用领域也不断扩大，未来人工智能带来的科技产品将会是人类智慧的延伸。

2. 商业智能概述

商业智能是利用现代数据仓库技术、线上分析处理技术、数据挖掘和数据可视化技术进行数据分析，从而实现商业价值的技术。商业智能是人工智能在商业领域的应用。商业智能把先进的信息技术应用到整个企业，不仅能帮助企业提升信息获取能力，而且能对信息进行处理，有助于增强企业的竞争优势。例如，蚂蚁金服的微贷业务就是通过商业智能和大数据技术实现了金融服务的创新，给个人和中小企业建立了一套信用评分体系，实现了快速申请、快速发放贷款功能，整个过程不需要人工参与。

基于商业智能的客户关系管理，其商业智能可以发掘知识，帮助企业保留老客户，争取新客户，同时了解客户的需求并有针对性地为不同客户提供不同的服务。

二、机器学习

机器学习属于人工智能研究与应用的一个分支领域。

1. 机器学习概述

机器学习是一种自动获取知识的计算方法，是用以往的数据或经验来优化程序的性能或标准，是研究机器获取新知识和新技能，并识别现有知识的技术。机器学习在人工智能中具有重要地位。以往的智能系统普遍缺少学习能力。例如，系统遇到错误时不能自我校正，不会自动获取和发现所需要的知识，其推理仅限于演绎而缺少归纳，只能证明已存在的事实、规律，而不能发现新的定理、定律。

客户关系管理理论与应用（第3版）

66

机器学习涉及归纳推理、神经网络、案例推理、遗传算法、归纳逻辑程序等技术，商业应用最广泛的技术首先是归纳推理，其次分别是神经网络、案例推理、遗传算法和归纳逻辑程序等。随着人工智能的深入研究，机器学习已经有了十分广泛的应用，例如数据挖掘、计算机视觉处理、自然语言处理、生物特征识别、搜索引擎优化、医学诊断、检测信用卡欺诈、证券市场分析、DNA 序列测序、语音和手写识别、战略游戏和机器人等。

2. 机器学习在客户关系管理中的应用

机器学习技术在很多行业，包括金融业、零售业、保险业、电信业等行业的客户关系管理中得到应用。

（1）预防欺诈。例如，在保险业中，保险公司可以根据机器学习技术构建一个能识别欺诈交易的模型，识别出具有欺诈性的赔偿要求，从而减少保险欺诈案件。

（2）锁定目标客户群。市场人员可以利用"购买意向"模型作为工具来锁定目标客户群，同时向其提供适销对路的产品。例如，思科有众多的产品系列，它的市场分析团队使用了机器学习技术，利用量化模型对不同潜在市场进行打分，找出潜在目标市场，从而提升了销售业绩。

（3）优化媒体。利用机器学习技术，企业可以优化媒体推荐系统、用户阅读体验，挖掘用户兴趣、内容价值，增强推荐系统的预测能力。例如，抖音短视频平台借助机器学习技术将新视频按一定频率插入推荐流中，以用户的观看反馈来决定该视频的热度，热度高的视频会得到更多的推荐。

（4）内容智能分发。互联网媒体可以采取基于人工智能和机器学习技术的内容分发模式。作为一款个性化信息推荐引擎产品，今日头条是国内最早一批利用机器学习技术把人工智能结合到移动应用场景中的产品，它利用人工智能推荐算法提升信息分发效率，是把算法、工程、产品、运营、客户这几个方面在应用层面最早结合在一起的产品。

三、区块链

2008 年，中本聪提出了区块链（Blockchain）的概念。区块链概念一经推出，便引起企业界人士的关注并逐渐在多个行业中得到应用。

区块链是一串使用密码学方法相关联产生的数据区块，每一数据区块包含一次交易信息，用于验证其信息的有效性并生成下一个数据区块。区块链技术是按照时间顺序将数据区块以顺序相连的方式组合成的一种链式数据结构，并以密码学方式保证数据不可被篡改和伪造的分布式账本。区块链技术是分布式数据存储、点对点传输、共识机制、加密算法等计算机技术的一种新型应用模式。

1. 区块链的特征

（1）去中心化。由于采用分布式算法和存储，不存在中心化的硬件或机构，任意节点都是均等的，系统中的数据区块由整个系统中具有维护功能的节点来共同维护。

（2）开放性。除了交易各方的私有信息被加密外，区块链的数据对所有人公开，任何人都可以通过公开的接口查询区块链数据和开发相关应用，以使整个系统信息高度透明。

（3）自治性。区块链采用基于协商一致的规范和协议，使得整个系统中的所有节点能够在信任的环境中安全地交换数据，由对人的信任改为对机器的信任。

（4）信息不可被篡改。信息经过验证并添加至区块链，就会被永久地存储起来，在单节点上对数据进行修改是无效的。可见区块链的数据稳定性和可靠性都高。

（5）匿名性。节点之间的交换遵循固定的算法，数据交互无须信任，因此，交易双方无须公开身份就可以让彼此产生信任，从而有助于信用累积。

2. 区块链在客户关系管理中的应用

区块链技术安全度高、技术前景广阔，受到了各行各业的广泛关注。

（1）隐私保护。客户关系管理系统存储了大量的客户数据，如销售行为数据、订单数据、成本数据等，这些数据是企业的核心数据，也是用户常担心的被泄露的数据。区块链技术恰好可以将企业的核心数据进行分布式加密管理，客户的信息得到了保护。区块链技术重铸了客户对数据隐私的期望，加强了数据分析能力、增强了客户关系，对客户关系管理系统的发展起到了关键作用。

（2）数据安全。不同于以往的数据管理，区块链可以摆脱数据由个人提供、负责和维护的方式，让每个人都可以参与数据维护，实现了节点的独立性，提高了数据的可靠性。应用区块链技术后，某一用户无法同时修改数据记录，系统会针对同一个记录对象，判断记录相同项多的数据为真，从而能有效杜绝用户随意篡改系统数据的行为。

（3）改进绩效考核方式。利用区块链技术，员工业绩考核方式也会更加客观真实。由于客户关系管理系统收集的数据信息都是用户填写、共享或实际交易的真实数据，这些数据或行为都可以被客户关系管理系统确认，利用这些数据或行为对员工进行绩效考核也必然是客观、真实的。

实训项目　产品管理

【实训目的】

视频指导
产品模块

1. 了解企业产品的分类方法及产品规格；
2. 掌握企业产品的分类及产品字段操作；
3. 熟悉产品管理模块并能够熟练添加相应产品。

【实训准备】

对于大部分企业来说，产品会按企业管理习惯进行分类。产品分类及产品字段操作为非常规操作，一般只在企业有新类别产品时进行添加或修改，故产品分类操作与产品字段修改操作都是在企业管理后台进行的。

产品分类的方法有很多，如按照产品的用途、规格、品牌、参数、原材料特性等进行分类。在分类前需要注意以下问题：分类层次不宜过多，多级分类会增加产品查找的难度；一般只在底层分类中添加产品。

【实训内容】

1. 明确企业产品大类与具体产品项目

第一次使用悟空 CRM 系统要先设置产品分类，然后才能新建或导入产品。XSMATE 公司主要有全景相机、智能翻译设备和卫星导航设备三大类产品，每一大类产品下面又有 3~7 个不同规格的具体产品（详见实训数据包）。

2. 划分产品类别

由于产品分类操作需要在企业管理后台界面进行，因此需要有管理员权限。

3. 修改产品项目字段

由于产品字段修改操作需要在企业管理后台界面进行，因此需要有管理员权限。

4. 添加或维护产品

添加或维护产品是在悟空 CRM 系统管理界面进行的，是一种常规操作。用户使用时，需要必要的授权。新建产品时，产品表的字段较多，需要根据实际情况添加。

【实训方法与步骤】

1. 产品分类操作

进入悟空 CRM 系统首页，点击右上方【用户登录】，用手机号及验证码登录悟空 CRM 系统。点击右上角【SAAS 云平台】，进入悟空 CRM 系统。点击右上角用户下拉菜单，在菜单中选择并点击【企业管理后台】，进入企业管理后台界面。

在左侧管理栏选择【客户管理】里的【业务参数设置】，在其右侧点击【产品类别设置】，再点击右侧的【+新增一级分类】，进行添加产品类别操作，见图 3.7。

图 3.7　添加产品类别操作

2. 产品字段添加或修改操作

在企业管理后台界面左侧管理栏【进销存管理】下，点击【自定义字段设置】，见图 3.8。根据相应格式及实际情况添加或修改产品字段，见图 3.9。

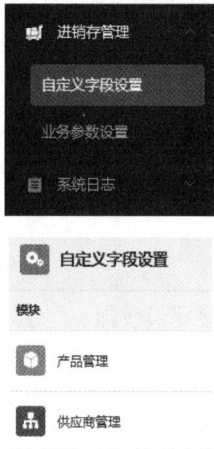

图 3.8　点击【自定义字段
设置】

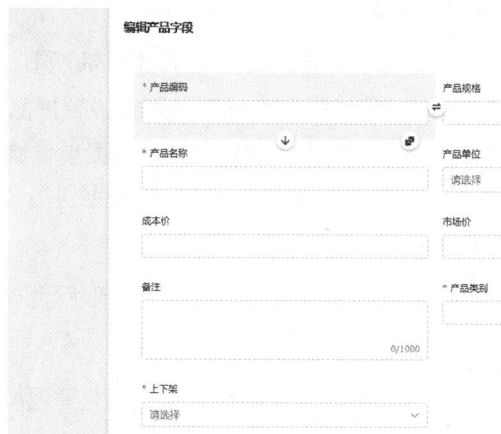

图 3.9　添加或修改产品字段

3. 添加/新建产品操作

进入或返回 SAAS 云平台常规管理系统界面，在左侧管理栏内选择【产品】，在右侧根据提示点击【+新建产品】，根据提示添加具体产品及其规格，见图 3.10。

图 3.10　添加/新建产品操作

【实训任务】

1. 根据实训数据包中产品分类情况添加产品类别，如添加"全景相机""智能翻译设备""卫星导航设备"三个产品类别。

2. 根据实际产品情况修改或添加产品字段。

3. 根据实训数据包中产品，在各类别里添加两三个具体规格的产品项目。

【实训讨论】

1. 为什么产品分类管理与产品字段管理设置需要在企业管理后台界面进行？

客户关系管理理论与应用（第3版）

2. 产品管理权限设置与产品操作的便利性与安全性有什么关系？

本章小结

本章主要介绍了客户关系管理系统、呼叫中心、大数据与数据挖掘、商业智能、机器学习及区块链，包括客户关系管理系统的概念、分类；呼叫中心的概念、技术和建设模式；大数据分析与数据挖掘的概念；商业智能、机器学习及区块链在客户关系管理中的应用。

思考与练习

一、单项选择题

1. 客户关系管理系统主要分为运营型、分析型和（　　）。

    A. 业务型　　　　　B. 管理型　　　　　C. 数据型　　　　　D. 协作型

2. 从管理科学的角度来考察客户关系管理系统，客户关系管理系统是以（　　）为基础的。

    A. 产品　　　　　　B. 数据　　　　　　C. 服务　　　　　　D. 客户

3. 呼叫中心是一种基于（　　）的新的综合信息服务系统。

    A. IT 技术　　　　　　　　　　　B. CTI 技术

    C. WEB 技术　　　　　　　　　　D. 客户关系管理系统技术

4. 客户关系管理系统的技术核心是（　　）。

    A. 数据库　　　　　B. 数据仓库　　　　C. 元数据　　　　　D. 数据库技术

5. 分析型客户关系管理系统的（　　）功能可以让客户关系管理系统对所进行的销售活动相关信息进行存储和管理，将与客户发生的交易与互动事件转化为有意义、高获利的销售商机。

    A. 促销管理　　　　　　　　　　　B. 个性化和标准化

    C. 客户分析和建模　　　　　　　　D. 客户沟通

6. （　　）通常特指一个企业创造的大量非结构化数据和半结构化数据，这些数据在被下载到关系型数据库用于分析时会花费更多的时间和费用。

    A. 数据库　　　　　B. 大数据　　　　　C. 元数据　　　　　D. 数据包

7. 大数据的特点是（　　）。

    A. 海量性、多样性、高密性、速度快

    B. 海量性、多样性、低密性、速度慢

    C. 海量性、单一性、低密性、时效性

    D. 海量性、多样性、低密性、时效性

8. 对未来客户关系管理发展推动比较大的技术是（　　）。

    A. 商业智能、机器学习、比特币　　B. 人工智能、计算机电话集成、区块链

    C. 商业智能、机器学习、区块链　　D. 商业智能、电子商务、区块链

9. 从大量数据中提取隐含的、未知的、潜在的、有用的信息，使其表现为概念、规则、模式等形式的技术是（　　）。

    A. 数据搜集　　　B. 数据转换　　　C. 数据挖掘　　　D. 数据集成

10. 数据挖掘的技术基础是（　　）。

    A. 客户忠诚　　　B. 数据库　　　C. 人工智能　　　D. 知识管理

二、名词解释

数据挖掘　　大数据分析　　商业智能　　机器学习　　区块链

三、简答题

1. 客户关系管理系统有哪些核心模块？
2. 客户关系管理系统分为哪三类？各有什么特点？
3. 呼叫中心涉及哪些关键技术？
4. 简述呼叫中心的建设模式。
5. 大数据具有哪些特点？
6. 数据挖掘具有哪些功能？
7. 数据挖掘在客户关系管理中有哪些应用？
8. 如何将商业智能应用于客户关系管理中？

四、论述题

1. 阐述三种类型客户关系管理之间的关系。
2. 商业智能、机器学习与区块链技术的发展对客户关系管理系统有何影响？

五、案例分析

在借鉴吸收业界先进技术以及国内外同行成功经验的基础上，中国银行广东省分行开发了信用卡业务分析系统，该分析系统针对我国商业银行具体发展状况，特别是中国银行的信用卡业务特点进行了大量的本地化工作。在设计核心信用卡数据分析模型过程中，该行参考了数例国际知名数据分析厂商的商业银行数据分析模型，并采纳了业务专家们的意见，确保了系统的先进性和实用性。自 2002 年初被正式推出以来，该系统已成为中国银行广东省分行信用卡业务相关人员进行决策分析和经营管理的有效支持工具。利用该系统，银行能识别出给银行带来更多利润并且信用好的优质客户，银行可以对这些优质客户提供更多、更好的服务；同时，银行也有效避免了信用不良客户带来的呆账、坏账风险。除此之外，银行还可以通过该系统找出那些办理过银行其他业务，却没有办理过信用卡业务的客户，银行可以针对这些潜在客户进行促销，吸引他们办理信用卡业务。

讨论：中国银行广东省分行数据分析系统的商业价值是什么？

第四章　客户开发管理

【理论框架】

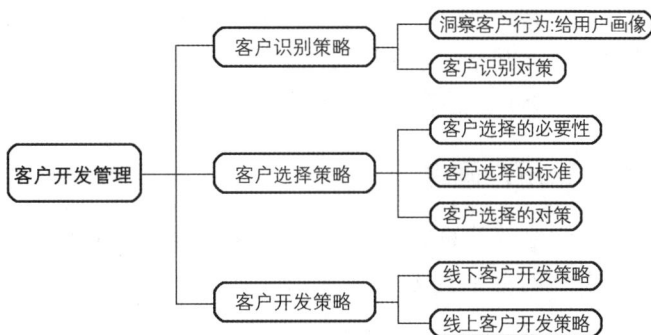

【知识与技能目标】

【知识目标】

1. 了解客户识别策略;
2. 掌握线下与线上客户开发策略;
3. 掌握客户选择策略。

【技能目标】

1. 熟悉客户/联系人信息描述字段;
2. 掌握新建客户、新建联系人操作;
3. 掌握客户与联系人信息导入、导出操作。

【案例导入】

小米科技开拓印度市场

受人口众多优势的影响,印度手机市场受到很多厂商的青睐。主流品牌相继在印度布局。根据调查机构 Counterpoint 公布的 2021 年第三季度印度智能手机出货数据,小米科技凭借 22%的市场占比,成功击败三星、vivo,蝉联销量第一。小米科技是最早进入印度发展的国产智能手机厂商之一,其不仅在印度销售手机,而且还在印度建立了手机生产基地。小米手机能长期占据销量排行榜第一,一个很重要的原因就是小米手机的成本领先战略。当年,小米科技进军印度市场时,印度还没有建立起成熟的手机线上销售渠道。小米科技将自己的线上销售方案移植到了印度,通过节省门店和仓储成本,将手机生产及营销成本降下来。小米手机物美价廉的特点给印度民众留下了良好的印象。小米手机能在印度市场占有率达到22%,无论是在营销战略还是营销策略上,都证明了小米科技的强大生命力。

思考： 小米科技成功打开印度市场的关键因素都有哪些？

评析： 识别潜在客户、选择并满足目标客户需求是企业获取客户并持续发展的关键。印度人口众多，对手机的需求自然也多，对小米科技来讲，印度是一个巨大的潜在市场。小米科技将印度市场作为自己的目标市场，公关宣传让小米手机得到了印度人民的喜爱。考虑到印度消费水平的特点，小米科技通过线上销售模式极大降低了产品成本，低价销售策略让小米科技在短短几年内就开发了大批量客户，同时也取得了销量第一的好成绩。

第一节　客户识别策略

客户是企业重要资源，客户资源决定着企业的未来。企业要想在激烈的市场竞争中发展壮大，就要设法吸引消费者，并与其建立长期、良好的关系。客户识别是客户关系管理过程中不可缺少的管理环节，是客户关系管理的前提。

一、洞察客户行为：给用户画像

洞察客户行为是客户关系管理的基础。给用户画像，对用户行为进行分析是深度了解客户需求、应对客户需求变化的重要手段。

（一）客户洞察

1. 客户洞察的概念

客户洞察（customer insight）是一种关于客户的普遍性认知，它揭示了客户需求的底层逻辑。客户洞察不是指某个营销人员对客户的熟悉与了解的能力，它指在企业层面对客户数据的全面掌握以及在市场营销与客户关系管理决策方面的有效运用。

小米科技早期成长迅速，很大程度上得益于 MIUI，而 MIUI 的成长又在很大程度上得益于小米社区中快速、实时的用户参与。小米科技将大量的用户反馈信息提供给产品经理，让产品经理可以了解用户的真实需求与期待，产品经理以此进行决策，产品快速迭代满足了客户需求，为企业创造了巨大价值。

以大数据为基础的客户洞察更多的是在相关数据中进行分析，其目的是在海量数据中发现隐含的相关性，为客户关系管理提供一种客户洞察路径。

2. 客户洞察步骤

客户洞察步骤如下：客户数据采集、客户数据分析及客户洞察应用。

（1）客户数据采集。客户数据采集是利用硬件设备或软件程序，从企业内外部获取有用客户信息的过程。在互联网快速发展的今天，数据采集已经被广泛应用于各行各业。客户数据采集要满足三个基本要求。一是数据采集的全面性。例如，查看 App 使用行为，需要采集从用户触发时的环境信息、会话以及背后的用户 ID，最后需要统计这一行为在某一时段触发的人数、次数、人均次数、活跃比等。二是数据采集的多维性。例如，查看 App 的使用情况，需要采集用户使用 App 的哪些功能、点击频率、使用时长、各 App 使用时间间隔等多个属性。三是数据采集的高效性。高效性包含技术执行的高效性、团队成员协同的高效性以及数据采集目标实现的高效性。

（2）客户数据分析。客户数据分析是企业根据客户信息来分析客户特征，评估客户价值，从而有效制定客户关系管理策略的过程。客户数据分析包含商业行为分析、客户特征分析、客户忠诚度分析以及客户价值分析。通过客户分析，企业可以了解不同客户的需求、不同客户的消费行为以及不同客户的商业价值，为客户识别、策略选择与开发提供依据。

（3）客户洞察应用。客户洞察是企业了解客户需求及偏好的客观真实反映手段，企业通过跟踪客户交易或消费行为数据，建立客户消费模型，为制定客户识别、客户选择、客户分级、客户沟通与体验以及客户服务等策略提供决策依据。

（二）客户洞察工具——用户画像

1. 用户画像的概念

用户画像的概念是 20 世纪 80 年代由"交互设计之父"艾伦·库珀提出的。

用户画像是根据用户的社会属性、生活习惯和消费行为等一系列的信息进行系统的数据分析，从而设定相应的标签，形成特定用户模型。例如，A 用户，女性，30 岁左右，本科学历，白领，定居一线城市，经常关注母婴产品，喜爱健身，注重健康饮食等。这就是一个简单的用户画像。当然，这个用户画像可以代表某个用户，也可以代表某一类用户群体。随着数字化营销的日趋成熟，用户在不同的营销场景中，常常会被贴上不同的标签，这些标签就是用户画像。构建用户画像，有利于企业对用户群体的把握。

用户画像代表了不同的用户类型以及其所具有的相似态度和行为，描绘了用户的目标、动机、习惯、喜好。用户画像将人们划分为不同的群体，每一个群体都有相同或相似的购买行为，具有类似价值观和消费偏好，对某一品牌、产品或服务会表现出类似的消费态度。随着大数据技术的发展，用户画像已运用于线下与线上场景，在市场营销和客户关系管理领域得到广泛应用。

2. 用户画像流程

用户画像流程一般可以分为目标分析、标签体系构建、画像构建三个步骤。

（1）目标分析。明确用户画像的目标是构建用户画像的第一步，也是设计标签体系的基础。目标分析一般可以分为业务目标分析和可用数据分析。画像的目标确立要建立在对数据深入分析的基础上，脱离数据绘制的画像目标是没有意义的。

（2）标签体系构建。用户画像的核心工作就是给用户打标签，构建什么样的标签是由业务需求和数据的实际情况决定的。标签体系具有类别属性，同时又具有层次化。一级标签有人口属性、行业偏好、购物偏好，这些标签都是抽象化的标签集合。二级标签是一级标签的具体化，三级标签又是二级标签的具体化，见图 4.1。

底层标签设计要求如下：每个底层标签只能表示一种含义，避免标签间冲突；标签必须有一定的语义，方便人员理解；标签要具有一定的区分度，区分过粗或过细都会影响标签的通用性。

常见各大类底层标签如下。人口标签：性别、年龄、地域、受教育水平、出生日期、职业。兴趣特征：兴趣爱好、使用 App/网站、浏览/收藏内容、互动内容、品牌偏好、产品偏好。社会特征：婚姻状况、家庭情况、社交/信息渠道偏好。消费特征：收入状况、购买力水平、已购商品、购买渠道偏好、最近购买时间、购买频率。

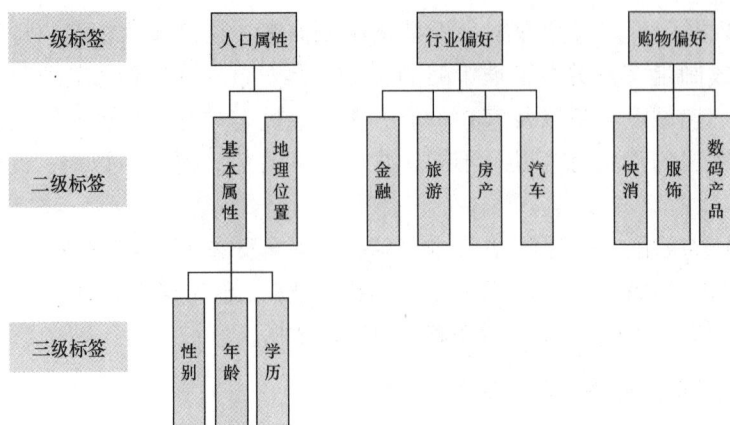

图 4.1 用户画像的标签体系

需要说明的是，标签体系并不是一成不变的，随着业务的发展，标签体系也会发生变化。例如，电商行业最初只需要消费偏好标签，随着智能手机的普及，卫星定位数据易于获取，而且线下营销也越来越注重场景化，因此卫星定位标签也有了构建意义。

（3）画像构建。用户画像构建涉及三类标签。第一类是人口属性标签，包括年龄、性别、学历、人生阶段、收入水平、消费水平、所属行业等，这一类标签比较稳定，标签体系也比较固定；第二类是兴趣属性标签，这类标签主要从用户海量的行为日志中进行抽取，具有一定的时效性，标签体系不固定；第三类是地理属性标签，常驻地标签比较容易构造且标签比较稳定，卫星定位标签一般从手机端获取，需要实时更新。

二、客户识别对策

客户识别对策是根据客户特征或购买记录等信息，判断客户需求及客户价值，从而确定企业的潜在或现实客户的过程。客户识别对策也是从目标市场客户群体中识别出对企业有意义的客户，并将其作为企业实施客户关系管理的对象的过程。

（一）识别客户需求

客户需求是客户有能力购买并愿意购买某种产品或服务的消费需要，具有目的性、可诱导性、多样性、差异性、层次性、发展性及周期性等特点。

1. **客户需求的识别**

（1）需求类别识别。客户需求从类别上可以分为对产品的需求及对服务的需求。客户对产品的需求有很多，且基本是与最终产品的"有用性"及"有效性"相联系的，在很多情况下，企业可以客观和具体地描述出客户对产品的需求。与产品需求相比，服务需求更具有情景适应性，这意味着企业通常很难对客户的服务需求做出定量的描述。

（2）需求目的识别。按客户购买目的的不同，客户需求可分为生产性需求和生活性需求。生产性需求是为满足生产活动的需要而产生的需求，如企业对生产厂房、机器设备、原材料等的需求；生活性需求是为满足个人或家庭生活的各种需要而产生的需求，如人们对衣食住行等物质产品的需求等。

（3）需求实质识别。需求可分为物质需求和精神需求。物质需求是人们对物质生活用品的需求，如对冰箱等家电的需求等；精神需求是人们对心理和精神活动的需求，如对音乐、游戏等娱乐的需求等。

（4）需求层次识别。按需求层次划分，客户需求可分为现实需求和潜在需求。现实需求是客户目前具有明确消费意识和足够支付能力的需求。潜在需求是客户虽然有明确的欲望，但由于购买力不足或对产品（或服务）不熟悉等种种原因还没有明确显示出来的需求，如人们对新能源汽车的需求等。一旦条件成熟，这种潜在需求就有可能转化为现实需求。

（5）需求属性识别。按客户需求属性划分，客户需求可分为功能需求、体验需求、审美需求以及社会需求等。如果一个产品可以帮助客户实现其认为必要的或想要的愿望时，那么这个产品就具有了功能需求。体验需求是客户在拥有、使用或消费一个产品时所获得的心理感受。在消费需求中，人们对消费对象审美的需要、追求，同样是一种持久性的、普遍存在的心理需求。商品的社会象征是人们赋予商品一定的社会意义，使得购买、拥有某种商品的消费者得到某种心理上的满足。

视野拓展
客户购房需求分析

案例 4.1

银行大堂经理对客户需求的识别

大堂经理是银行的形象代言人，在第一时间接触客户。对于大堂经理来说，识别客户是大堂经理的首要职责。大堂经理不仅应具有敏锐的洞察力，而且应善于捕捉客户的关键信息，挖掘身边的潜在客户。大堂经理可以从客户办理的业务类型中得到有用信息，进而发现客户的潜在需求。例如，有客户来网点办理补登存折业务，大堂经理引导客户办完补登存折业务后，发现客户存折上有 60 万元的活期金额，于是便热情地建议客户购买该行一个风险小、可随时支取、收益比活期存款高的理财产品。客户对该理财产品产生了浓厚兴趣，在大堂经理的引导下办理了理财金卡，并将自己其他银行卡中的 20 万元也一并转入，购买了 80 万元的理财产品。大堂经理与客户互加了微信。在此后的交流中，大堂经理得知该客户在该行还有大额存款，于是推荐客户将理财金卡升级为理财钻石卡。

讨论：银行为什么要设置大堂经理一职？

---

2. 客户需求识别的方法

在客户需求识别的过程中，企业外部因素会影响客户的需求，内部因素则会影响企业的识别能力。因此，识别客户需求时必须考虑这两个方面的因素。同时，在客户需求的不同阶段，其影响因素和识别方法也不同。

（1）体验中心法。设立体验中心是识别客户需求的有效方法。对一些高科技产品、时尚产品而言，这是一种新颖而有效的识别客户潜在需求的方法。

案例 4.2

大疆的用户体验中心

以技术创新为导向的深圳大疆创新公司（以下简称"大疆"）是全球领先的无人机制造商。为了让无人机爱好者更好地了解大疆产品，大疆陆续在线下设立了用户体验店，深圳欢乐海岸是大疆设立的首家体验店。大疆体验店造型现代，使用了不规则玻璃幕墙和白色外墙，内部以黑、白两色为主，科技感十足。体验店内设有产品静态展示区、飞行演示区、"天空之城"体验区、交流展示区、飞行影院等功能性区域。店内的产品种类也相当齐全，从悟系列、精灵系列，再到御系列无人机，从手持云台到运动相机，大疆产品都悉数亮相。体验店可以让用户充分领略大疆产品的特点和实际使用效果，同时也能获取用户使用过程中的一些实际感受，从而有助于大疆制造出用户想要的产品。

讨论：大疆是如何利用体验店识别用户需求的？

（2）深度访谈法。深度访谈可用于采集被调查者对企业产品或服务的看法，如用于了解客户如何做出购买决策、产品或服务如何被使用以及客户需求倾向等。

（3）竞争对手研究法。竞争迫使企业不断寻找新的、更有效的方法来使企业得到长久的发展。通过研究竞争对手的产品或服务，企业可以了解客户的基本需求，推动企业对客户需求的识别。

（4）数据挖掘法。基于人工智能、机器学习、大数据分析等技术的数据挖掘，可以高度自动化地分析客户需求信息，从中挖掘客户需求模式，预测客户需求趋势，帮助企业进行决策，减少企业经营风险。

（二）识别潜在客户

客户可以分为非客户、潜在客户、现实客户和流失客户等类型。在四类客户当中，潜在客户、现实客户为有效客户，是企业需要重点关注的对象。

1. 识别潜在客户的法则——MAN 法则

潜在客户是企业潜在的客户资源，开发潜在目标客户是企业保持客户关系、培养忠诚客户的前提。满足一定条件，如"用得着"或"买得起"的客户才能称得上是潜在客户。

"用得着"是指客户有购买需求（need）。不是所有客户都对企业某一产品或服务有需求，有需求的客户一般是具有一定特性的群体。如确定千兆光纤接入业务的潜在客户时，客户如果连台式机、笔记本电脑、平板电脑或智能手机等都没有，就根本不会办理光纤业务，即这类客户就不是潜在客户。

"买得起"是指客户的支付能力（money）。例如，虽然客户家里有台式机、笔记本电脑、平板电脑或智能手机，但其基于经济原因而不愿意开通千兆光纤接入业务，这类客户也不是潜在客户。

"说了算"是指客户的购买决定权（authority）。满足"用得着"或"买得起"条件的客户并不能构成潜在客户，只有具备"用得着"和"买得起"条件的同时能够"说了算"的客户才是企业真正的潜在客户。

因此，企业在选择潜在客户时必须遵循一定的条件，即 MAN 法则——具有购买能力、购买决定权及购买需求。

表 4.1　潜在客户识别特征分析

购买能力	购买决策权	购买需求
M（有）	A（有）	N（有）
m（无）	a（无）	n（无）

2. 识别潜在客户的对策

潜在客户应该符合 MAN 法则，但在实际操作中，企业识别潜在客户应根据具体情况采取不同的对策，见表 4.1。

（1）M+A+N，该客户是标准潜在客户，是企业理想的销售对象。

（2）M+A+n，进行客户跟踪，一旦客户有需求，销售就要跟上。

（3）M+a+N，与客户深入沟通，设法找到具有购买决定权的人。

（4）m+A+N，与客户深入沟通，调查客户企业状况，根据信用条件给予其融资。

（5）m+a+N，考虑对客户进行长期跟踪，观察其是否具备条件。

（6）M+a+n，考虑对客户进行长期跟踪，观察其是否具备条件。

（7）m+A+n，困难客户，可采取放弃策略。

（8）m+a+n，非客户，可对其采取放弃策略。

可见，潜在客户有时欠缺了某一条件，如购买能力、购买需求或购买决定权等，企业仍然可以考虑对其进行开发，只要应用适当的开发策略，便能使其成为企业的新客户。

（三）识别价值客户

现实中，并不是所有客户都能与企业保持长久关系，总存在着一些客户，他们的购买决策只受价格因素的影响，客户会因价格因素而流失。但也有一些客户更关心商品的质量、价值和服务，能与企业建立长久关系。因此，客户可以被划分为两种类型：交易型客户（transaction buyer）和关系型客户（relationship buyer）。交易型客户只关心商品的价格，他们会因为买到便宜的东西而沾沾自喜；关系型客户希望能找到一个可以依赖的供应商，并与之建立长久的关系。交易型客户给企业带来的价值有限，而关系型客户却能给企业带来长久的价值。

企业可以通过数据库营销系统计算单个客户的销售总边际贡献和折扣百分比来跟踪客户，以区分交易型客户和关系型客户。将交易型客户剔除，仅分析关系型客户价值的大小。关系型客户的价值具体可划分为两个维度，即当前价值和潜在价值。当前价值是客户按照目前的购买模式能为企业创造的价值；潜在价值是客户未来有望为企业带来的利润现值。根据每个客户的当前价值和潜在价值，企业可以将所有客户分成四类：铂金客户、黄金客户、铁质客户及铅质客户。四类客户组成客户价值矩阵，见图4.2。

企业可以根据不同客户价值合理分配有限资源：铂金客户为企业创造的利润最多，对企业价值的贡献最大，是企业重点进行客户关系管理的对象；黄金客户对企业贡献的价值次之，也是企

图 4.2　客户价值矩阵

业利润的贡献大户，企业应维持并发展与这类客户的关系；铁质客户属于具有价值潜力的客户，企业可通过再造客户关系，让该类客户在未来转化为黄金客户或铂金客户；铅质客户的当前价值较低、潜在价值也较低，企业可以尝试通过再造客户关系将其转化为铁质客户，或在企业资源有限的情况下对其一般性对待。

第二节　客户选择策略

客户是企业经营的基础和价值创造的源泉，但并不是所有的购买者都是企业的有效客户，

也不是所有的客户都能给企业带来收益,只有优质的客户资源才是企业取得竞争优势的法宝。因此,正确选择客户是成功开发客户的前提。

一、客户选择的必要性

客户是企业利润的源泉,企业在一定环境因素的约束下选择什么样的客户,是企业需要面对的问题之一,也是企业开发客户的基础。

(1)不是所有的购买者都是企业的有效客户。不同客户需求的差异性以及企业自身资源的有限性,使每个企业能够有效服务的客户类别和数量是有限的,市场中只有一部分客户能成为企业产品或服务的实际购买者。企业如果能准确地选择属于自己的客户群体,那么可以降低客户开发成本,从而有效减少企业的费用支出。

(2)不是所有的客户都能给企业带来收益。客户间存在差异,并不是每个客户都能为企业带来价值。一般来说,优质客户带来高价值,普通客户带来低价值,劣质客户带来负价值,有些客户甚至是麻烦的制造者。例如,2016年2月,中国国航、东方航空、南方航空、海南航空、春秋航空五家航空公司在三亚签署了《关于共同营造文明乘机大环境的联合声明》,通过建立信息共享机制合力对不文明乘客采取限制服务措施。正确选择客户能增加企业赢利,这就要求企业针对不同客户采取不同的服务策略。

(3)正确选择客户是成功开发客户的前提。企业如果选错了客户,开发客户的难度将会比较大,开发成本也会比较高,开发成功后维持客户关系的难度也会比较大。只有选对了目标客户,开发客户和维护客户的成本才会降低。例如,1980年,日本HIS国际旅行社董事长泽田秀雄在东京新宿车站附近的一幢大楼里,办起了一家以供应廉价机票为特色的国际旅行社。由于定位准确,该旅行社很快就跻身于竞争激烈的日本旅游业市场前列,取得了令人瞩目的业绩。

(4)目标客户的选择有助于企业的准确定位。不同客户群的消费需求具有差异性,企业只能为特定的目标客户提供适当的产品或服务。例如,德国汉莎航空公司定位于高端市场,为高端商务人士提供优质服务;我国春秋航空公司则定位于低端市场,为价格敏感型乘客提供基本的出行服务。如果企业对客户不加选择,则可能造成客户定位模糊,不利于树立鲜明的企业形象。

二、客户选择的标准

目标客户是企业客户选择的对象。企业应该在市场细分的基础上,对各客户群的赢利水平、需求潜力、发展趋势等情况进行分析、研究和预测,最后根据自身状况进行选择。

1. 理想客户的衡量标准

理想客户指的是本身素质高、对企业贡献大的客户,至少是给企业带来的收入要比企业为其提供产品或服务所花费的成本高的客户。理想客户应满足的条件包括:购买欲望强烈,购买力强,有足够大的需求量来消费企业提供的产品或服务,特别是对企业的高利润产品的采购数量多;能够保证企业赢利,对价格敏感度低,付款及时,信誉良好;服务成本较低或不需要服务或对服务的要求低;经营风险小,有良好的发展前景;愿意与企业建立长期的合作伙伴关系。

2. 大客户不等于理想客户

通常,将购买量大的客户称为大客户,将购买量小的客户称为小客户,大客户往往是所有企业关注的重点。但是,并不是所有大客户都是理想客户。大客户存在的问题主要表现在以下几个方面。

（1）大客户的财务风险大。大客户在付款方式上通常要求赊销，这就容易使企业产生大量的应收账款，而较长的账期可能会给企业经营带来资金风险，因而大客户往往也容易成为欠款大户，使企业承受呆账、坏账的风险。

（2）大客户利润风险大。大客户所期望获得的利益大，有些大客户会凭借其强大的买方优势和议价能力，或利用自身的特殊影响与企业讨价还价，向企业提出价格折扣、回扣、提供超值服务甚至无偿占用资金等方面的额外要求。例如，很多大型零售商巧设进场费、赞助费、广告费、专营费、促销费、上架费等，增加了供应商或生产商的资金压力。

（3）大客户管理风险大。大客户往往容易滥用其强大的市场影响力，扰乱市场秩序，如窜货、私自提价或降价等，给企业的正常管理造成负面影响，尤其对小客户的生存构成威胁，而市场却需要这些小客户，因为他们能对企业起到拾遗补阙的作用。

（4）大客户流失风险大。激烈的市场竞争往往使大客户成为众多商家极力争夺的对象。在生产过剩的背景下，产品或服务日趋同质化，品牌间的差异越来越小，大客户选择新的合作伙伴的风险不断降低，因此，大客户流失的可能性在加大。

3. 小客户有可能是理想客户

小客户不等于劣质客户。理想客户也经历过初创阶段，也有一个从小到大的发展过程。例如，家电经销商苏宁电器和国美电器在初创阶段的业绩并不突出，但其都有着与众不同的经营风格，后来成长为家电零售业的龙头企业。衡量客户对企业的价值要用动态的眼光，要从客户的成长性、增长潜力及其对企业的长期价值等方面来判断。对于当前利润贡献低，但是有增长潜力、具有高终身价值的小客户，企业应积极为其提供相关的支持与帮助。

案例 4.3

大公司的小客户

江浙一带经济比较发达，但江浙企业不像北方一些企业非大生意不做，一上手就瞄准大客户。江浙一带的企业，多数都是从小客户着手、从做小东西起步，最后企业越做越大，成为巨头公司。例如，这里有卖水发家的娃哈哈，有卖锅上市的苏泊尔，还有卖抽油烟机的方太、做插线板的正泰、做皮鞋的康奈……江浙一带不少企业都凭借做小东西取得了可观的市场份额，这些小东西包括眼镜上的小螺丝、低压电器、打火机、袜子、皮鞋等许多不起眼的东西，其产销量相当可观。

讨论：与大客户相比，你认为小客户的价值在哪里？

三、客户选择对策

一般来说，企业可考虑以下几个客户选择对策。

（1）选择与企业定位一致的客户。企业要从实际出发选择客户，要结合企业定位及产品定位，尽量选择与企业定位一致的目标客户群体。例如，小米科技专注于智能手机软件的开发，坚持"为发烧友而生"的设计理念。小米科技将手机用户定位为年轻、高学历的用户，他们多为理工科专业背景，对 IT 痴迷，习惯通过网络获取信息，易接受新事物，期待手机更具应用延展性和娱乐性。由于小米手机用户的需求与小米品牌定位一致，小米智能手机一经问世就大受欢迎，颇受年轻人追捧。

（2）选择理想客户。企业应当首选理想客户，这样会给企业带来理想的赢利水平。例如，浪潮集团为了避免与其他计算机厂商直接竞争，将产品规划为以服务器为主的硬件产品、以管理软件为主的软件产品，以及以云服务为主的创新业务。这些产品或服务针对的都是高端企业级市场，公司成为国内服务器行业龙头厂商，市场份额也一直位居国内服务器市场前列。

（3）选择有潜力的客户。企业选择客户不应局限于客户当前对企业赢利的贡献，还应考虑客户的成长性、资信、核心竞争力及未来对企业的贡献。例如，麦当劳通过调查发现，去哪个餐馆吃饭并不全是由父母决定的，他们往往会尊重孩子的意见，而只要吸引一名儿童，就等于同时吸引了两个大人。麦当劳决定将目标市场主要定位在儿童和家庭成员上。为此，麦当劳在各个分店设置了游乐区，并且专门为孩子们提供了生日聚会的服务项目。

（4）选择与自己实力接近的客户。如果企业和客户的实力过于悬殊，企业可能难以满足客户的需求，其维护客户关系的难度较大。例如，一家生产手机锂电池的企业打算把客户锁定为国内智能手机制造商，经过几年努力均未获得成功，因为这些智能手机制造商并没看中这家锂电池制造企业。无奈之下，这家锂电池企业转向了一些老年手机制造商，而这些老年手机制造商也正在寻找物美价廉且有一定生产能力的供应商，于是双方建立了长期稳定的合作关系。可见，企业和客户双方实力和规模相互匹配才具有合作的基础。

（5）选择对自己产品或服务满意的客户群。企业选择对自己产品或服务满意的客户，可以使开发和维系客户关系变得相对容易。例如，肯德基的忠诚客户主要有三类：儿童、学生和上班族。儿童喜欢肯德基好吃的炸鸡腿、汉堡等食品，还有可以玩耍的儿童乐园；学生喜欢肯德基的食品味道；上班族喜欢肯德基的便捷快餐。

~~~ 案例 4.4 ~~~

华为手机的用户群体

从 2018—2019 年手机销售用户画像数据来看，华为手机最受欢迎的是 Mate 系列；在高端商务人群中使用居多，在成熟年龄段的男性中最受青睐，这些人生活状态大多是事业有一定基础，稳健、理智，追求品质和务实，有爱国情怀；用户分布占比最高的区域是广东省。

讨论： 华为手机为什么会在成熟男性商务人群中受欢迎？

第三节　客户开发策略

客户开发，又叫获客或拓客。对新企业来说，其任务就是吸引和开发新客户；对老企业来说，其发展也需要不断地开发新客户。客户开发是企业将潜在客户转化为现实客户的过程。

一、线下客户开发策略

线下客户开发，一般是通过人员推销形式，引导或者说服客户购买，从而将目标客户开发为企业现实客户的过程。线下客户开发过程包括寻找客户、接近客户以及说服客户。

（一）寻找客户

线下寻找客户的途径多种多样：一是以行业展会、公开课、沙龙、论坛等为主的线下活动；二是以招募代理、异业合作、渠道合作为主的线下渠道；三是以线下拜访、用户介绍为主的地推活动；四是以线下广告投放为主的线下宣传。企业可以根据产品和业务，选择适合自己业务场景的客户寻找方式。

1. 线下活动获客

（1）活动赞助。企业可以参加一些对潜在客户有影响或特别关注的活动。赞助这样的活动，不仅可以向目标客户彰显企业实力，而且可以快速获取销售线索。例如，中国国际大数据产业博览会是很多大数据公司会参加的活动，因为大型企业和各地的政府机构都会参加，而大型企业和政府机构恰恰是这类大数据公司的目标客户。

（2）参加展会。参加行业展会可以有效提升企业形象，提高产品知名度和市场竞争力，重要的是展会可以提供更多的销售和合作机会。

（3）沙龙培训。沙龙培训活动不仅可以持续对产品进行曝光，而且可以给目标客户提供价值内容、搭建一个可以互相交流和学习的平台，会潜移默化地影响潜在客户。例如，美团就经常为商家举办培训活动，帮助商家熟悉软件、提升管理技能。

（4）企业参访。企业可以定期组织一些邀请社会人士参加的企业开放日活动，也可以把自己塑造成标杆企业，这样也会吸引目标客户主动到企业来。

2. 线下渠道获客

（1）招募代理商。企业如果有好的产品和技术，可以采取代理模式，与一个或者多个销售公司达成代理销售合作协议，利用代理商开拓当地市场。

（2）与关键意见领袖合作。关键意见领袖（KOL）是指在某一特定的目标客户群中有影响力的人物，例如互联网"大V"或"网红"。这些人有很强的网络影响力，他们的购买与消费行为具有示范和引导作用，可以将潜在目标客户转化为现实客户。

（3）内部合作。如果所在企业有其他产品线，并且面向的用户群有重合，也可以利用现有销售团队开发这类潜在目标客户。

（4）与政府合作。企业产品如果属于政府鼓励范畴，企业可以申请政府项目，获得政府认证资质和官方推介，或者让项目进入政府的采购名录，这些都有助于吸引目标客户。

（5）与培训机构合作。企业可以选择与一些管理咨询培训机构合作，利用线下培训展位、课程讲师推广，或产品植入展示来授课。

3. 地推活动获客

（1）逐户访问法。逐户访问法又被称为"地毯式寻找法"或"扫街法"，是营销人员在所选择的目标客户群的活动区域内，对目标客户进行挨门挨户的访问，然后对其进行说服的方法。一般来说，推销人员采用此法成功开发客户的数量与走访的人数成正比，要想获得更多的客户，就得走访更多的人。

（2）亲朋好友寻找。营销人员可以列出亲朋好友名单，然后对其一一拜访，争取在这些亲朋好友中寻找自己的客户。每一个人都有一个关系网，如同学、同乡、同事、朋友等，可以依靠这些关系进行客户开发。

（3）客户转介绍法。营销人员可以让现有客户帮忙推荐可能购买自己商品或服务的准客户。运用客户转介绍法的关键是让第一个客户认可企业的产品或服务。知名推销员乔·吉拉德曾说过他 60%的销售业绩都来自老客户及老客户所推荐的新客户。这种方法在旅游、保险、金融、教育、工业品等行业尤为适用。

（4）电话寻找法。打电话寻找客户是一种方便快捷的营销手段，但这种方式容易遭到对方拒绝。另外，电话营销是通过声音联系客户，因此很难取得客户的信任，成功率相对较低。

4. 线下宣传获客

线下宣传获客主要围绕触达目标客户决策者展开，目标客户决策者在哪里，广告就要在哪里投放。在互联网发达的今天，线下广告的价值依然不可忽视。线下广告的投放渠道一般有写字间楼宇广告、机场广告等。例如，很多服务于企业的产品，如钉钉、企业微信以及一些企业征信类产品，往往适合楼宇广告。在候机大厅通道，我们经常看到一些企业管理咨询、商学院、管理培训等针对企业业务的广告，这就是抓住了差旅人群大多是企业管理者的这个特点。

（二）接近客户

接近客户是营销人员与客户沟通洽谈业务的过程。接近客户是客户开发的一个重要步骤，这一步做得好，不仅可以拉近与客户的心理距离，而且还可以促成交易，成功开发客户。

（1）发掘客户痛点。客户痛点就是客户没有被满足的需求。成功开发客户的前提是挖掘客户潜在需求，了解客户的需求及其动机。只有戳到了客户的痛点，才能激发客户的需求欲望。例如，对于初次置业的客户，其痛点是没有自己的房子，居无定所，没有安全感、归属感。置业顾问可以激发客户的需求——有了自己的房子就意味着有了安全感、归属感。

（2）选择接近客户的方式。接近客户的方式主要有打电话、直接拜访或利用互联网即时通信工具沟通。

（3）接近客户时的话语。①称呼，称呼对方的姓氏及职务；②自我介绍，清晰而简要地说出自己的名字和企业的名称；③说明来意，表明拜访的理由；④寒暄，选一些客户感兴趣的话题；⑤赞美对方并正式进入主题，在赞美客户后以询问的方式引起客户对本企业产品或服务的兴趣，同时了解对方的需求；⑥感谢，诚恳地感谢对方能抽出时间进行业务洽谈。

（4）接近客户 AIDMAS 法则。AIDMAS 法则是指客户购买行为的心理动态过程模式：A——Attention（引起注意）；I——Interest（激发兴趣）；D——Desire（唤起欲望）；M——Memory（留下记忆）；A——Action（购买行动）；S——Satisfaction（购后满意）。

（三）说服客户

寻找到客户不等于能够成功地开发客户，开发客户还需要一个说服客户的过程。由于每个人学识、修养、个性、习惯、兴趣及信仰等不同，自然对于各种人、事、物的反应及感受有相当大的差异，因此，企业应区别对待不同类型的客户。

销售人员在说服客户购买企业产品或服务时，要向客户介绍企业的情况和产品的优点、价格及服务方式等；要及时解答和解决客户提出的问题，消除客户的疑虑，并且根据客户的特点和反应，及时调整策略和方法；要向客户说明购买产品或服务的好处。

说服客户时，一般可采取富兰克林式表达方式。富兰克林式表达是指销售人员向客户说明，如果客户用了他的产品，能够得到的第一个好处是什么，第二个好处是什么，第三个好处是什么，第四个好处是什么……同时也向客户说明如果不用他的产品，蒙受的第一个损失是什么，第二个损失是什么，第三个损失是什么，第四个损失是什么……这样，客户在权衡利弊得失之后，常会做出积极的选择。

案例 4.5

招商银行通过特色金融服务吸引客户

招商银行通过提供信用卡特色服务，吸引了众多的客户。例如，针对经常乘坐飞机的人，招商银行推出"刷卡买机票，送百万航空意外险"的活动。针对有车一族，招商银行和国际SOS救援中心签署协议，持有招商银行信用卡的有车一族，每月只需投入10元，就可以享受国际SOS救援中心提供的每年一次30千米之内免费拖车、不限次数免费路边维修等九项服务。针对都市商务女士，招商银行率先推出国内首张女士专用国际借记金卡"一卡通·靓卡"。该卡具备自助贷款、银基通、银证通、购买保险、自助缴费、委托购汇等各项功能。此外，办理该卡的女士还可以享受美容健身、休闲娱乐、餐饮等贵宾服务或折扣优惠。

讨论：招商银行是如何通过提供特色金融服务来吸引各类客户的？

二、线上客户开发策略

随着移动互联网及智能手机的普及，线上获客日益成为企业开发客户的重要途径之一。

（一）线上获客方式

线上获客方式主要有关键词竞价排名、搜索引擎优化及互联网应用平台或工具。

1. 关键词竞价排名获客

关键词竞价排名是一种按效果付费的网络推广方式，竞价排名按照付费最高者排名靠前的原则，对购买了同一关键词的网站进行排名的一种方式。广告主在购买该项服务后，通过注册一定数量的关键词，按照付费最高者排名靠前的原则，购买了同一关键词的网站按不同的顺序进行排名，出现在用户相应的搜索结果页。由于竞价广告可以出现在搜索结果页靠前的位置，容易引起用户的关注和点击，宣传效果比较好，有助于企业获客。

2. 搜索引擎优化获客

关键词竞价排名需要向搜索引擎服务方付费，如果不想付费而又想提高关键词排名，可以考虑搜索引擎优化（SEO）。搜索引擎优化是目前较为流行的搜索引擎营销（SEM）手段，也是互联网获客的重要方式。搜索引擎优化是利用搜索引擎索引算法，使网站要素适合搜索引擎检索原则，从而更容易被搜索引擎收录及优先排序的线上获客方式。

3. 互联网应用平台或工具获客

企业可以根据产品或服务特点选择网店、电子邮件、公众号、微信朋友圈本地广告、小程序、博客、微博以及抖音短视频平台等互联网平台或工具进行获客，也可以在同城网站发布供应信息或登录专业商务网站，如阿里巴巴的商务通、贸易通等寻找客户。

（二）线上获客对策

随着移动互联网的快速发展，越来越多的传统企业开始进行数字化转型。这些企业通过互联网社群经济、粉丝经济，逐步与客户建立一种长期互动关系。借助这种企业与客户互动关系，企业可以增强客户黏性、提升客户满意度与忠诚度，从而提升客户留存率。一般来说，线上获客对策或要点有以下几项。

（1）建立客户反馈机制。企业与客户进行双向互动，可以了解客户需求、把握客户机会，这是以往传统企业所不具备的优势。客户是产品的使用者或服务的接受者，这些客户在不同的场景中使用企业的产品或接受企业的服务，他们对产品、服务的好坏最具有发言权，他们会给企业产品或服务改进、升级等提出合理的建议，促进企业提升产品或服务价值。

（2）重视客户体验。客户体验的价值已被互联网行业所验证。良好的客户体验会给客户留下美好的印象，客户有相关需求时，就会想起某产品或服务，促进客户主动选择相关产品服务，形成良性循环，降低客户流失率。

（3）开展客户运营。企业每一次与客户的互动都要给客户带来价值，而不是进行无效互动。例如，飞鹤奶粉教授客户识别好奶粉、冲调奶粉等知识，来形成客户对飞鹤品牌的信任和认同。

（4）建立社群文化。社群是客户运营的一种重要方式，优秀的社群具有很强的凝聚力与传播力，是企业展现品牌理念与文化的重要平台。随着移动互联网的发展，特别是微博、微信、抖音等新媒体的出现，企业组织社群变得更加容易。企业建立符合产品和客户定位的社群文化、让客户形成身份认同和文化认同，会极大地提高客户的信任感和忠诚度，并为企业带来持续收益。

（5）建立权益体系。企业可以分析客户的消费行为，根据价值贡献进行分级，不同等级客户享有不同权益，以此提高客户复购率及活跃度。客户权益体系在为客户带来价值的同时，也让企业更加了解客户，从而更好地服务客户。

实训项目　客户与联系人管理

【实训目的】

1. 熟悉客户/联系人信息描述字段；
2. 掌握客户新建、编辑以及客户信息导入、导出操作；
3. 掌握联系人新建、编辑以及联系人信息导入、导出操作。

【实训准备】

　　客户关系管理系统中的客户一般是指企业客户，即客户是以公司、单位、机构的名义签约的，企业客户负责人一般称为联系人，客户与联系人是对应关系。

　　悟空 CRM 系统中客户信息字段主要包括客户名称、联系电话、电子邮箱、客户行业、客户来源、客户级别、企业网址、成交状态、下次联系时间、最后跟进时间、最后跟进记录、详细地址、负责人、创建时间以及创建人等。

悟空 CRM 系统中联系人信息字段主要包括姓名、性别、客户名称、关键决策人、联系电话、电子邮箱、职务、地址、下次联系时间、最后跟进时间、创建时间、创建人等。

【实训内容】

1. 寻找潜在客户

结合 XSMATE 公司经营的全景相机、智能翻译设备、卫星导航设备三大类产品，利用搜索引擎或各专业网站寻找潜在客户。要求每名员工（学生）至少寻找 5 位客户，并将搜集到的客户信息填入客户信息表中（实训数据包可在人邮教育社区本书页面链接中下载）。

2. 客户管理操作

客户管理是销售工作中非常重要的部分，客户管理操作分为新建客户、查看客户、编辑客户信息、删除客户信息、转为公海客户（共享客户）、转为非公海客户（私有客户）以及客户信息导入与导出等操作。

3. 联系人管理操作

联系人与客户相对应，联系人管理也是客户管理的一部分，联系人管理包括新建联系人、查看联系人、编辑联系人信息、删除联系人信息以及联系人信息导入与导出等操作。

【实训方法与步骤】

1. 登录悟空 CRM 系统 SAAS 云平台

用注册的企业账号登录悟空 CRM 系统 SAAS 云平台。

2. 新建/编辑客户操作

进入 SAAS 云平台后，点击左侧管理栏中的【客户】，见图 4.3，进入客户管理界面。点击右上角【+新建客户】，进入客户信息编辑界面，见图 4.4，根据客户实际信息进行添加。

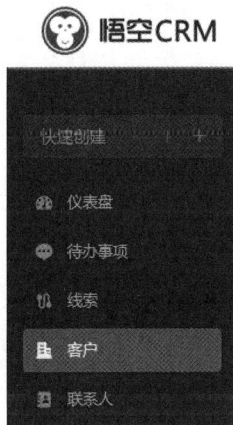

图 4.3　点击【客户】

图 4.4　客户信息编辑界面

3. 新建/编辑联系人操作

点击左侧管理栏目中的【联系人】，进入联系人管理界面。点击右上角【+新建联系人】，进入联系人编辑界面，见图4.5，根据联系人实际信息进行添加。

4. 客户与联系人信息的导入与导出

悟空CRM系统拥有客户与联系人信息的导入与导出功能，见图4.6。在客户与联系人信息导入时，需要提前下载系统所提供的.xls文件格式的"客户导入模板"。客户/联系人信息要按照客户导入模板要求录入，这样才能正确导入客户/联系人信息。

图 4.5 联系人编辑界面   图 4.6 客户/联系人导入与导出功能

【实训任务】

1. 员工（学生）根据实训数据包中公司产品信息，利用搜索引擎为公司寻找5个潜在企业客户与相应的联系人。

2. 员工（学生）将这5个潜在企业客户与相应的联系人录入悟空CRM系统SAAS云平台中，并根据客户与联系人实际情况完善信息。

3. 在完成悟空CRM系统录入客户/联系人信息的基础上，将客户或联系人信息以.xls文件格式导出。用办公软件打开导出的.xls格式文件，继续添加一条客户或联系人信息，然后保存。将新保存的.xls格式文件的客户信息或联系人信息分别导入相应信息管理栏。在客户或联系人显示界面查看客户或联系人信息。

【实训讨论】

1. 如何利用搜索引擎寻找企业客户？
2. 导入客户或联系人信息为什么要使用导入模板？

本章小结

本章主要介绍了客户识别策略、客户选择策略及客户开发策略。客户识别策略主要包括洞察客户行为、客户识别对策；客户选择策略包括客户选择的必要性、客户选择的标准、客户选择对策；客户开发策略包括线下客户开发策略与线上客户开发策略。

思考与练习

一、单项选择题

1. 按照客户的状态，客户可分为非客户、潜在客户、现实客户和流失客户。其中，（　　）为有效客户。

    A. 潜在客户、现实客户　　　　　　B. 非客户、现实客户

    C. 潜在客户、流失客户　　　　　　D. 非客户、潜在客户

2. 为洞察客户行为，可通过给（　　），对用户行为进行分析，从而可以更好地了解客户需求。

    A. 用户分级　　　B. 用户画像　　　C. 用户分类　　　D. 用户定性

3. 忠诚客户是对企业十分满意和信任，长期、重复地购买同一企业的产品或服务的客户。其购买行为具有（　　）四个特征。

    A. 无序购买、重复购买、相关购买、推荐购买

    B. 指向购买、重复购买、相关购买、推荐购买

    C. 指向购买、间断购买、相关购买、推荐购买

    D. 指向购买、重复购买、非相关购买、推荐购买

4. 忠诚客户给企业带来的效应不包括（　　）。

    A. 长期订单　　　B. 回头客　　　C. 新的成本　　　D. 良好的口碑

5. 理想客户应满足的条件是（　　）。

    A. 购买欲望强烈、购买量大，对价格的敏感度低，付款及时，有良好的信誉

    B. 要求的服务较少或服务成本较低

    C. 经营风险小，有良好的发展前景，愿意与企业建立长期合作伙伴关系

    D. 以上全是

6. 并不是所有大客户都是理想客户，大客户存在的问题主要表现为（　　）。

    A. 财务风险、利润风险、管理风险和信誉风险大

    B. 财务风险、市场风险、经营风险和流失风险大

    C. 财务风险、利润风险、管理风险和流失风险大

    D. 财务风险、市场风险、管理风险和流失风险大

7. 大客户的特征是（　　）。

    A. 采购对象组织结构简单　　　　　B. 采购金额较小

    C. 采购过程较理性　　　　　　　　D. 服务要求较低

8. 不属于说服客户三要点的是（　　）。

    A. 向客户介绍竞争企业的情况和产品的优点、价格及服务方式等信息

    B. 向客户介绍本企业的情况和产品的优点、价格及服务方式等信息

    C. 及时解答和解决客户提出的问题，消除客户的疑虑，并且根据客户的特点和反应

及时调整策略和方法

    D. 向客户说明购买产品或服务的好处

9. 不属于线下活动获客的方式是（　　）。

    A. 活动赞助   B. 参加展会   C. 招募代理商   D. 沙龙培训

10. 对于物流企业，下列客户开发方式中，最具时效、最有针对性的一种方法是（　　）。

    A. 广告方式   B. 电话方式   C. 网络方式   D. 品牌开发

二、名词解释

客户洞察   用户画像   MAN 法则   AIDMAS 法则

三、简答题

1. 什么是客户识别？

2. 简述用户画像标签体系构建方法。

3. 如何识别潜在客户？

4. 交易型客户和关系型客户有何区别？

5. 理想客户的选择标准是什么？

6. 简述客户选择策略。

7. 线下客户开发策略有哪些？

8. 线上客户开发策略有哪些？

四、讨论题

1. 如何利用移动互联网开发客户？

2. 使用搜索引擎优化进行客户开发的方法有哪些？

五、案例分析

    一个老太太每天去菜市场买蔬菜和水果。一天早晨，她来到菜市场，遇到一个卖水果的小贩，小贩问："要买水果吗？"老太太说："都有什么水果？"小贩说："有李子、桃子、苹果、香蕉，你要买哪种？"老太太说："想买李子。"小贩赶忙介绍说："李子又甜又大，特好吃。"但老太太却摇摇头，走了。

    老太太又遇到第二个小贩。这个小贩也像第一个一样，问老太太："你买什么水果？"老太太说："买李子。"小贩接着问："我这里有很多李子，有大的，有小的，有酸的，有甜的，你要什么样的呢？"老太太说："买酸李子。"小贩说："我这堆李子特别酸，你可以尝尝。"老太太一尝，果然很酸，马上买了一斤酸李子。

    买完后，老太太并没有马上回家，而是继续在市场转。这时遇到第三个小贩，同样这个小贩问老太太："你买什么水果？"老太太说："买李子。"小贩接着问："你买什么李子？"老太太说："要买酸李子。"小贩很好奇，又接着问："别人都买又甜又大的李子，你为什么要买酸李子？"老太太说："我儿媳妇怀孕了，想吃酸的。"小贩马上说："老太太，你对儿媳妇真好啊！"老太太听了很高兴。小贩又问："那你知不知道孕妇还需要什么营养？"老太太说："我不知道。"小贩说："其实孕妇还需要补充维生素，所以光吃李子还不够。那你知不知道什么水果维生素含量高？"老太太还是不知道。小贩说："水果之中猕猴桃维生素的含量很高，所以你要经常给儿媳妇买猕猴桃才行！"老太太一听很高兴，马上买了两斤猕猴桃。当老太太要离开时，小贩说："我天天在这里摆摊，每天进的水果都是新鲜的，下次就到我这儿来买，还能给你优惠。"从此以后，这个老太太每次都来他这里买水果。

讨论：

1. 从识别客户需求、发掘客户需求及满足客户需求角度出发，评价故事中三个小贩的做法。

2. 一个完整的销售过程包括探寻客户基本需求、挖掘需求背后的原因、激发客户需求、引导客户解决问题、抛出解决方案、成交之后与客户建立感情联系等。以第三个小贩为例，说明他是如何完成销售过程的。

第五章 客户信息管理

【理论框架】

```
                                              ┌─ 客户信息的来源及类型
                          ┌─ 客户信息概述 ─────┤
                          │                    └─ 客户信息管理形式
                          │
                          │                    ┌─ 客户业务信息分析
                          │                    │
                          ├─ 客户信息分析 ─────┼─ 客户经营信息分析
  客户信息管理 ───────────┤                    │
                          │                    └─ 客户信用信息分析
                          │
                          │                         ┌─ 数据仓库
                          ├─ 大数据时代客户信息管理 ┤
                          │                         └─ 客户数据仓库
                          │
                          │                     ┌─ 客户信息安全
                          └─ 客户信息安全管理 ──┤
                                                └─ 客户信息管理中的道德和隐私
```

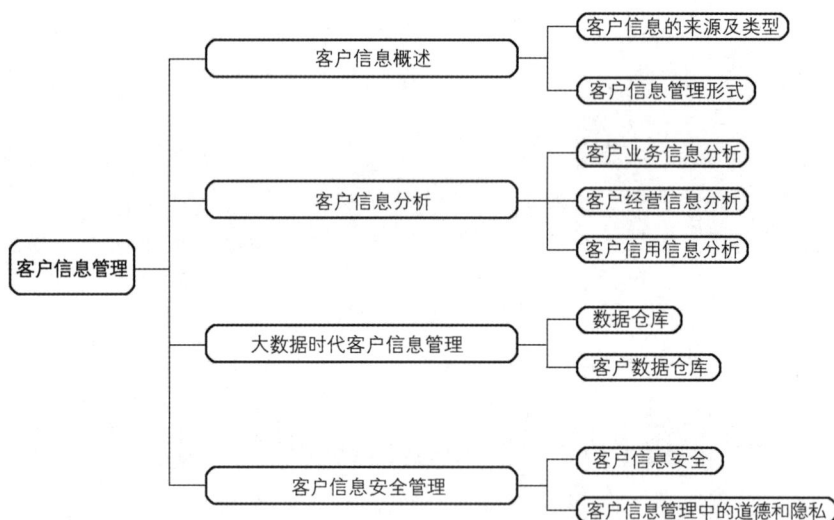

【知识与技能目标】

【知识目标】

1. 了解客户信息的来源、类型以及客户信息管理形式;

2. 理解客户信息分析;

3. 掌握客户信息安全管理的技术手段。

【技能目标】

1. 了解客户信息内容;

2. 掌握客户销售跟进计划创建操作及客户统计信息查看方法。

【案例导入】

人脸识别技术频遭质疑

随着人脸识别技术飞速发展,人脸识别技术在很多领域得到了广泛应用。这些应用场景包括手机解锁、小区门禁、公司考勤、安检通行、自助取款、无人超市、办税认证、养老金领取、嫌疑犯追踪、考生身份验证、驾驶学员身份信息认证等。人脸识别技术应用面广、影响力大，给我们带来了方便、安全、快捷的体验。但随着人脸识别技术的普及，人脸识别的弊端逐步显现。与指纹识别相比，人脸识别最大的不同在于它无须接触即可发生作用，并且不需要征得被识别者的同意。这意味着，企业、组织甚至个人可以不经当事人同意、甚至在当事人不知情的状况下读取并搜集信息而侵犯当事人隐私，甚至有可能用其套取个人账户现金，从事金融犯罪。

2021 年 11 月 1 日，我国首部针对个人信息保护的法律《中华人民共和国个人信息保护法》开始施行。该法律明确了在公共场所安装图像采集、个人身份识别设备，应当为维护公共安全所必需，遵守国家有关规定。所收集的个人图像、身份识别信息只能用于维护公共安全的目的，不得用于其他目的，取得个人单独同意的除外。

思考：如何看待人脸识别这一技术？

评析：在所有 AI 技术应用中，人脸识别是最受争议的。人脸识别从 AI 换脸到人脸识别支付，其运用领域越来越广泛，但也因此出现了人脸信息被强制使用，甚至非法采集等侵害自然人合法权益的行为，引发了公众对于人脸信息泄露的焦虑和担忧。在我国，人脸识别虽然没有被禁止，但屡次发生的案件也引起了人们的重视，针对人脸识别侵犯隐私的法律条文也会陆续颁布。

第一节　客户信息概述

信息是决策的基础，没有准确的信息，就难以做出科学有效的决策。因此，构建客户信息库是企业实施客户关系管理的基础，也是客户关系管理成功的关键。

一、客户信息的来源及类型

描述性、营销性和交易性客户数据可以是结构化的文本、语音和图像，也可以是非结构化的数据。客户信息的多样性和丰富性决定了客户管理系统中信息来源的多渠道和多媒体特征。

（一）客户信息来源

客户信息来源可以简单地分为企业内部来源和企业外部来源。

1. 企业内部来源

客户信息的内部来源主要是企业内部已经登记的客户信息、销售记录、与客户互动过程中的信息、开展电子商务获取的网页信息等。企业获得客户的档案信息资料的一般途径包括：从会计部门获取有关客户成本、销售收入、价格、利润等信息；从销售部门获取客户名单、销售记录、中间商经销情况、客户反馈意见、促销方式运用等信息；从企业其他部门的市场调研报告中获取客户信息。另外，企业也可以通过一些活动来采集客户信息。例如，企业可以通过各种方式对登记信息的客户进行奖励，要求参加者填写他们的姓名、电话和地址等信息。此外，收集客户信息的方式还包括有奖登记、发折扣券、开办会员俱乐部、赠送礼品等。

2. 企业外部来源

客户信息的外部来源是企业及客户之外的第三方产生的、与企业密切相关的各种信息。

企业获取客户信息的途径包括专业调查公司、消费者研究机构等。随着互联网和传媒技术的发展，企业也可以从互联网渠道及一些专业性的电视节目（如人物访谈、对话、企业展播等节目）、报纸或杂志上获得客户的相关信息。

（二）客户信息类型

按信息主体划分，客户信息分为组织客户信息和个人客户信息。企业客户是最主要的组织客户，其信息有企业信息和联系人信息。

企业信息主要包括：企业基本信息、企业特征信息、业务状况信息和交易状况信息。

（1）企业基本信息，包括企业的名称、地址、电话、创立时间、组织方式、资产等。

（2）企业特征信息，包括规模、服务区域、经营方向、经营特点、企业声誉等。

（3）业务状况信息，包括销售能力、销售业绩、发展潜力与优势等。

（4）交易状况信息，包括订单记录、交易条件、信用状况及出现过的信用问题、与客户的关系及合作态度、客户对企业及竞争对手的产品服务评价、客户建议与意见等。

联系人信息包括企业所有者情况、经营管理者、法定代表人及其姓名、年龄、学历、个性、爱好、家庭、能力及素质等。

二、客户信息管理形式

完备的客户信息是企业的财富，在保持客户关系方面具有重要的作用，对企业各部门及最高决策层的决策也具有重要的指导意义。客户信息管理是将客户各项信息加以记录、保存，并对其进行分析、整理和应用，以此来巩固企业与客户之间的关系。传统的客户信息通常采用纸质档案进行管理，现代客户信息则采用数据库进行管理。

（一）客户数据库概述

客户数据库是按一定的数据模型组织、描述和存储，可共享的数据集合，是数据库系统的重要组成部分。客户数据库系统将有关反映客户信息的大量数据以表（字段、记录）的形式存储于数据库中。用户可以通过应用程序向数据库发出查询、统计、打印等命令，以满足企业对各种有用信息的不同层次需要。

客户数据库管理系统是帮助企业建立、使用和管理客户数据库的软件系统。一般来讲，客户信息库包含的信息越多，其作用也越大，但构建和维护客户信息库的成本也会越高。

企业构建客户数据库有助于巩固企业市场竞争地位、提高企业新产品的研发能力、培养客户忠诚度、降低运营成本、提高营销效率、增强企业核心竞争力。

（二）客户数据库的更新和维护

客户数据库构建完成后，企业信息管理人员还需要对客户数据库进行更新与维护，以便更好地存储与分析客户信息。

1. 客户数据的更新

数据分析是一个动态的过程，若数据库资料没有及时更新，几乎等同于失去了使用价值。为保证客户数据库信息的有效性和正确性，管理人员平时应及时更新各种客户交易资料、客户反馈信息以及从其他可靠信息渠道获得的实时资料。除了要不断地更新信息、定期删除陈旧过时的信息之外，企业信息管理人员还要对数据库本身进行维护，如对现有表格进行增补、更改和删除等。如果数据库表格经常被替换，还需要备份以前的文件记录。

2. 客户数据库的维护

客户数据库要想正常运转，少不了维护工作。客户数据库维护通常包括日常维护、定期维护和故障维护等工作。客户数据库的维护标准有可用性、安全性及容灾性。

（1）可用性。如果客户数据库服务器出现宕机现象，客户关系管理活动就会受到严重影响。为确保客户数据库的可访问，企业需要进行 24 小时全天候的监控并设置系统冗余。

（2）安全性。客户数据库中所存储的客户信息是企业重要的信息资源，客户也会因为隐私信息的外流而对企业失去信任。因此，保障客户信息的安全是企业的头等大事。

（3）容灾性。一套设计良好的容灾恢复计划能让企业在遭遇突发情况后妥善恢复客户数据库中的信息。因此，要根据安全规范定期备份客户数据库信息。在条件允许的情况下，进行异地备份。

案例 5.1

4S 店的客户信息管理

在轿车销售行业，4S 店获取客户信息的来源与其他行业有所不同。常见的客户信息来源主要有三类：客服电话回访、客户满意度调查以及客户投诉。了解客户信息来源后，还需编制客户信息表。不同客户，其信息内容会有所差异。常见的客户信息表有客户回访跟踪表、客户满意度调查表、客户投诉表等。在编制客户信息表的基础上，4S 店还需要及时更新客户信息，针对客户需求，及时将客户提出的需求、意见登记在相关表格上。若是重要信息，4S 店还应输入客户关系管理等系统，以便其他部门工作人员可在第一时间接收客户信息。此外，无论是通过电子表格的定期备份、纸质表格的整理归档，还是通过客户关系管理等系统的输出存档，4S 店都要做好信息存档备查工作，避免客户信息遗失。

讨论： 4S 店的客户信息管理应该包括哪些内容？

第二节　客户信息分析

企业对收集到的各类客户信息应采取多种方法进行分析，从中找出有价值的信息，帮助企业把握客户需求，从而提高客户满意度、培养客户忠诚度、提高企业竞争力。

一、客户业务信息分析

客户业务信息包括客户的市场信息、销售信息及服务信息。企业对客户业务信息进行统计分析，可以了解现有客户的业务状况，进而有针对性地满足客户需求。

1. 客户市场信息分析

客户市场信息分析主要针对以下三项内容进行分析：①市场状况统计，主要统计某一市场的规模、购买力等信息，或某一区域或产品的客户的基本情况；②营销状况统计，主要按人员、部门、地域等指标统计市场推广活动的次数、规模及结果等情况；③市场竞争状况统计，主要按地域、规模、市场份额等指标统计竞争对手的地位、数量及实力等状况。

2. 客户销售信息分析

客户销售信息分析主要针对以下三项内容：①客户销售合同分析，主要分析某一客户全部或一段时间内的销售合同及付款情况；②人员或部门销售分析，主要按人员、部门或地域分析在一定时间内进行的销售、发货、收款等信息；③产品销售分析，主要分析某一产品在一定时间内的销售情况或当前销售、生产计划和库存等情况。

3. 客户服务信息分析

客户服务信息分析主要针对以下四项内容进行分析：①客户服务合同分析，主要分析客户服务合同的数量、期限、付款等情况；②客户服务情况分析，主要按客户或其他标准分析产品质量、技术问题、特殊需求及标准案例等情况；③人员或部门客户支持分析，主要按人员或部门分析客户问题处理情况；④产品信息分析，主要分析客户反映的产品质量等问题。

二、客户经营信息分析

对于上市公司客户来讲，可以对其财务报表进行分析，了解客户企业资本状况和赢利能力，从而了解其过去、现在和未来的经营状况，减少交易风险。其中，主要的分析项目有以下三项，更多分析项目和更详细的分析方法请参考财务报表分析课程或相关图书。

（1）企业偿债能力分析。企业偿债能力是企业用其资产偿还长期债务与短期债务的能力。客户企业偿债能力的大小，是衡量客户企业财务状况好坏的标志之一，分析企业偿债能力是判断客户企业运转是否正常的重要方法。偿债能力是企业偿还到期债务的承受能力或保证程度，包括短期偿债能力和长期偿债能力。

（2）企业营运能力分析。企业营运能力分析是对资金周转状况进行的分析，资金周转得越快，说明资金利用效率越高，企业的经营管理水平越好。营运能力指标包括应收账款周转率、存货周转率、流动资产周转率、固定资产周转率和总资产周转率等。

（3）企业赢利能力分析。赢利能力是企业获取利润的能力，良好的赢利能力是投资者取得投资收益、债权人收取本息的重要保障，是经营者经营业绩和管理效能的集中表现，也是职工福利不断完善的重要保障。反映企业赢利能力的指标主要有销售利润率、成本费用利润率、总资产利润率、资本金净利润率和权益利润率等。

三、客户信用信息分析

客户信用是企业与客户在商品交易中形成的相互信任关系。客户信用信息分析是企业对客户一定时期内生产经营活动中的各种信息进行搜集和整理，采用多种方法对客户的信用品质和偿债能力进行分析，从而在整体上把握客户信用状况的方法。

（一）客户信用评价体系

不同管理机构会根据自身业务特性及目的采取不同的信用评价体系。企业在客户信用评价方面可以借鉴一些大型银行的做法。常用的银行信用评价体系包括 5C 信用评价法、5P 信用评价法、5W 信用评价法以及 6A 信用评价法等。

1. 5C 信用评价法

5C 信用评价法主要集中在对借款人的品质（Character）、还款能力（Capacity）、资本实力（Capital）、抵押（Collateral）和经营条件（Condition）五个方面进行全面的定性衡量，以判别借款人的还款意愿和还款能力。

（1）品质。企业和管理者在经营活动中的行为和作风，是企业品质最为本质的反映。

（2）还款能力。还款能力包括经营者能力（如管理、资本运营等能力）和企业能力（如运营、获利、偿债等能力）。

（3）资本实力。主要考察企业财务状况，一个企业的财务状况基本能反映该企业的信用特征。

（4）抵押。指客户拒付款项或无力支付款项时能被用作抵账的资产，一旦收不到客户的款项，便以该抵账资产进行抵补，这对于首次交易或信用状况有争议的客户尤为重要。

（5）经营条件。经营条件大到政治、经济、环境、市场变化、季节更替等因素，小到行业趋势、工作方法、竞争等因素，这些因素都可能影响企业经营活动。

5C 信用评价法最初是金融机构对客户做信用风险分析时所采用的分析法之一。近年来，5C 信用评价法被更广泛地应用在企业对客户的信用评价中，如果客户达不到信用标准，便不能享受企业的信用优惠或只能享受有限的信用优惠。

2. 5P 信用评价法

5P 信用评价法是从不同角度将信用要素重新进行的分类，包括人品因素（Personal factor）、目的因素（Purpose factor）、还款因素（Payment factor）、保障因素（Protection factor）和前景因素（Perspective factor）。

（1）人品因素，主要衡量借款人的还款意愿。

（2）目的因素，主要分析贷款的用途，评价借款人的举债情况。

（3）还款因素，主要衡量借款人的还款能力。

（4）保障因素，主要分析贷款的抵押担保情况和借款人的财务实力。

（5）前景因素，主要分析借款人所处的行业、法律、发展等方面的宏观环境。

3. 5W 信用评价法

5W 信用评价法是从借款人（Who）、借款用途（Why）、还款期限（When）、抵押担保（What）及如何还款（How）等方面对客户信用进行衡量。5W 信用评价法是西方商业银行常使用的信用评价方法，商业银行在每笔贷款发放之前都要从这五个方面对客户进行信用审查。

（1）借款人。着重了解借款人本身情况，包括信用状况、还款能力、企业经营状况等。

（2）借款用途。要求弄清楚借款人借款的用途和目的。

（3）还款期限。要求确定放款期限的长短。

（4）抵押担保。确定借款人以何物作为抵押担保品。

（5）如何还款。要求了解借款人偿还借款的方式。

4. 6A 信用评价法

6A 信用评价法是美国国际复兴开发银行提出的，其认为企业信用要素包括经济要素（Economic Aspects）、技术要素（Technical Aspects）、管理要素（Management Aspects）、组织要素（Organizational Aspects）、商业要素（Commercial Aspects）和财务要素（Financial Aspects）等六个方面。

分析经济要素即主要分析国际经济形势、国内经济政策等大环境是否有利于授信客户的经营和发展。分析技术要素即主要分析授信客户在技术先进程度、生产能力、获利能力上是否有利于还款。分析管理要素即主要分析授信客户内部各项管理制度及措施是否完善，管理者经营作风和信誉状况的优劣。分析组织要素即主要分析授信客户内部组织结构是否健全。分析商业要素即主要分析授信客户的设备、原材料、员工是否充分，产品销售的市场分布和占有率以及销售价格优势等。分析财务要素即主要从财务角度分析授信客户的资本结构以及资金运用水平、偿债能力、获利能力的高低等。

（二）客户信用调查与评价

1. 客户信用调查

参考银行业客户信用评价模型，企业在进行客户信用分析与评价时，需要对客户的经营状况、财务现状及支付情况进行调查与分析。

对客户经营状况的调查内容主要包括：客户的总体经营状况，客户的声誉、形象，客户对自己企业的规划，客户对自己所在行业的了解，客户竞争战略，客户企业内部管理，客户企业文化，客户企业经营者素质、管理团队的素质等。

对客户财务现状的调查内容主要包括：客户现金流情况、持票据贴现情况、延期支付债务情况、预收融资票据情况、融资低价抛售情况、提前回收赊销款情况、高息贷款情况、与银行关系、票据被银行拒付情况、银行账户冻结情况等。

对客户支付情况的调查内容包括：如期付款情况、推迟现金支付情况、推迟签发支票情况、票据延期情况、延长全部票据或货款的支付日期情况等。

2. 客户信用评价

在实际工作中，企业在对客户进行信用等级评价时，可以依据回款率（应收账款）、支付能力（还款能力）、同业竞争品牌情况三项指标来进行。另外，还要根据客户执行企业销售政策、送货和服务功能、不良记录情况，以及第三方企业信用信息查询平台（如企查查等）提供的客户经营风险、法律风险及监管风险等多因素对其信用等级进行修正。

根据评价结果并结合实际情况，可以把客户分为 A、B、C、D、E 五级。A 级是最好的客户，B 级次之，C 级一般，D 级较差，E 级最差。对不同信用等级的客户，企业应该区分对待。企业客户信用等级评价的最终目的是利用信用等级评价对客户进行有效管理，即对不同信用等级的客户采取不同的销售管理政策。

案例 5.2

"签单"与经营风险

某酒店在经营过程中存在大量的"签单"客户，即先消费后结账的客户。这些客户往往是酒店的重要客户，有许多还是酒店的 VIP 客户。有一些"签单"客户由于各种原因，最终没有按照消费协议办理结账手续，给酒店造成了较大损失。为此，管理好这些"签单"客户，既要给他们特殊的客户政策，又要规避酒店的经营风险，是酒店销售部经理需要考虑的问题。

讨论：如果你是该酒店销售部经理，你将如何评估客户的信用？如何规避酒店的经营风险？

第三节　大数据时代客户信息管理

随着客户关系管理系统的应用，企业拥有了越来越多的客户数据。虽然这些庞大的数据可以帮助企业更好地理解并预测客户的行为，但如何有效管理并应用这些数据是企业不得不考虑的问题。

一、数据仓库

人们每天的行为都会产生大量的数据。消费者每次浏览网页、搜索等，都会产生大量数据，这些庞大的数据可以帮助企业更好地理解并预测客户的行为。

1. 数据仓库的特性

数据仓库是为企业决策提供支持的数据集合。数据仓库是出于决策支持的目的而创建的，它以大型数据管理信息系统为基础，存储从企业业务数据库中抽取的数据。数据仓库专家比尔·恩门（Bill Inmon）给出的数据仓库定义是：数据仓库（data warehouse）是一个面向主题的（subject oriented）、集成的（integrated）、非易失的（non-volatile）、随时间变化的（time variant）数据集合，用于支持管理决策。该定义揭示了数据仓库的四个特性。

（1）面向主题。在数据仓库中，所有的数据都是围绕一定的主题进行组织的。例如，销售业务中用来分析消费行为的模块就是一个主题，数据仓库就是用来解决消费行为分析这一主题的。

（2）集成性。数据仓库中存储的数据是从分散的各个子系统中提取出来的，并不是原有数据的简单复制，而是经过加工或处理过的数据集成。这些集成的数据具有统一的格式、表示方式和代码含义，并用相同的单位来表示。

（3）稳定性。数据仓库中的数据记录了从开始使用数据仓库起的所有数据，反映了企业各个时期的信息，是企业随时间动态变化的数据。在数据仓库中，系统主要进行数据追加操作，数据仓库中的数据一旦被写入，几乎不再被更改，除非数据有错误。

（4）变化性。数据仓库中的数据会随时间变化而变化，而数据的历史版本仍然被保留在数据仓库中。随着时间的变化，数据被不断地综合，以适应分析的要求；当在数据仓库中的数据超过数据仓库的存储期限，或对分析和处理不再有用时，这些数据才会被删除。

数据仓库的四个特性反映了数据仓库支持决策分析的本质特征——数据仓库是客户关系管理的技术核心。如果传统数据库系统的重点与要求是快速、准确、安全、可靠地将数据储存在数据库中，那么数据仓库的重点与要求就是能够准确、安全、可靠地从数据库中取出数据，经过加工将其转化成有规律的信息，供管理人员进行决策。

2. 数据仓库与数据库的区别

数据仓库与数据库在许多方面有很大的差异。通过对数据仓库和数据库的对比，我们可以深刻理解数据仓库的含义。

（1）目的不同：数据库用于在线事务处理，面向业务操作，如民航订票系统和银行 ATM 机的查询操作等；数据仓库面向数据分析和决策支持，如进行消费趋势分析等。

（2）存储方式不同：数据库中的数据是以数据表的方式进行存储的；数据仓库中的数据

是以数组的方式进行存储的。

（3）数据操作不同：数据库是针对交易型数据设计的，它关注的是短期内每一笔交易的细节信息，并对这些交易记录进行增、删、改的操作；数据仓库一般只涉及从数据库中抽取必要数据，然后对其进行分析的操作，并不涉及对数据进行增、删、改等操作。

（4）完成任务要求不同：数据库要求具有实时性、交互性；数据仓库则需要涉及大范围的数据计算以及复杂的、基于多个层次的查询语言。

（5）响应时间不同：数据库用来进行联机事务处理，对时间要求高，一般要求响应时间越短越好；数据仓库用来进行联机分析处理，运算时间可以长些，响应时间合理即可。

可以看出，建立数据仓库的目的并不是取代原有数据库，而是为了构建面向分析的集成化数据环境，为企业提供决策支持。

二、客户数据仓库

在客户关系管理系统中，客户数据仓库占有重要的地位。从某种意义上说，数据仓库是客户关系管理的灵魂。利用数据仓库，企业可以对客户行为进行分析与预测，从而制定准确的市场策略，实现企业利润的增长。

1. 客户数据仓库的用途

客户数据仓库是面向客户分析的集成化数据环境，能为企业进行客户管理提供决策支持。客户数据仓库能把分散在企业内外部的客户数据集成起来，向企业及其员工提供有关客户总体的描述。分散在企业内部的信息主要存在于订单处理、客户支持、营销、销售、查询等环节；分散在企业外部的信息有人口统计信息、地域人口消费水平、客户信用等。建立客户数据仓库的目的就是把这些信息集成起来，用于企业决策分析。

2. 客户数据仓库的功能

企业建立客户数据仓库可以实现以下几个方面的功能。

（1）保留客户。在客户群中，并不是所有的客户都具有保留价值，因此，企业要通过分析数据仓库中的数据找出最具价值的客户，并针对这些客户制定相应的客户保留政策。

（2）降低管理成本。数据仓库的应用使数据的统一、规范管理成为可能，同时，数据仓库提供了快速、准确的查询工具，大大降低了企业的管理成本。

（3）分析利润增长。利用数据仓库，企业可以通过分析历史趋势发现产品销售与客户类别的关系以及利润增长与客户类别的关系。

（4）增强竞争优势。企业可以利用数据仓库的历史数据分析市场变化趋势，特别是客户需求变化趋势，及时调整产品策略以适应客户需求，增强企业竞争力。

3. 客户数据仓库的系统结构

在客户关系管理系统中，客户数据仓库的系统结构见图5.1。

客户数据仓库系统包括用于数据仓库建设的源数据（客户信息、客户行为、生产系统及其他相关数据）、分析数据设备（数据仓库与数据集市）、分析和挖掘引擎（数据挖掘和联机分析处理服务器）和前端应用（查询服务、高级报表、多维分析、大数据分析与数据挖掘服务、客户流失预警、商业智能等）四个部分。

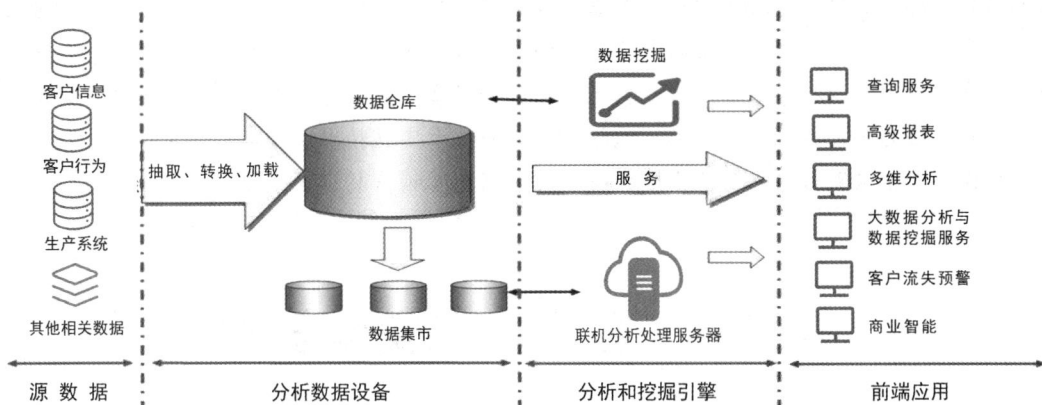

图 5.1　客户数据仓库的系统结构

4. 客户数据仓库的应用

客户数据仓库是客户关系管理的"灵魂"，客户数据仓库在客户关系管理中的应用主要体现在客户行为分析、重点客户挖掘、个性化服务和客户流失预警等方面。

（1）客户行为分析。企业的客户千差万别，众多的客户根据行为上的不同可以被分为不同的群体，这些群体有着明显的行为特征。对同一产品，不同群体客户的交易行为也有很大差别。例如，不同群体客户的购买量不同，不同群体客户的支付方式也不同，有用现金购买的，有用信用卡购买的，有用支付宝购买的，还有用微信购买的。不同的产品组合和不同的交易行为，对企业价值的贡献大小也不相同。企业对客户行为不仅要进行群体特征分析，而且还要进行行为规律分析，为企业在确定市场活动的时间、地点、合作商等方面提供依据。

（2）重点客户挖掘。重点客户挖掘的目标是找出对企业具有重要意义的客户。重点客户主要包括以下几类：潜在客户——有价值的新客户；交叉销售客户——对企业其他产品或服务也有需求的同一客户；增量销售客户——未来会更多地使用同一种产品或服务的客户。

（3）个性化服务。企业应用客户数据仓库，可以为企业管理人员提供客户偏好和购买习惯等信息，可以帮助企业为客户提供个性化服务。例如，银行可以通过客户数据仓库发掘出具有特定特征的客户群，并为这些客户群提供专项金融服务。对于开立工资账户的人员，银行可以分析其每月工资发放后的余额变动情况，了解该类客户的交易行为和习惯，以给这类客户提供合适的金融服务产品。

视野拓展

银行业利用数据仓库技术管理客户

（4）客户流失预警。企业数据仓库通过对客户历史交易行为的观察和分析，能够发现客户异常购买行为，从而可以对客户流失进行预警。例如，一位老客户的购买周期或购买量出现萎缩变化时，有可能就是客户流失的一个迹象。

案例 5.3

淘宝客户数据仓库

淘宝等电商网站平台利用电商客户数据仓库收集到的各类业务日志、用户行为日志以及商品名称及描述等信息，按照实际业务需求设计算法模型，通过生意参谋为下游需求用户提供诸如市场行情数据分析、搜索排行分析、搜索人群分析、竞争品牌分析、地域消费特点分析、客户消费习惯分析等数据化营销信息；同时利用客户数据仓库数据进行数据挖掘，采用智能推荐算法为买家推荐首页商品，通过千人千面技术实施精准营销。

讨论：淘宝卖家如何通过生意参谋提供的数据化营销信息满足买家需求？

第四节　客户信息安全管理

客户关系管理系统会收集、处理海量客户数据，这些数据是企业进行客户管理的重要资源，但也会涉及个人及企业隐私。基于云计算的客户关系管理系统的广泛应用，使得用户数据收集及分析都在互联网上进行，这就增加了保证客户信息安全的难度。

一、客户信息安全

客户信息的重要性已被企业广泛认识，客户信息系统也在企业中得到了广泛的应用。企业对客户信息系统越来越依赖，这使客户信息安全问题成为企业信息管理中越来越重要的内容。

（一）客户信息安全的重要性

1. 客户信息安全隐患

客户关系管理系统存储了大量的客户商业信息，这些信息对于任何企业而言都是重要的资产。所有与客户有关的部门都会使用这些信息，例如销售、营销、服务职能部门等。如果这些信息丢失、损坏，企业业务流程就有可能停止并遭受灾难性损失。云计算技术在客户信息系统中得到了广泛的应用，这也使得客户信息面临着更多网络安全威胁，如交易信息被截获与窃取、信息被篡改或丢失、交易信息被假冒、客户信息被泄露及信息系统中断等。

~ 案例 5.4 ~

互联网是一柄双刃剑

在"万物互联"的大数据时代，新型网络产品在给用户带来便利的同时，也给用户带来了信息泄露的困扰。在进行互联网服务过程中会将大量用户的身份信息、消费信息、位置信息保存在相关的网络信息库中，用户信息被非法滥用的情况也日渐增多。实时竞价系统就是一个典型的例子。

实时竞价系统是一种利用第三方技术在数以百万计的网站上针对每一个用户的行为进行评估以及出价的竞价技术。实时竞价系统通过网站和应用程序进行幕后运作，跟踪互联网用户正在查看的内容，并记录用户登录的网站。科技公司在拿到这些用户隐私数据以后，能够建立相应的用户画像，以此来了解用户需要什么，正在了解什么，并将其推送给相应的广告商以实现精准的广告投放。令人担忧的是，这种广告跟踪模式可能会暴露个人数据并用于识别个人信息，造成隐私泄露。

在大数据时代，互联网是一柄双刃剑，它在给人们带来便利的同时也有其不利的一面。构建安全可靠的互联网，避免个人隐私被检索、发现、滥用和扩散，已成为迫切需要解决的问题。

讨论：如何理解互联网是一柄双刃剑，它在给人们带来便利的同时有哪些不利的方面？

2. 客户信息安全问题产生原因

一般情况下，客户信息安全问题产生的原因有以下几个：①自然灾害或电源不正常引起的软硬件及数据损坏；②操作失误导致的软硬件及数据损坏；③黑客或病毒侵扰导致的软件及数据损坏或泄露；④人为无意或故意造成的系统软硬件及数据损坏或泄露。

3. 客户信息安全的维护

为了保证客户信息系统安全可靠地运行，需要对客户信息系统定期维护，这种维护主要包括：①纠错性维护，其目的在于纠正客户信息系统开发过程中存在的遗留问题；②完善性维护，客户信息系统需要不断地完善以适应快速增长的用户需求，因为随着网络及大数据等各方面的发展，客户关系管理已不再孤立存在，它可以通过与供应链管理（SCM）、企业资源计划（ERP）等系统紧密合作，运用数据仓库和数据挖掘技术，将企业信息有效整合，为企业提供决策支持；③适应性维护，客户关系管理系统运行所依托的软硬件环境是不断变化的，这就要求客户关系管理软件提供商不断开发新版本以适应系统平台的变化。

绝大多数安全问题都可以用安全技术和策略加以控制，使客户关系管理系统运行在一个较为安全的环境中。但是，对于人为造成的，尤其是人为故意造成的问题，就需要采取提高信息安全意识、完善相关法律法规以及对企业员工进行安全培训、对敏感数据进行隔离存放、加强权限管理等措施了。

（二）客户信息安全标准

随着信息技术的发展，信息安全的内涵在不断丰富，从单一的通信保密，发展到计算机安全及信息系统安全，又发展到对信息基础设施、应用服务和信息内容实施全面保护的信息安全保障。

（1）可用性。对于客户信息系统来说，其首要安全问题就是要确保使用者能够访问信息系统。大多数安全攻击以信息的可用性为首要攻击目标。例如，对服务器的攻击会使服务器资源处于繁忙状态，从而导致用户无法访问。

（2）完整性。客户信息系统要保证系统内的信息不缺失，这可以利用各种措施来保障，如正确地管理用户、保留事务日志、定义业务规则以及在数据被存入数据库管理系统之前进行检查等。

（3）机密性。客户信息系统要确保客户信息安全。没有被授权的人是不可访问信息的。对于存储在设备或网络中的客户数据信息，企业需要采取多种技术手段对这些信息进行加密。

（4）真实性。在客户信息交互过程中，要确保参与者的客观存在，即所有参与者都要为自己的信息行为负责，不能否认或抵赖曾经完成的操作和承诺。

（5）可控性。可控性要求客户信息和客户信息系统时刻处于系统管理员的有效控制之下，系统管理员对客户信息的传播及内容具有控制权。

（三）客户信息安全管理系统

企业客户信息安全管理措施要确保所有数据对象的安全,并能有效阻止或防范黑客攻击。安全设计问题的一个解决方案就是认证和授权,即访问控制。只有访问控制还不能提供足够的安全保障,因为还有可能忽视了潜在的内部威胁。为实现全面的客户信息安全,需要建立客户信息安全管理系统,形成一个完整的安全框架。

1. 客户信息安全管理的技术手段

客户信息安全管理的技术手段比较多,常见的有以下几个。

（1）加密技术。加密技术是信息系统采取的一种安全保密措施,是常用的安全保密手段,它利用技术手段将重要的数据加密传送,到达目的地后再用相同手段解密。

（2）安全套接层协议。安全套接层（Security Socket Layer, SSL）协议是基于 Web 应用的安全协议,包括服务器认证、客户认证、安全套接层链路上的数据完整性和安全套接层链路上的数据保密性。对于互联网客户信息传输来说,使用安全套接层协议可以保证信息的真实性、完整性和保密性。

（3）防火墙技术。防火墙（firewall）是一种有效的网络安全模型,它可以使企业内部局域网与互联网或者与其他外部网络互相隔离、限制网络互访,从而达到保护内部网络的目的。防火墙在本地网络与外界网络之间建立一道防御系统,能最大限度地阻止黑客的入侵或攻击。

（4）安全认证技术。常见的安全认证技术主要有数字摘要、数字信封、数字签名、数字证书等。其中,数字证书是标志网络用户身份信息的一系列数据,用来在网络通信中识别通信各方的身份。数字签名可以确保网上传递信息的机密性和完整性,以及交易实体身份的真实性和签名信息的不可否认性,从而保障网络应用的安全性。

2. 客户信息安全管理的 PDCA 循环

客户信息安全管理系统包括一系列安全计划及其实施的过程,用来发现并消除安全漏洞以确保信息的可用性、完整性、机密性、真实性及可控性。客户信息安全管理系统应长期有效并能够适应内、外部环境的变化,以实现持续改进的 PDCA 循环,见图 5.2。

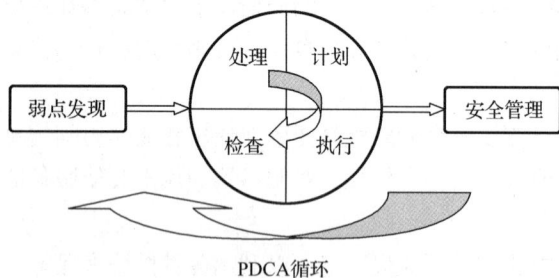

图 5.2　客户信息安全管理的 PDCA 循环

PDCA 循环的计划阶段包括危险分析、设计客户信息安全管理系统并选择恰当的降低风险的方法。执行阶段要进行风险控制以应对安全威胁。检查阶段应对客户信息安全管理系统的表现和有效性进行检查和测量。处理阶段要对检查阶段获得的信息进行修正以改善客户信息安全管理系统。客户信息安全管理的 PDCA 循环是一个用来改进客户信息系统安全并提升客户信息系统安全能力的循环系统。

3. 客户信息安全政策

客户信息安全政策是企业在整个信息生命周期中确保信息安全的总体文件,也是制定客户信息安全策略的依据。客户信息安全政策提供企业内的客户信息所需遵守的指示和政策,可为员工和业务的运行提供一个安全的信息环境。企业要根据客户信息安全政策制定相应的信息安全制度，并保证制度的有效落实。

二、客户信息管理中的道德和隐私

随着互联网和通信技术的快速发展，客户信息被大量存储和处理，如果这些技术的使用不受任何限制，那么就会产生很多商业问题，如违反企业道德问题和侵犯客户隐私问题等。

1. 客户信息管理中的道德问题

企业进行经营活动的基本指导思想是处理好企业、客户和社会三者之间的利益关系。企业道德用来判定企业营销活动是否符合消费者及社会利益。如果受利益驱使，企业片面追求自身利润最大化，不重视道德建设，未树立符合市场经济要求的营销道德观念，不关注客户利益及社会长远利益，就会做出有违企业道德的行为。不道德事件会引发严重的信任问题，企业为了获得短期利益而损害了客户对企业的长期信任，会给企业发展带来毁灭性的打击。

企业道德问题已成为企业发展中不得不面对的重要问题。企业乃至一个行业在发展过程中，如果忽视了道德问题，就会遇到严重的信任危机，进而导致企业乃至整个行业的衰退。例如，在过去数年中，由于互联网的快速普及，互联网企业迎来了高速发展的黄金时期，一些互联网企业甚至一夜暴富。在快速扩张的过程中，一些互联网企业只重视规模、用户量、利润，而忽视了法律与商业道德的约束，甚至背弃了商业道德，那么它们必然会走向没落。

2. 客户信息管理中的隐私问题

伴随着移动技术的推陈出新，"互联网+"、大数据、云计算、区块链等新兴技术被广泛认可和运用，人们的生活也逐渐发生变化。数字化在给人们生活带来便捷的同时，也让人们的个人隐私由隐性变成了显性。

客户关系管理必然涉及客户数据的收集、存储、保存和管理，这些数据被用来建立客户与组织间互利互惠的关系。在处理这些数据时，企业必须确保尊重客户的个人隐私权和符合数据的安全标准，而不应该随意地使用客户数据。

随着企业深入实施客户关系管理，现在已经出现了诸如对客户数据收集过度、滥用客户数据等侵犯客户个人隐私权的现象。企业在数据收集及使用策略上，要注意不能侵犯客户的个人隐私权。企业在利用客户信息进行数据挖掘时，必须在法律允许的前提下确定收集信息的范围，提供客户访问、查看、更新个人信息的机制，采取合理的措施验证身份，限制不安全的访问；在客户信息的使用上，事前应充分告知客户，尊重客户的自由，使客户能够选择是否接受市场调查；企业还有义务保护这些客户信息免遭滥用，未经法律许可或未经客户事先同意不能与第三方分享客户信息。

案例 5.5

大数据背后的用户隐私

在互联网时代，用户在网络上的一切行为都可以被网络服务商知晓。当用户浏览网页、逛社交网站、进行网络购物的时候，他们的一举一动实际上都被系统监视。这些网络服务商都会通过对用户洞察获取商业利益。用户在电商网站购买了衬衫，相关的衬衫信息就会在未来一段时间内被推荐给用户；用户在社交网络上提到某种产品或服务，这种类型的产品或服务就能在用户再次浏览网页时出现在用户眼前等。所有这些商业行为本质上就是网络服务商通过对用户隐私的洞察来获取商业利益的。如果说互联网时代用户的隐私受到了威胁，那么大数据时代无疑更加深了这种威胁。

讨论：在大数据时代应如何保护用户的隐私？

实训项目　客户信息统计分析

【实训目的】

1. 了解客户商务信息相关内容；
2. 掌握客户商务信息日常录入与更新操作；
3. 学会客户统计信息及图表查看。

【实训准备】

建立客户信息库是客户关系管理一项重要的基础工作。完整、准确的客户基础信息、商务信息及交易信息能对客户关系管理及企业经营决策起到重要作用。客户信息的统计分析能让企业销售部门及时了解员工销售业绩情况，图表可以直观反映客户各类信息分布情况以及客户对企业的贡献大小，有利于企业从中发现销售及服务工作存在的问题，从而有针对性地改进销售及沟通策略。

在录入客户与联系人的基本信息后，销售人员要根据后续商务沟通情况陆续添加商务及交易信息。这些商务及交易信息主要包括活动、商机、合同、回款、回访、发票、附件等。在【活动】栏下有【写跟进】、【创建任务】、【创建联系人】、【创建商机】、【创建合同】、【创建回款】。

【实训内容】

1. 建立并完善客户商务及交易信息

在已有客户信息的基础上，点击【创建联系人】，将联系人与客户进行关联。销售过程是销售人员与客户不断沟通的过程，也就是不断跟进的过程。通过不断地跟进，销售人员可以预估销售成功的可能性，以及可能的成交时间及成交额大小。交易达成后，需要签订销售合同。合同涉及尾款的话，还要制订回款计划。

2. 查看客户统计信息

悟空 CRM 系统 SAAS 平台版提供了商业智能功能，商业智能功能支持查看客户各类销售及统计分析。这些信息包括员工客户分析、客户总量分析、客户跟进次数分析、客户跟进方式分析、客户转化率分析、公海客户分析、成交周期分析、员工客户满意度分析、产品满意度分析、销售漏斗分析、员工业绩分析、客户画像分析、产品分析以及业绩目标完成情况分析。

【实训方法与步骤】

1. 登录悟空 CRM 系统 SAAS 平台版

进入悟空 CRM 系统 SAAS 平台版用户管理界面。在左侧管理栏选择【客户】，进入客户列表界面，见图 5.3。

图 5.3　客户列表界面

B 端客户销售是一个销售时间漫长、销售环节复杂的过程。签订销售合同前的销售过程也是一个漫长的跟进过程，需要制订不同阶段的客户销售跟进计划，见图 5.4。

2. 为潜在客户新建销售跟进计划

在客户列表栏选择指定的客户，点击其名称链接，为其新建销售跟进计划，见图 5.5。

图 5.4　客户销售跟进计划

图 5.5　新建销售跟进计划

销售跟进计划包括跟进内容、跟进方式、跟进日期及时间。填写完成后点击【发布】，见图 5.6。

图 5.6　点击【发布】

3. 编辑跟进记录

跟进计划实施后，需要将跟进的反馈情况添加到跟进计划中，便于进行下一阶段销售跟进工作。在编辑跟进记录界面（见图 5.7）填写跟进反馈情况。

图 5.7　编辑跟进记录界面

系统提供了一些常用跟进反馈用语，可以在常用语管理界面（见图 5.8）对这些反馈用语进行修改或添加。

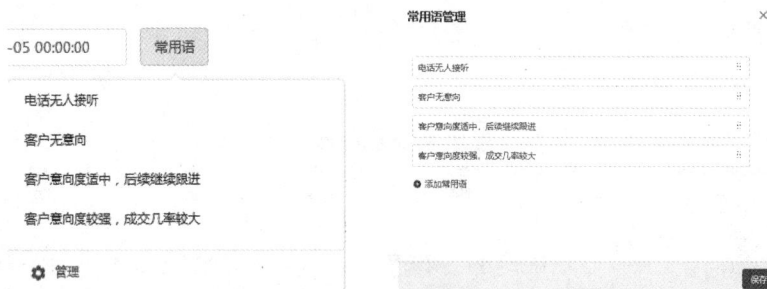

图 5.8　常用语管理界面

4. 客户信息统计

悟空 CRM 系统 SAAS 平台版提供了商业智能功能，该功能支持查看客户相关销售及统计分析。点击上方导航栏中的【商业智能】（见图 5.9），进入客户信息统计栏，可以查看客户各类统计信息。

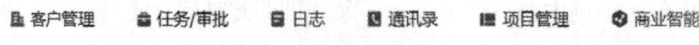

图 5.9　点击【商业智能】

【实训任务】

1. 为五个潜在客户新建销售跟进计划。
2. 根据五个潜在客户销售跟进计划实施情况，在编辑跟进记录界面将跟进的反馈信息添加到跟进计划中。

【实训讨论】

1. 销售跟进计划会涉及哪些沟通形式？
2. 在销售跟进过程中，销售人员如何通过沟通判断客户是否有需求？

本章小结

本章主要介绍了客户信息概述、客户信息分析、大数据时代客户信息管理以及客户信息安全管理。客户信息概述部分包括客户信息的来源及类型、客户信息管理形式——客户数据库；客户信息分析部分包括客户业务信息分析、客户经营信息分析以及客户信用信息分析；大数据时代客户信息管理部分包括数据仓库及客户数据仓库；客户信息安全管理部分包括客户信息安全及客户信息管理中的道德和隐私等内容。

思考与练习

一、单项选择题

1. 下列不属于客户信息来源直接渠道的是（　　）。
   A. 市场调查　　　　　　　　　B. 销售终端
   C. 客户投诉　　　　　　　　　D. 市场监督管理部门

2. 联系人信息不包括（　　）。
   A. 亲戚关系状况　　　　　　　B. 受教育情况
   C. 朋友关系及邻里关系状况　　D. 同事关系状况

3. 客户信息管理是将客户的各项信息加以系统(　　)，以此来巩固企业与客户之间关系，从而提升销售成绩的工作。
   A. 记录、计算，并分析、整理、应用　B. 记录、保存，并计算、整理、归类
   C. 记录、保存，并分析、整理、应用　D. 记录、保存，并计算、分析、整理

4. 客户数据库是客户信息的汇总，一般包括（　　）等方面的内容。
   A. 企业基本信息、联系人信息、信用状况信息和竞争状况信息
   B. 企业基本信息、企业特征信息、业务状况信息和交易状况信息
   C. 联系人信息、企业特征信息、业务状况信息和交易状况信息
   D. 企业基本信息、企业特征信息、业务状况信息和财务状况信息

5. 客户信息分析内容一般包括（　　）。

A. 客户工商信息、客户渠道信息、客户信用信息

B. 客户业务信息、客户管理信息、客户环境信息

C. 客户运营信息、客户财务信息、客户营销信息

D. 客户业务信息、客户经营信息、客户信用信息

6. 下列选项中，对数据仓库概念描述正确的是（　　）。

A. 数据仓库是与时间无关的、不可修改的数据集合

B. 数据仓库是面向过程的、集成的数据集合

C. 数据仓库是在企业决策中面向主题的、与时间相关的数据集合

D. 数据仓库是随时间变化的、不稳定的数据集合

7. 下列选项中不是数据仓库的特征的是（　　）。

A. 面向主题　　　　B. 随时间变化　　C. 不可改变　　　　　D. 集成

8. 商业银行在长期经营实践中总结归纳出一些信用评价方法，这些方法不包括（　　）。

A. 5C 信用评价法　　　　　　　B. 5W 信用评价法

C. 5P 信用评价法　　　　　　　D. 5A 信用评价法

9. 5C 信用评价法最初是金融机构对客户做信用风险分析时所采用的分析法之一，主要集中在对借款人的（　　）五个方面进行全面的定性分析，以判别借款人的还款意愿和还款能力。

A. 品质（Character）、成本（Cost）、资本实力（Capital）、抵押（Collateral）和环境条件（Condition）

B. 品质（Character）、还款能力（Capacity）、资本实力（Capital）、抵押（Collateral）和经营条件（Condition）

C. 品质（Character）、融资能力（Capacity）、资本实力（Capital）、抵押（Collateral）和经营环境条件（Condition）

D. 品质（Character）、还款能力（Capacity）、资本实力（Capital）、抵押（Collateral）和宏观环境条件（Condition）

10. 客户信用调查不包括（　　）内容。

A. 对客户经营状况的调查　　　　B. 对客户财务现状的调查

C. 对客户隐私情况的调查　　　　D. 对客户支付情况的调查

二、名词解释

数据仓库　　　PDCA 循环　　　客户信用　　　客户信息安全标准

三、简答题

1. 客户信息有哪些来源？

2. 如何维护客户数据库？

3. 如何对企业客户信用进行调查与评价？

4. 数据仓库具有哪些特性？

5. 数据库与数据仓库有哪些区别？

6. 客户信息安全隐患有哪些？

7. 客户信息安全标准有哪些？

8. 简述客户信息安全管理系统。

四、讨论题

1. 在互联网时代如何保护客户隐私？
2. 如何解决大数据分析与用户隐私泄露问题？

五、案例分析

2021年3月15日，在央视"3·15"晚会中，某公司安装具有人脸识别功能监控摄像头被曝光。监控摄像头在我们的生活中几乎无处不在，这些摄像头大都以保障公共安全为目的，但是有些商家所安装的摄像头看似普通，却暗藏玄机。这种摄像头与众不同，具有人脸识别功能，而且不少门店都装有这种摄像头。一旦顾客进入门店，人脸信息就会被捕捉、记录，以后顾客再去哪家店，去了几次，公司都会知道。比如某个人过来了，B店会提示这个人也逛过A店，这时B店如何去接待、如何去报价，就有心理准备了。人脸信息属于个人独有的生物识别信息，目前已经成为很多用户的支付密码、账号密码等，由于用户无法更改自己的人脸信息，所以人脸信息一旦泄露，将严重威胁用户的财产安全、隐私安全等。

讨论：如何看待某些企业安装具有人脸识别功能监控摄像头这种行为？

第六章　客户分级管理

【理论框架】

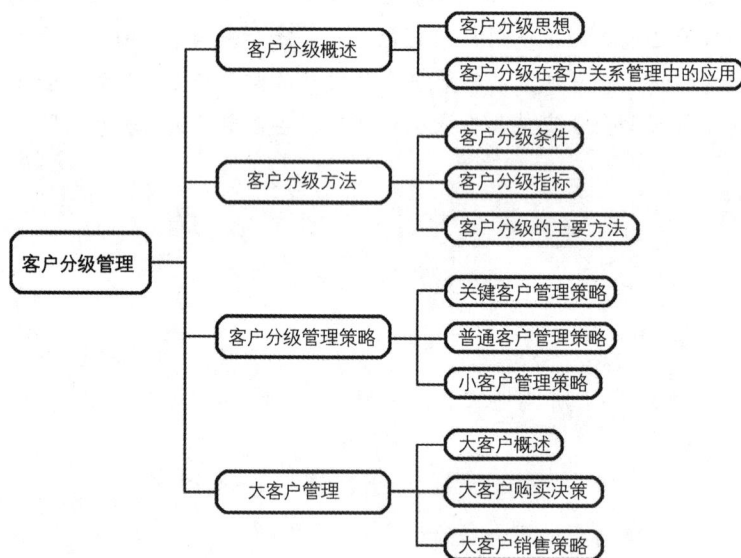

【知识与技能目标】

【知识目标】

1. 了解客户分级的概念及原因；

2. 理解客户分级方法中的客户金字塔模型、关键客户识别与选择矩阵及 RFM 量化模型；

3. 在掌握客户分级管理策略的基础上，重点把握大客户销售策略。

【技能目标】

1. 熟悉客户等级划分的依据及标准；

2. 掌握客户分级设置及操作方法。

【案例导入】

中国民生银行客户分级策略

商业银行通过对个人客户进行分级，实施差异化的营销服务早已有之。根据 "50%的储蓄存款来源于不到 1%的大客户" 这一现象，中国民生银行推出了全新的客户分级管理办法。按照客户在银行账户的实际金融资产日均存量，客户被划分为优享客户、银卡客户、金卡客户、白金客户及钻石客户。分级标准如下：优享客户为金融资产月日均5万元以下的客户；银卡客户为金融资产月日均5万（含）~30万元的客户；金卡客户为金融资产月日均30万（含）~100万元的客户；白金客户为金融资产月日均100万（含）~600万元的客户；钻石客户为金融资产月日均600万元（含）以上的客户。其中，金卡客户、白金客户及钻石客户为贵宾客户。不同等级的贵宾客户，其享受的服务也不相同。比如，金卡客户可享受9项增值服务；白金客户可享受15项增值服务；钻石客户可享受22项增值服务，其中的蓝钻客户可享受27项增值服务。

思考： 中国民生银行为什么要对客户进行分级？

评析： 近年来，各大银行对中高端客户的分级日益明显。银行重视中高端客户分级，是由于中高端客户为银行零售业务带来的利润远大于普通客户。分级后，中高端客户能享受到贵宾服务，如免排队和走快速通道等一系列增值服务。客户分级管理巩固了银行与大客户的关系，有助于银行业绩的稳定及增长。

第一节　客户分级概述

在资源有限的条件下，企业应如何满足每一位客户的需求，是一视同仁？还是区别对待？这是企业不得不面对的问题。

一、客户分级思想

企业的资源是有限的，在资源有限的条件下，企业要想获得较大的产出，就必须把有限的资源投入能够产生较大价值的客户身上。"以客户为中心"并不代表以所有的客户为中心，这就是客户分级的思想。

（一）企业销售中的三种情景

假设企业现在有100个客户，去年的销售资料显示，有18个客户的订单额达到8 000万元，占整个企业销售额的80%，而其余的82个客户的订单额累计只有2 000万元。企业应如何管理这100个客户呢？

假设某个客户，其年订单额为6 000万元，为企业带来的利润为600万元；而另一个客户，其年订单额为5 000万元，为企业带来的利润为750万元。当两个客户的交货期发生冲突时，企业应如何优选客户呢？

假设甲客户年订单额为1 000万元，但其信用状况比较差，有时货款要拖欠半年以上；乙客户年订单额为800万元，但付款及时，信用状况比较好，没有拖欠过货款。当企业生产能力有限时，应如何优选客户呢？

在企业资源有限的条件下，不同的客户选择策略给企业带来的价值不同。企业应根据自身的需要，从不同角度确定一个客户选择策略——客户分级。

（二）客户分级的概念

客户分级是企业在资源有限的条件下依据客户对企业的不同价值和重要程度，将现有客户分为不同等级，并为不同等级的客户提供不同服务的营销策略。例如，某驾校根据不同学员需求，开设尊贵班、VIP 班、普通班等各类班次。尊贵班学费 6 000 元，享受一人一车培训服务，下证时间最快；VIP 班学费 3 500 元，享受四人一车服务，下证时间较快；普通班学费 2 800 元，享受八人一车服务，下证时间较慢。

（三）客户分级的原因

1. 不同客户给企业带来的价值不同

不同客户给企业带来的收益是不同的。对企业来讲，一些客户会比另一些客户更有价值。国外的一份统计资料表明，23%的成年男性消费了啤酒总量的 81%，16%的家庭消费了蛋糕总量的 62%，17%的家庭购买了 79%的速溶咖啡，可以说"二八法则"在生活中无所不在。对于企业来说，其主要利润来自少数客户。

2. 不同客户需求不同

不同客户为企业带来的价值不同，他们对企业的需求和期望也会有差别。企业应当区分不同需求的客户，为高价值客户提供有针对性的增值服务。例如，航空公司将客舱分为头等舱、公务舱和经济舱，每种客舱的客户需求不同，航空公司可以通过制定不同的营销策略，如机票价格差异化、服务差异化等来为不同需求的乘客提供不同等级的服务。

3. 不同客户资源分配不同

不同客户实际为企业创造的价值不同，在企业资源有限的情况下，把资源平均分配到每个客户的做法既不经济也不切合实际。让带来价值少，甚至不能带来价值的小客户享受与带来高价值的大客户同样的待遇，会在一定的程度上造成企业资源的浪费，导致企业成本增加。因此，企业没必要为所有的客户提供同样的产品或服务。

二、客户分级在客户关系管理中的应用

在客户关系管理工作中，客户关系管理系统很好地体现了客户分级的功能与特色，可以协助企业完成以下工作。

（1）确定合理的客户等级。客户关系管理系统可以根据历史交易的情况，如销售订单的金额或者客户信用状况等指标，从高到低将客户进行排序，按照预定标准，把客户分成 A、B、C 等级别。在系统自动划分的基础上，企业也可以根据实际情况对等级进行适当的调整。

（2）结合生产排程优化产能。当企业无法在同一时间满足不同客户的订单时，企业会面临"先生产谁的订单"这样的选择。当两个客户的订单都要某种材料，而该材料又暂时无法满足两个订单时，企业又会面临"该材料优先给哪个订单"的选择。客户关系管理系统可以自动优先安排高级别客户的订单，以减少不必要的人为决策，从而优化企业产能。

（3）制定不同客户等级的营销策略。客户关系管理系统提供了客户分级报表等数据，企业管理者可以了解每一位客户的级别以及每一位客户的分级数据指标，如信用状况、订单金额等。企业管理者可以根据分级数据指标制定相关的策略，如付款条件、价格折扣、供货期等。

（4）提供不同等级的售后服务。当不同等级的客户向企业投诉时，客户关系管理系统会把高级别的客户投诉排在前面，让客服部门优先处理高级别客户的投诉，以提高重要客户的满意度。客户关系管理系统还可以根据客户级别的不同，分别设置不同的响应时间。例如，

可以规定高级别客户的投诉须在三天内处理完毕,而低级别客户的投诉须在五天内处理完毕,以此提高重要客户的满意度,提高重要客户的忠诚度。

案例 6.1

腾讯社交广告游戏行业客户分级服务策略

腾讯社交广告游戏行业客户分级服务策略如下。①根据行业需求和客户消耗的分布占比,客户级别被划分为四个,分别为 SSVIP、SVIP、VIP 和 KA。其中,季度消耗≥2 500 万元的客户为 SSVIP 客户;季度消耗在 750 万~2 500 万元的客户为 SVIP 客户;季度消耗在 250 万~750 万元的客户为 VIP 客户;季度消耗在 90 万~250 万元的客户为 KA 客户。②针对不同级别的客户提供精细化的服务策略,同时进一步扩大高级别客户的服务优势,为高级别客户提供更高品质的运营和数据服务。

讨论:在客户服务方面,客户分级管理对客户来说是不是一种客户歧视?

第二节　客户分级方法

客户分级的核心是企业把重点资源配置在关键客户上,为其提供上乘服务,培养其对企业的忠诚度。客户分级涉及分级指标,其具体分级方法有客户金字塔模型、关键客户识别与选择矩阵以及 RFM 量化模型等。

一、客户分级条件

当客户满足以下三个条件时,企业可以考虑对客户进行分级管理。

1. 客户数量超出企业管理幅度

类似组织中存在的管理幅度,营销人员有效管理客户的数量也是有限的,超过管理幅度的客户需要分配给其他营销人员去开发或维护。一般来说,重要客户可以由专门的客户管理部门或经理来负责,同时企业会给予重点关注;次要客户可以由一般销售人员来负责,给予一般关注即可。对于不同的行业、不同的产品或服务以及不同的客户,营销人员所能管理客户的幅度也会不同。营销活动越复杂,营销人员的管理幅度就越小。就单笔交易而言,针对企业客户的营销活动要比针对个人或家庭客户的营销活动复杂。例如,对服务对象为上千个住户的小区便利店来说,其提供的零售服务可以满足住户需求,因而无须考虑客户分级;而对于像麦德龙这种服务对象主要面向企业客户的仓储式超市来说,当其客户数量达到上百家的时候,客户分级管理就会成为一项非常有价值的工作。

2. 具有多次交易的存量客户

只有客户与企业进行多次交易时,客户才能持续地给企业创造价值。能与企业进行持续交易的稳定客户才是企业利润的源泉。稳定的存量客户群体是企业进行客户分级的前提条件。存量客户会长期购买企业的产品或服务,这种购买一般具有周期性。企业需要保证能长期生产或销售这些稳定的存量客户所需要的产品或服务，以适应他们的周期性需求。在存量客户群体中，不同客户给企业带来的价值也不同。对存量客户进行分级管理，不仅可以满足其中关键客户的个性化需求，提高他们的忠诚度，而且还可以满足一般客户的基本需求，保证他们的满意度。此外，企业通过客户分级管理，合理分配企业资源，有助于和存量客户建立长期稳定的关系，避免客户流失。

3. 客户间存在价值差异

一个偶尔与企业接触的客户和一个经常与企业接触的客户对于企业来说具有不同的客户价值。这一价值是根据客户消费行为和消费特征等进行测量的。客户分级的主要目的在于区分出价值最大的客户。客户价值的差异越明显，客户分级的意义也就越大。反之，如果客户之间的价值差异不大，则客户分级的意义也就不大。例如，小区便利店服务的居民虽然数量多，但都只是零星小额购买的客户，不会出现经常大额购买的客户，客户单次购买额度都比较小，因此，小区便利店对小区居民客户的分级管理意义就不大。

二、客户分级指标

根据不同行业企业的不同需求，企业可以采纳不同的客户分级指标。例如，电商产品客户分级可以围绕购物的一系列关键行为，包括但不限于购物频率、购买品类、购物金额、购物方式、购后反馈等标准进行分级。一般情况下，企业可以使用以下指标对客户进行分级。

1. 客户订单金额

企业可以根据已有的客户订单金额对客户进行分级。客户订单金额分级指标包括累计销售额、年度（季度、月度）平均销售额、销售额增长率等。企业可以统计近一年或近两年的客户订单金额，然后按照其订单金额从大到小进行排序，按照相应的量化标准划分不同的客户级别。

2. 客户利润贡献

客户利润贡献是企业在分析客户销售额的基础上，考虑企业各项成本，计算出客户给企业带来的利润额。企业要统计一年中客户的订单额以及所购产品的利润率，然后计算出客户给企业创造的利润，按照利润大小进行排序，并按照相应的量化标准划分不同的客户级别。

3. 客户信用状况

客户信用是客户在其经营能力、赢利能力、偿债能力、发展能力等方面所表现出来的诚信状况。了解客户信用状况就是要分别从定性和定量的角度对客户的经营风险和财务风险进行综合分析判断，一般可从客户的经营状况、财务状况及支付状况三个方面来进行调查。企业一般需统计客户最近一年的付款是否及时，是否有拖延付款的情况以及拖延付款的天数与原因，然后根据这些因素来综合判定客户的级别。

4. 客户发展前景

企业可以通过对客户企业性质、资产规模、营业额、发展潜力等因素进行考察，挖掘客户的潜在价值，然后进行判断。对于新客户而言，由于没有历史交易记录，所以企业很难用具体的数据进行决策，只能通过主观判断来确定客户的优先级别。

5. 综合加权

以上几个分级指标各自仅仅是从一个方面进行衡量的，难免有些片面。例如，有的客户信用状况很好，但其一年的订单金额并不大；有的客户订单金额虽然比较大，但其信用状况不是很好，经常拖欠货款，显然这两类客户都未必是高价值客户。因此，企业需要从多个角度来衡量客户的价值，如把以上各个指标按一定的比例进行加权，如客户信用状况占 10%，客户发展前景占 10%，客户订单金额占 30%，客户利润贡献占 50%，以 100 分为基础，然后按综合加权计算的分数从高到低进行排列，以此对客户进行分级。

案例 6.2

制药企业的客户分级管理

在一家有上千名业务员的制药企业中，不少业务员抱怨："跟进好多客户但是成交量却很少。"为了解决这个难题，企业管理者根据"客户分级管理"思想对现有客户资源从销售业绩、购买产品类型、合同回款率三个维度进行了评估，将客户价值贡献由高到低分为 A、B、C、D、E 五个等级。客户分级管理帮助业务员有效处理不同类别的客户需求。业务员在资源有限的条件下，优先跟进高价值客户。企业客户分级管理方法执行一年后，该制药企业的整体销售业绩有了显著增长。

讨论：如何确定客户分级管理的维度？

三、客户分级的主要方法

客户分级可以采用客户金字塔模型、关键客户识别与选择矩阵或 RFM 量化模型来进行。

（一）客户金字塔模型

美国营销学家瓦拉瑞尔·A. 泽丝曼尔（Valarie A. Zeithaml）等人认为：企业可以根据从不同客户那里获得的经济效益大小，把客户划分为不同的类别，并为不同类别的客户提供不同的服务，这样可明显提高企业的经济效益。据此，他们于 2002 年提出了客户金字塔模型（Customer Pyramid Model，CPM）。

1. 客户金字塔模型的含义

客户金字塔模型是企业为了使资源得到合理配置，根据客户赢利能力的差异将客户进行分级，将为企业创造利润和价值最大的客户放于顶部，将为企业创造利润和价值最小的客户放于底部，从而形成一个基于"二八法则"的金字塔。位于顶层的铂金客户人数最少，位于下一层的黄金客户人数稍多，位于再下一层的铁质客户数量较多，位于底层的铅质客户数量最多，见图 6.1。

（1）铂金客户（重要客户）。铂金客户代表自身赢利能力最强的客户。他们对价格不敏感，愿意试用企业的新产品或新服务，对企业比较忠诚，是企业的典型重要客户，也是企业应重点对待的客户。

（2）黄金客户（次要客户）。黄金客户代表自身赢利能力较强的客户。他们希望企业能给予价格折扣，对企业较为忠诚，他们有可能是企业的重要用户，不过他们往往会与多家其他同类企业进行交易。该类客户是企业需要重点关注的客户。

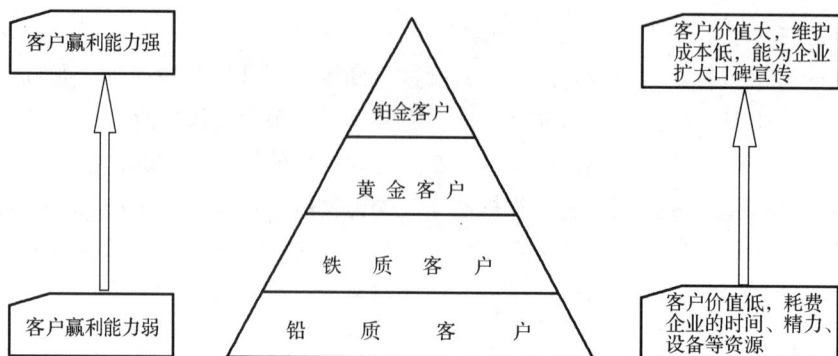

图 6.1 客户金字塔

（3）铁质客户（普通客户）。铁质客户代表自身赢利能力一般的客户。他们数量巨大，能够消化企业的产能，但其购买水平、忠诚度、为企业创造利润水平一般。对这类客户，企业给予适当关注即可。

（4）铅质客户（小客户）。铅质客户代表自身赢利能力弱、给企业带来的价值少甚至不能给企业带来价值的客户。这类客户有时是问题客户，因为他们不仅会消耗企业资源，而且也会对企业声誉造成负面影响。企业应减少对这一类客户的关注，避免企业资源的浪费。

客户金字塔模型不仅依据消费额对客户进行分级，同时，它还考虑了许多与利润率相关的其他变量。尽管这些变量因行业而异，但客户金字塔模型对大多数行业，尤其是服务业都适用。

2. 构建客户金字塔模型的意义

构建客户金字塔模型，对于企业有效进行客户关系管理具有十分重要的意义。

（1）引导企业合理配置营销资源。这种直观的客户价值展现形式可以帮助营销管理者识别为企业创造更多价值的优质客户，并将有限资源集中在这些价值客户身上。

（2）激励客户提升级别。当较低级别的客户看到较高级别的客户能得到更好的服务时，有时会主动提升级别。例如，经济舱的乘客看到头等舱乘客能得到更好的服务，会产生自己也希望坐头等舱的想法，当以后经济条件允许时他们就有可能购买头等舱机票。

（3）有效动态管理客户。按客户价值构建的客户金字塔并不是一成不变的，客户级别也是动态变化的。企业要定期审视客户的发展情况，及时评估客户价值，同时预警客户级别异常变化。

3. 客户金字塔模型的适用情形

（1）企业资源有限。在企业资源有限的前提下，企业如果为所有客户提供相同的服务，就无法为高价值客户提供优质服务。因此，营销管理人员要考虑企业资源的有效配置问题。

（2）客户需求不同。不同客户对购买的产品及服务的需求不同，企业需要为其提供差异化营销服务。例如，腾讯给不同的微信公众号提供的服务及功能有所不同：微信公众号划分了订阅号和服务号；客户可以选择免费的非认证公众号，也可以选择收费的认证公众号。

（3）客户对价值的理解不同。如果客户对企业提供的产品或服务的价值有不同的理解，企业就可根据客户对价值的不同期望，为各类客户设计不同的服务。例如，驾校对愿意接受优质服务的学员提供 VIP 服务，学员可以随到随学，不仅有充足的练车时间，而且还有细心教练的技术指导，但学员需要支付较高的学费；对于不想接受较高费用的学员，驾校也为其提供基本的培训服务。

（二）关键客户识别与选择矩阵

关键客户识别与选择矩阵（Key Account Identification & Selection Matrix，KAISM）是一种比较实用的工具。关键客户识别与选择矩阵可以识别潜在客户并对现有客户进行分级，了解客户对企业自身的竞争优势的认知。

1. 关键客户识别与选择矩阵的构成

关键客户识别与选择矩阵使用客户吸引力和企业相对优势两个因素对客户进行分级。其中，客户吸引力是指客户或潜在客户对企业的吸引能力；企业相对优势是指相对于竞争对手，企业对客户的吸引能力。客户吸引力和企业相对优势都由一系列的因素决定，其中既有定量因素也有定性因素，这些因素共同叠加在企业的经营环境中。划分客户级别或类型是企业资源分配的一种方式，企业可以利用这个矩阵有效地分配企业资源、判定客户优先级别和确定客户关系类型。关键客户识别与选择矩阵将客户分为关键客户、发展客户、机会客户和维持客户等四种类型，见图 6.2。

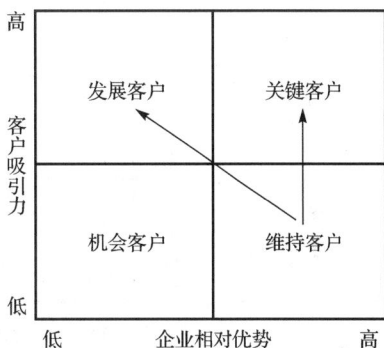

图 6.2　关键客户识别与选择矩阵资源配置

2. 基于关键客户识别与选择矩阵的资源配置

根据关键客户识别与选择矩阵对客户级别及类型的划分，企业可以将最有价值的资源配置给关键客户和发展客户，同时还要为维持客户配置一定的资源。对于机会客户可以适当为其配置基本资源或少部分资源。这样不仅可以节省企业资源，集中为关键客户和发展客户提供优质服务，而且还能照顾到维持客户或机会客户。此外，从维持客户或机会客户处获取的价值还可以用于关键客户和发展客户，从而提高企业客户管理效率，增强管理效果。

3. 基于关键客户识别与选择矩阵的客户管理对策

在关键客户识别与选择矩阵的基础上，企业可以有针对性地对四类不同客户进行管理。

（1）关键客户管理。关键客户是企业有能力获取的、对企业贡献最大的一类客户，是企业客户价值的重要来源。企业应分配更多的资源来发展这种客户关系，如为其提供最优的设备、最优的人员，投入足够的时间等。企业可以成立一个客户部门或团队专门负责关键客户的管理，并根据客户需求适当调整业务流程，为其提供最优质的产品或服务。

（2）发展客户管理。发展客户是对企业来说有吸引力的客户，但这些客户对企业却缺乏认同。这类客户对企业来说潜在价值大，是企业需要积极争取的客户。企业能否吸引到这类客户与企业的竞争地位及竞争优势有关。对这类客户需要投入大量的资源，但回报相对较慢。

（3）维持客户管理。维持客户是企业容易开发并获得的客户，也能长期和企业进行合作，不过这类客户为企业创造的价值较低，是企业拥有的为数众多的小客户。企业可以提供必要的资源继续与这类客户保持良好的客户关系。

（4）机会客户管理。这类客户是企业难以获取的，同时也是难以为企业创造价值的客户。

这类客户一般为零散客户，他们偶尔会对企业产品或服务有需求，或对企业产品或服务的要求比较苛刻，使企业难以满足。对于这类客户，企业应根据实际情况在正确的时间，以正确的方式为其提供适合的服务。

（三）RFM 量化模型

RFM 量化模型是衡量客户价值的重要工具和手段。在众多的客户关系管理分析模式中，RFM 量化模型应用广泛。该模型通过客户的近期购买时间、购买频率及购买金额三项指标来描述客户的价值并划分等级，见图 6.3。

1. RFM 量化模型的定义及变量

根据美国数据库营销研究所亚瑟·休斯的研究，客户数据库中三个量化指标可以直接构成客户价值及等级划分的指标，这三个量化指标分别是近期购买时间（Recency）、购买频率（Frequency）及购买金额（Monetary），见图 6.4。

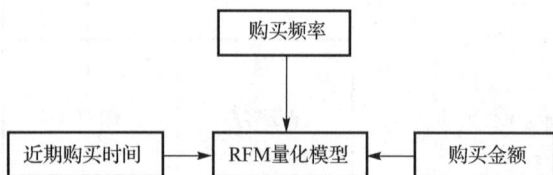

图 6.3　RFM 量化模型　　　　图 6.4　RFM 量化模型含义

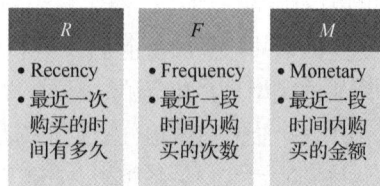

（1）R 值——近期购买时间。近期购买时间是指上一次的购买时间和今天的间隔，计算公式是：当前日期-上次购买日期。例如，假设今天是 5 月 1 日，而某个客户最后一次购买的时间是本年 4 月 1 日，那么该客户的 R 值=30 天，意味着客户上一次购买发生在 30 天前。通过这个指标，可以判别客户的活跃度。理论上，R 值越小的客户是越活跃的客户，也是价值越高的客户。R 值是动态变化的，如果客户一直没有重复购买，R 值会逐渐变大。如果客户今天再次购买，那么其最后一次购买时间就变成了今天，R 值也变为 0。在移动互联网业务中，也可以用 R 值描述用户类型，如活跃用户、休眠用户、流失用户等。

（2）F 值——购买频率。购买频率是客户在固定时间内购买的次数。通常，客户购买的次数越多，意味着其对产品越熟悉，接受度越高。通过这个指标，可以判别客户的成熟度。经常购买的客户，通常也是满意度高的客户，客户购买频率的高低能体现客户忠诚度及企业品牌的影响力。增加客户的购买次数，意味着减少了客户在竞争对手处的购买次数，也意味着从竞争对手处抢占了市场份额。由于 F 值是固定时间内（一般是 1 年）客户的购买次数，而购买频率受限于品类宽度，品类宽度越小，F 值的基数和差异也会越小。例如，京东如果只卖 3C 数码产品，即便是京东的忠诚客户，其可能 1 年也就买 3 次，现在京东也卖图书和日用品，由于品类选择很多，京东的忠诚客户不但会来买 3C 数码产品，还会来买图书和日用品。由于图书和日用品相对 3C 数码产品而言，其消费周期更短，客户会频繁消费，F 值就可能从 1 年 3 次变成 1 年 5 次。

（3）M 值——购买金额。购买金额是指一段时间内，客户累计消费的金额。通过这个指标可简单地看出一个客户对企业的贡献度，其数值越大代表客户对企业的价值贡献越大、购买能力越强，它是最具有价值的指标。需要说明的是，购买金额不一定是收入，它可以是任何与收入直接挂钩的指标。

2. RFM量化模型的用法

RFM量化模型是一种客户分级方法，因为模型中包含 M 值，所以它是一种基于客户价值的分级方法。其在实际应用时，通常包括 RFM 打分、用户分类、分类运营三个步骤，见图6.5。

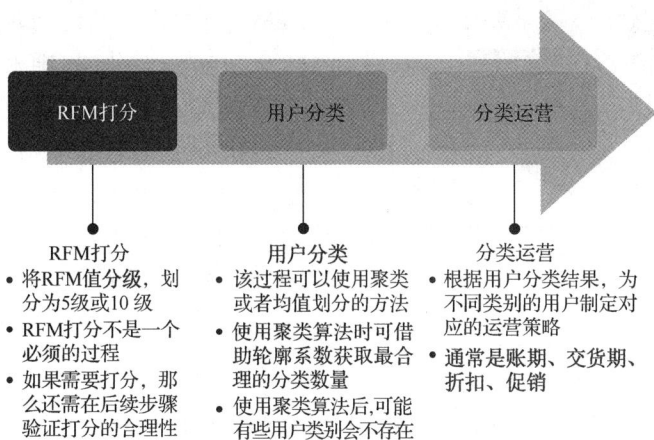

图 6.5　RFM 量化模型分析步骤

（1）RFM打分。打分的目的是便于用户分类，有了聚类算法后，可以直接用 RFM 的值进行聚类。RFM 打分时需要考虑划分方法，划分的方法有等距离、等总数、等记录数和均值划分等，需要结合具体业务和数据确定。例如，R 值使用等记录数划分；F 值使用均值划分；M 值使用等总数划分。

（2）用户分类。聚类算法有很多种，K-Means 是聚类算法中最常用的一种，其最大的特点是简单、易于理解、运算速度快，适用于连续型的数据。用 K-Means 聚类时，先设定类别数量区间，例如（2,9），循环调用聚类算法，得到每个类别对应的轮廓系数（Silhouette Score），画一个散点图，其最高点对应的类别数就是最合适的分类数量，见图6.6。RFM 量化模型构建的客户类别通常可以分为重要价值客户、重要挽留客户、重要发展客户、重要保持客户、一般价值客户、一般挽留客户、一般发展客户、一般保持客户八个类别，见图6.7。

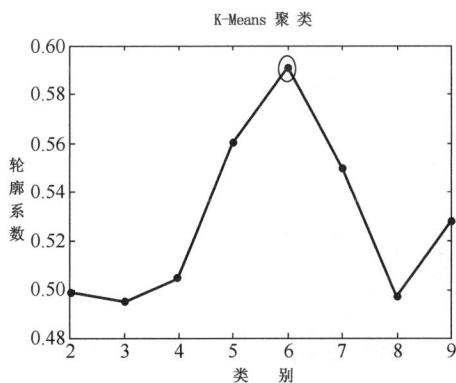

图 6.6　应用聚类算法获取轮廓系数

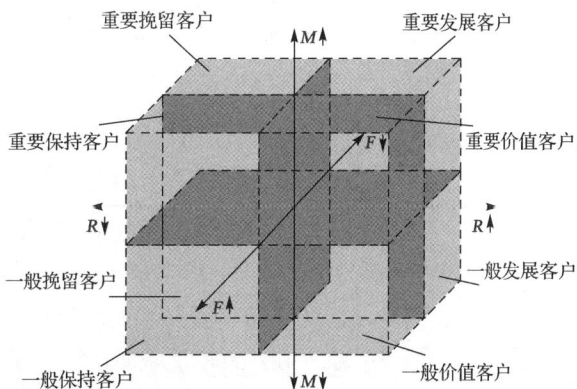

图 6.7　RFM 构建的客户类别

（3）分类运营。得到用户分类后，营销人员可以针对不同的客户类别制定相应的运营策略。例如，根据聚类算法，客户群体可以聚类为重要价值客户、重要发展客户、重要挽留客

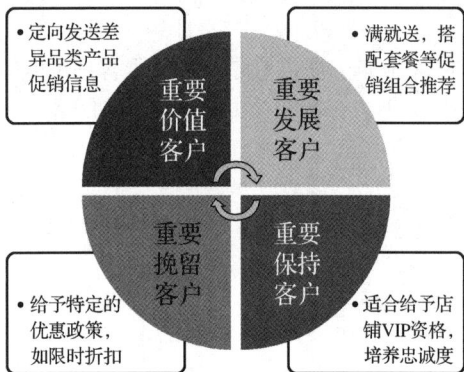

图 6.8　客户分类运营

户及重要保持客户等类别，对不同类别可采取不同的营销策略，见图 6.8。

3. RFM 量化模型的适用范围

RFM 量化模型较为动态地体现了一个客户的全部轮廓，这为个性化的沟通和服务提供了依据。RFM 量化模型适用于生产多种产品的企业，而且这些产品单价相对不高；RFM 量化模型也适合在一个企业内只有少数耐久产品，但是产品中有部分属于消耗品的情况；RFM 量化模型对于电信运营、航空、保险、物流、餐饮酒店等服务行业也很适用。

案例 6.3

航空公司客户分级模型应用

国内几乎所有航空公司都推出了自己的常旅客计划，在此基础上构建了大客户服务体系。同时，这些航空公司还借助航空数据对客户进行分级，并为不同价值的客户提供个性化的服务，将有限的资源集中用于高价值客户。

由于消费同样金额的不同旅客对航空公司所产生的价值不同，所以传统 RFM 量化模型并不能反映客户的真实价值，如乘坐长航线、低等仓的旅客和乘坐短航线、高等仓的旅客虽然消费金额相同，但是其价值不同，从而导致传统 RFM 量化模型中的消费金额衡量指标变得比较模糊。为此，航空公司在传统 RFM 量化模型的近期购买时间（Recency）、购买频率（Frequency）和购买金额（Monetary）三个指标基础上进行了改进，制定出会员客户会龄长度 L（反映活跃时长）、消费时间间隔 R（反映活跃状态）、消费频率 F（反映客户忠诚度）、飞行里程 M（反映客户对乘机的依赖性）和折扣系数 C（反映客户价值高低）五个指标作为航空公司识别客户价值的依据，从而形成 LRFMC 模型。根据客户数据和客户类别特征，客户被分成尊贵客户、商务旅客、高价值的休闲旅客、旅行团及一般散客四大类。航空公司针对不同类别客户制定了相应的营销策略，见图 6.9。

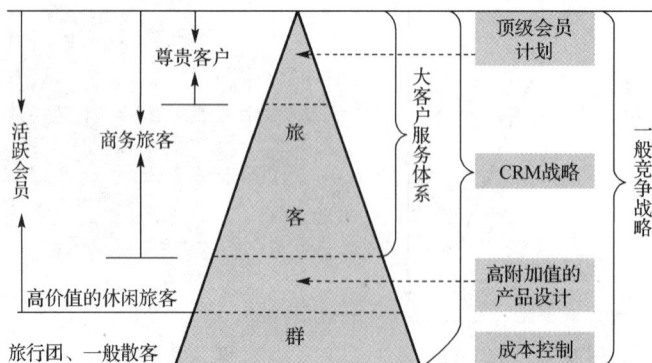

图 6.9　航空公司客户分级模型应用

讨论：不同旅客对航空公司的价值有何不同？如何识别这种价值？

第三节　客户分级管理策略

客户分级的管理思想是把有限资源向关键客户倾斜，提高关键客户对企业的忠诚度。根据客户分级模型，我们将客户分为重要客户、次要客户、普通客户及小客户。客户分级管理策略是企业在客户分级基础上，依据客户级别不同分别提供不同客户服务的策略。

一、关键客户管理策略

重要客户、次要客户又被称为关键客户，其是企业的核心客户，是企业利润的基石，也是企业可持续发展的重要保障，是客户关系管理重点维护的对象。关键客户管理在客户关系管理中处于重要地位，关键客户管理对企业经营业绩具有重要影响。

1. 配置优势资源

关键客户对企业的价值贡献最大，对服务的要求也比较高。为了进一步提高对关键客户的服务水平，企业要将有限的资源向关键客户倾斜，加大对关键客户的投入，为其优先配置资源，加大服务力度，提供个性化服务，提高其满意度和忠诚度。企业可以实行 VIP 制度、创建 VIP 客户服务通道，为关键客户提供更好的服务。

2. 密切双方关系

关键客户是企业需要重点维护的对象。企业应定期拜访关键客户、定期征求关键客户的意见、及时有效地处理关键客户的投诉、利用多种手段加强与关键客户沟通，密切双方关系，了解关键客户的需求，让关键客户成为企业的忠诚客户。

3. 成立关键客户服务机构

关键客户服务机构可以专门联系关键客户，了解关键客户信息，根据关键客户不同需求提供个性化的产品或服务解决方案。关键客户服务机构要充分利用客户信息系统，分析关键客户的交易数据，了解关键客户的需求和采购情况，及时与关键客户就市场趋势、合理的库存量进行商讨。此外，关键客户服务机构还要关注关键客户的动态，强化对关键客户的跟踪管理，避免关键客户流失。

案例 6.4

某电信运营商的分级化、差异化客户服务

某电信运营商根据月话费金额将客户分为高端客户、中端客户及普通客户，并对不同级别的客户提供差异化服务。当客户接入人工服务台时，对于高端客户，要求 20 秒内人工接通率达到 90%；对于中端客户，要求 20 秒内人工接通率达到 85%；对于普通客户，要求 20 秒内人工接通率达到 80%。此外，该电企运营商为不同级别的客户也提供不同的服务方式。例如，为高端客户创建绿色通道，即客户接入人工服务台时，其排队位置可以进入前列；对中端客户，如遇话务忙未接入人工服务台，后台将在 24 小时之内提取其数据并对客户进行回访，

主动为客户办理各类业务；对普通客户，按日常客户接入人工服务台流程为其办理所需相关业务；极个别骚扰客户会被列入黑名单，其在排队时处于优先级最低的位置。

讨论：分级化、差异化的客户服务是否能有效保持客户的忠诚度？

二、普通客户管理策略

对普通客户的管理，主要侧重提升级别和控制成本两个方面。

1. 判断普通客户的升级潜力

对于有升级潜力的普通客户，企业可以通过引领、创造、增加他们的需求，来提高他们的贡献度，从而使他们转化为关键客户。企业若能让普通客户购买更多的产品或服务，就能获得更多的利润。企业要设计鼓励普通客户消费的措施，如常客奖励计划，对一次性或累计购买达到一定标准的客户给予相应级别的奖励，或者让其参加相应级别的抽奖活动等，以鼓励普通客户购买更多的产品或服务。

2. 降低普通客户的服务成本

针对没有升级潜力的普通客户，企业可以采取维持策略，在资源上不增加投入，通过缩减对普通客户的服务时间、服务项目、服务内容等措施来降低服务成本。例如，航空公司用豪华轿车接送能带来高额利润的关键客户，而普通客户则不能享受此等待遇等。

三、小客户管理策略

传统的"二八法则"更关注"二"，即少数的关键对象，而忽视"八"，即多数的大众对象。随着营销手段的不断进步及电子商务的飞速发展，企业逐渐对"二八法则"中80%的消费者也开始重视起来。

2004年，美国《连线》杂志主编克里斯·安德森在一篇文章中首次提出了"长尾理论"。长尾理论是指如果能够把大量市场价值相对较小的部分汇聚起来，则可以创造更大的经济价值。长尾理论针对的市场有两个特点：一是细，长尾是份额很少的市场，是以前不被重视的小市场；二是长，尽管市场小，但数量众多，小市场聚集起来，规模也很可观。

视野拓展
长尾理论

长尾理论提示企业要重视包含大量中小客户的长尾市场，而且还应具备相匹配的、足够的服务能力，在为大客户提供特殊照顾的同时，也要重视小客户的集体贡献。

1. 培养有升级潜力的小客户

企业应该给予有升级潜力的小客户更多的关心和照顾，帮助其成长，挖掘其升级的潜力，从而将其培养成为普通客户。

案例 6.5

招商银行注重培育小客户

招商银行的信用卡业务部一直把在校大学生作为业务推广的重点对象之一，尽管在校大学生当前的消费能力有限，信贷消费的愿望不强烈，银行赢利的空间非常小，但招商银行还是频频进驻大学校园进行大规模的宣传促销活动，运用各种优惠手段刺激大学生开卡，并承诺每年只要进行六次刷卡消费，无论金额大小，都可以免除信用卡年费，甚至还推出了各种时尚版本的信用卡，赢得了广大年轻客户群体的青睐。通过前期的开发和提升，当大学生毕业以后因购房、购车、结婚、生子、教育等大项消费需要分期付款和超前消费时，由此给招商银行带来的巨大的利润空间即开始显现。

讨论： 银行在资源有限的情况下，如何平衡对大客户与小客户的管理？

2. 降低没有升级潜力的小客户服务成本

保持一定数量的低价值客户是企业实现规模经济的重要保证，是企业保住市场份额、保持成本优势、遏制竞争对手的重要手段。对没有升级潜力的小客户，企业不能简单地予以淘汰，而应采取提高服务价格、降低服务成本的办法来获取小客户的价值。具体做法如下。①向小客户收取服务费用。例如，有些银行对存款不足规定额度的储户每月要收取一定数量的服务费。②降低为小客户服务的成本。例如，将原来的每天服务改为每周一天服务。③运用更经济、更省钱的方式提供服务。例如，银行通过减少分支机构的数量，以及用 ATM 机代替柜员和银行职工的方式降低对小客户的服务成本。

3. 淘汰劣质客户

实践证明，并非所有客户都值得保留——劣质客户会吞噬、蚕食企业的利润，压缩、减少直至终止与劣质客户的业务往来，可以减少企业的利润损失，企业可以将有限的资源更有效地投入其他客户群中。例如，银行可对信用状况差、没有发展前景的劣质客户采取停贷、清算等措施。

第四节　大客户管理

大客户是企业利润的主要来源，其对企业的发展起着至关重要的作用。大客户管理是企业集中优势资源，有计划、有步骤地开发、培育和维护对企业生存和发展具有战略意义的客户，从而保持企业竞争优势的活动。

一、大客户概述

1. 大客户的含义

"二八法则"表明，企业 20%的客户能为企业带来 80%的利润。这 20%的客户我们一般称为大客户（Key Account,KA）。客户金字塔模型中的铂金客户（重要客户）或黄金客户（次要客户）都可以被称为大客户。大客户尽管数量少，但其对企业产品或服务消费频次高、消费量大、客户价值也高，能对企业经营业绩产生重要影响。

大客户的销售额一般是以年为周期进行计算的，并不是单次交易金额，大客户能为企业持续创造利润。需要指出的是，有大额订单的客户不等于大客户。有些商品的单次销售金额大，例如泵车、客车、飞机、工程机械等，这些只能说大单销售、大额产品销售。大量消费的团购也不等于大客户。团购一般具有消费频次低、一次性消费的特点，团购客户不属于企业的忠诚客户，这类客户不能为企业持续创造利润。

大客户一般可分为内在价值型大客户、外在价值型大客户及战略价值型大客户。

（1）内在价值型大客户，又称交易型大客户，这类大客户注重产品本身，对价格敏感，希望费用、价格能够尽量合理。典型的交易型大客户为原材料或供应品的传统代理商。

（2）外在价值型大客户，又称增值型大客户，这类大客户不仅注重产品，而且还注重产品的增值服务及解决方案等外在价值，其采购对象一般集中在技术含量比较高的产品上。

（3）战略价值型大客户，又称资源互补型大客户，这类大客户规模一般比较大，且具有一定的行业影响力，其关注点是谋求资源互补、长期共赢的战略联盟关系。

2. 大客户的特征

与其他类别客户相比，大客户销售具有自身的一些特征，这些特征使得大客户销售具有复杂性和不确定性。

（1）采购目的性强，采购长期化。大客户销售的产品通常面向某个具体行业的客户群体，目标客户明确，市场潜力大。为了使产品生产相对稳定，大客户一般希望有稳定的供应渠道。

（2）定制化程度高，采购人员专业性强。大客户需求复杂，具有较强的个性化需求，企业需要根据大客户的个性化需求给出定制化的产品解决方案。另外，不同于一般客户，大客户采购人员一般具有较强的专业性。

（3）采购金额大，采购主体复杂。大客户采购金额大、涉及范围广、内容复杂、业务影响大，如果大客户采购失误，会带来较严重的损失和负面影响。为了降低采购决策风险，大客户采购决策一般涉及多部门参与。采购决策者来自内部不同职能部门，这些参与采购决策的部门和人员在决策过程中，既有分工合作，又相互制约，企业销售人员很难获知大客户决策动向。

（4）采购周期长，采购期集中。在大客户销售中，大客户采购周期较长，通常以月甚至以年计，较长的采购周期会增加销售过程的不确定性。另外，大客户为了降低成本，同时满足批量生产的需要，一般进行批量集中采购。

（5）品质要求高，服务要求全。大客户对生产流程要求严格，对产品及服务品质要求高。除了产品购后的安装调试、试用、技术培训等基本服务以外，大客户对贷款支付、供货周期及物流运输也有严格要求。

二、大客户购买决策

1. 大客户购买决策的参与者

大客户购买行为具有规模大、风险高、过程复杂等特点，因此，大客户购买决策往往是由多类人员，包括产品的使用者、决策影响者、决策者、批准者、采购者、信息控制者共同参与完成的。这些人员在大客户购买决策中扮演着不同的角色，发挥着不同的作用。

2. 大客户购买决策的内容

企业可以采用5W1H分析法分析大客户的购买行为，具体如下。

What——购买何种产品或服务，即确定大客户购买的对象。

Why——为何要购买，即确定大客户购买的动机。

When——何时购买，即确定大客户购买的时间。

Where——何处购买，即确定大客户购买的地点。

Who——何人购买，即确定大客户购买的人。

How——如何购买，即确定大客户购买的方式。

3. 大客户购买决策的过程

（1）引发需求。在外界因素的刺激下，大客户认识到有必要购买产品或服务以满足自己的某种需求。

（2）明确要求。大客户产生采购需求后，进一步确定所需产品或服务的品种、数量及规格等。

（3）产品或服务分析。大客户对所需产品或服务进行分析，以确定产品规格或服务内容。

（4）物色供应商。大客户通过各种途径搜集有关供应商的信息，将那些有良好信誉和合乎自身要求的供应商列为备选对象。

（5）询价。大客户向合格的销售企业询价，以便进行比较和筛选。

（6）选择供应商。大客户对备选供应商提交的建议书和报价进行分析比较，在综合考察的基础上进行选择、谈判，最终选定供应商。

（7）正式订购。大客户将订单提交给最终选定的供应商。大客户如果希望长期、大量地购买产品或服务，还可以与供应商签订一揽子合同，与其建立起更紧密的关系。

（8）绩效评估。大客户单位有关部门对所购产品的使用情况、供应商履行合同的情况等进行检查和评估，以便决定是否维持原来的采购渠道。

大客户决策过程表明，销售企业必须从引发客户需求开始就主动参与到客户的决策中，对客户的决策施加影响，引导客户决策，保证最终销售成功。

三、大客户销售策略

在向大客户进行销售时，产品力、商务能力和销售技巧等要素通常发挥着重要作用。①产品力是产品对目标客户群的吸引力。对大客户来讲，产品是其采购的对象，大客户通过采购产品取得产品带来的价值；对企业来讲，产品是企业与大客户沟通的桥梁，是企业销售人员说服客户的核心武器。②商务能力是企业在产品销售过程中对大客户关系的处理能力，良好的客户关系更容易赢得大客户的信任与支持，有助于企业销售目标的实现。③销售技巧是销售人员开展销售工作的技能，企业销售人员只有充分掌握大客户销售技能，才能对销售过程有明确的认知和准确的判断，并针对不同情况采取有效的销售策略。

企业获利能力从某种意义上来说是由客户忠诚度决定的，而客户忠诚度又是由客户满意度决定的，客户满意度是由客户对产品的认知价值决定的。针对大客户的销售策略至少应包括以下几项。

（1）了解大客户的需求。要想与大客户保持良好的关系，就需要了解大客户的需求、大客户与企业合作的目的以及合作能给双方带来哪些益处等信息。企业在经营过程中，应主动获取大客户相关信息，不仅要研究大客户本身的经营情况等，还要了解他们所处的环境、市场竞争地位等情况，在此基础上，才能有针对性地为大客户提供他们所需要的产品或服务。

（2）为大客户细化企业服务标准。企业制定的大客户服务标准必须是明确、可执行、可衡量的。同时，标准也应该是公开、公正的，对大客户是透明的，能让达到标准的员工获得奖励，同时也能让没有达到标准的员工产生动力。

（3）与大客户建立合作伙伴关系。合作伙伴关系是企业与大客户之间的长期合作关系。一般而言，企业间合作伙伴关系可以通过产业链或技术上的相互支持来实现。合作伙伴关系是客户忠诚的终极形式。这种终极的忠诚度对企业来说是非常宝贵的资源，企业应尽力维持这种客户关系，并促使其良性发展。

（4）加强大客户的售后服务。售后服务是企业与大客户保持有效接触的重要手段之一。企业要利用好每一次给大客户提供售后服务的机会，来达到提高客户忠诚度的目的。

（5）监控大客户满意度。为了保证企业能随时向大客户提供高水平的服务，企业管理者需要采取相应的措施来监控大客户的满意度，并确保能够提高大客户服务水平。对表现良好的大客户服务行为进行表彰和宣传，而对不佳的服务行为则提出相应的整改措施。

实训项目　客户分级设置

视频指导

利用 Excel 按销售额划分客户等级

【实训目的】

1. 了解客户分级的目的及意义；
2. 熟悉客户等级划分的依据及标准；
3. 掌握客户分级设置及操作。

【实训准备】

客户分级是企业依据客户对企业的不同价值和重要程度，将客户区分为不同的级别，使不同级别的客户享受不同的服务，从而有效分配企业资源的经营策略。

依据客户金字塔模型，企业应根据客户价值对客户进行等级划分。按客户价值大小，一般可将客户分成重要客户、次要客户、普通客户和小客户等四个等级。企业可以根据客户特征、交易情况、财务贡献指标综合评估客户价值，找出对企业价值较大的客户群，采取有针对性的营销服务。

【实训内容】

1. 设定系统客户等级

将客户群体划分为四个正式级别客户和一个待定级别客户：A（重要客户）、B（次要客户）、C（普通客户）、D（小客户）以及 E（待定客户）。

2. 设定客户分级指标及标准

根据客户给企业创造的利润和价值，结合企业实际销售情况，采用年度销售额累计作为分级指标，按销售额大小将客户划分为不同等级。

A（重要客户）：年度销售额累计≥500 万元。

B（次要客户）：100 万元≤年度销售额累计＜500 万元。

C（普通客户）：50 万元≤年度销售额累计＜100 万元。

D（小客户）：年度销售额累计＜50 万元。

E（待定客户）：尚未达成交易的潜在客户。

【实训方法与步骤】

1. 登录悟空 CRM 系统 SAAS 平台版

进入悟空 CRM 系统 SAAS 平台版用户管理界面。

2. 进入企业管理后台界面修改客户分级信息字段

点击右上角用户下拉菜单，在菜单中选择【企业管理后台】，进入企业管理后台界面。在左侧【管理】栏，依次点击【客户管理】、【自定义字段设置】，进入自定义字段设置界面，见图 6.10。

点击【客户管理】右侧的【编辑】，进入客户信息字段编辑区。点击【+添加新选项】，添加客户等级为：A（重要客户）、B（次要客户）、C（普通客户）、D（小客户）以及 E（待定客户），见图 6.11，添加完成后保存设置。

图 6.10　自定义字段设置界面

图 6.11　添加客户等级

3. 对现有的潜在及现实客户进行分级管理

进入悟空 CRM 系统 SAAS 平台版用户管理界面。根据上述设定的客户等级标准，对现有的潜在及现实客户进行分级管理。新添加进来的客户一般为潜在客户，还没有与企业进行实际交易。企业可以将这类客户暂时归于 E（待定客户），以后再根据实际销售额累计大小将其归于 A、B、C 或 D 类别。对于其他现实客户，企业则可根据年销售额累计量确定其等级，见图 6.12。

图 6.12　对客户进行分级

【实训任务】

1. 设定各等级客户标准。

2. 在企业管理后台界面进行客户等级设定。

3. 在 CRM 系统 SAAS 平台版用户管理界面，根据客户签约或以往交易情况对已有客户或潜在客户进行分级操作。

【实训讨论】

1. 将客户等级数量划分为多少适宜？
2. 除销售额指标外，哪些客户指标还可以作为客户分级的依据？

本章小结

本章主要介绍了客户分级的概念及在客户关系管理中的应用，客户金字塔模型、关键客户识别与选择矩阵及 RFM 量化模型等客户分级方法，关键客户、普通客户和小客户等基本管理策略，大客户的概念、购买决策及大客户销售策略。

思考与练习

一、单项选择题

1. 客户分级的原因不包括（ ）。
   A. 不同的客户带来的价值不同　　　　B. 为不同价值的客户分配的资源不同
   C. 不同价值的客户需求不同　　　　　D. 不同的客户满意度相同

2. 客户金字塔模型可分四个层级：重要客户、次要客户、普通客户和（ ）。
   A. 小客户　　　　B. VIP 客户　　　C. 关键客户　　　　D. 潜在客户

3. 大客户购买行为具有（ ）等特点，因此，大客户购买决策往往是由多类人员共同参与完成的。
   A. 规模大、风险高、过程复杂　　　　B. 规模大、风险小、过程复杂
   C. 规模小、风险高、过程复杂　　　　D. 规模大、风险高、过程简单

4. 对于企业而言，不同客户之间的差异主要在于（ ）。
   A. 年龄和性别　　B. 身高和体重　　C. 商业价值和需求　　D. 收入和居住位置

5. 在客户关系管理中，对于客户价值的分析与评价，常说的"二八法则"，是指（ ）。
   A. VIP 客户与普通客户通常呈 20 : 80 的比例分布
   B. 企业利润的 80% 来自 20% 的客户，企业利润的 20% 来自 80% 的客户
   C. 企业内部客户与外部客户的分布比例为 20 : 80
   D. 企业利润的 80% 来自 80% 的客户，20% 的客户给企业带来 20% 的收益

6. 按客户重要性分类，客户可以分为（ ）。
   A. 潜在客户、新客户、常客户、老客户、忠诚客户
   B. 贵宾型客户、重要型客户、普通型客户

C. 基本型客户、被动型客户、负责型客户、能动型客户、伙伴型客户

D. 铅质客户、铁质客户、黄金客户、铂金客户

7. 在大客户管理中，（　　）是客户服务的最高层次。

A. 个性化服务 　　　　　　　　B. 个性化产品

C. 主动服务 　　　　　　　　　D. 提供战略上的支持与合作

8. 大客户管理的目的是（　　）。

A. 赚取利润 　　　　　　　　　B. 降低库存

C. 获取企业长期、持续的收益 　D. 取得市场竞争优势

9. 在实施客户管理中，对抓"大"放"小"的正确论述是（　　）。

A. 重点服务好大客户 　　　　　B. 只服务好中小客户

C. 放弃中小客户 　　　　　　　D. 慎重对待中小客户

10. 在众多的客户关系管理分析模式中，（　　）通过客户的近期购买时间、购买频率及购买金额三项指标来描述客户的价值并划分等级，应用比较广泛。

A. ABC 模型 　　B. 长尾模型 　　C. 金字塔模型 　　D. RFM 量化模型

二、名词解释

客户分级　　"二八法则"　　长尾理论　　大客户

三、简答题

1. 为什么要进行客户分级？
2. 简述客户金字塔模型（CPM）。
3. 简述客户金字塔模型的适用条件。
4. 简述关键客户识别与选择矩阵（KAISM）。
5. 简述 RFM 量化模型。
6. 简述客户分级管理策略。
7. 大客户具有哪些特征？
8. 简述大客户销售策略。

四、讨论题

1. 客户金字塔模型与长尾理论是否矛盾？
2. RFM 量化模型是否适合互联网行业对客户分级？为什么？

五、案例分析

大客户服务不同于普通客户服务，企业应针对大客户的特性，为其量身定制产品或服务，通过服务差异化满足大客户的需求。电信企业推行的"大客户解决方案"，就是大客户服务创新的有力证明。例如，广州电信在了解到某跨国公司的员工经常在外或在家等非办公环境下使用国际长途电话进行办公时，为方便该公司对员工工作电话进行有效管理，为其研发了企业用户"CALLING 卡"。该卡使该公司员工可以方便地使用公司核发的账号，在世界范围内自由拨打长途电话，由公司统一进行付费结算。这充分满足了跨国公司对电话使用方便、管理灵活的个性化需求。

讨论：结合案例，分析企业是否有必要为所有客户提供个性化的解决方案？为什么？

第七章　客户沟通管理

【理论框架】

```
                                            ┌─ 客户沟通概述
                              ┌─ 客户沟通 ──┼─ 客户沟通途径
                              │             └─ 客户沟通策略
                              │
                              │             ┌─ 客户体验概述
                              │             ├─ 客户体验管理
客户沟通管理 ─────────────────┼─ 客户体验 ──┤
                              │             ├─ 客户体验设计
                              │             └─ 客户体验活动方案
                              │
                              │             ┌─ 客户关怀概述
                              └─ 客户关怀 ──┼─ 客户关怀手段
                                            └─ 客户关怀活动方案
```

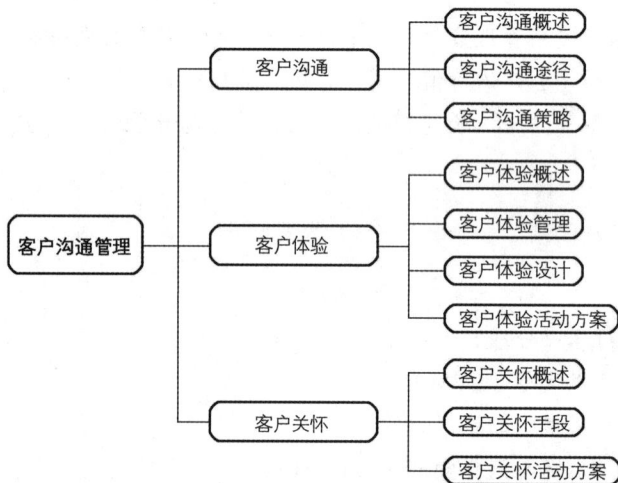

【知识与技能目标】

【知识目标】

1. 了解客户沟通途径、客户体验的概念及手段、客户关怀的概念；

2. 理解客户体验模式、客户体验管理的框架、客户体验设计的步骤；

3. 掌握客户体验活动方案及客户关怀活动方案的撰写方法。

【技能目标】

1. 熟悉跟进管理、任务管理等操作；

2. 能够利用跟进管理来安排客户沟通活动、利用任务管理来安排客户体验及客户关怀活动。

【案例导入】

注重客户体验的海底捞

海底捞品牌创建于 1994 年，经过二十多年的发展，海底捞国际控股有限公司已成长为大型餐饮企业。公司秉承"服务至上、顾客至上"的理念，以创新为核心，改变传统的标准化、单一化的服务，提倡个性化的特色服务，致力于为顾客提供愉悦的用餐体验；在管理上，实施人性化的管理模式，提升员工价值。因为顾客很多，经常要排队，海底捞就为等待的顾客提供免费美甲、美鞋、护手服务，并为顾客提供免费的饮料、零食和水果。店里的服务员来自五湖四海，顾客可以找老乡为其服务，这样会让顾客倍感亲切。每个门店的服务都细致周到，甚至在卫生间里都会有专人为顾客提供服务。海底捞实施这样极端差异化的服务模式，在竞争激烈的餐饮业中脱颖而出。通过互联网的口碑传播，海底捞很快成为全国知名的火锅品牌，成为优质服务的代名词。

思考：海底捞注重客户体验带给我们哪些启示？

评析：在以往的传统商业模式中，客户体验是被商家驱动的。可以说，如果商家不介绍，客户也不知道产品或服务如何。从海底捞的例子中可以看到，海底捞在客户体验建设中投入了大量的成本，并且将各种细节执行得非常到位。海底捞建立了一个高效的管理模式和优质的服务体系，形成了企业独有的核心竞争力。在互联网时代，信息是透明且可比较的，商品描述、评价信息都极其丰富。商家在客户体验建设的过程中要更有创意，要让感知超过客户的期望。

第一节　客　户　沟　通

与客户进行有效的沟通与互动是现代营销的重要工作之一，客户关系管理成效与营销人员的沟通能力紧密相关。

一、客户沟通概述

沟通是指在两个或两个以上的人之间进行的信息、观点或想法的交流，也是人们分享信息、思想和情感的过程。客户沟通是企业通过建立信息交流平台，拉近企业和客户的距离，加深彼此感情，从而建立良好的合作伙伴关系的过程。良好的沟通对合作双方来说是双赢的，企业进行积极有效的客户沟通，有利于发展和巩固与客户的关系。

客户沟通的内容主要包括信息沟通、情感沟通、理念沟通和意见沟通，有时还有政策沟通。信息沟通主要是指企业把产品或服务的信息传递给客户的行为，如广告宣传、客户体验等，另外还包括客户将其需求或者要求的信息反馈给企业的行为；情感沟通是指企业主动采取相关措施，加强与客户的情感交流，加深客户对企业的感情依恋所采取的行动，如客户关怀等；理念沟通是指企业把其宗旨、理念介绍给客户，并使客户认同和接受所采取的行动，如开展公共关系活动等；意见沟通是指企业主动向客户征求意见，或者客户主动将对产品或服务的建议反馈给企业的行为，如市场调查等；政策沟通是指企业把有关的政策向客户传达、宣传的行为，如宣传售后服务项目等。

企业通过与客户沟通，可把企业的产品或服务信息传递给客户，把企业的宗旨、理念介绍给客户，使客户知晓企业的经营意图；还可以把有关政策向客户传达，并向客户征求对产品或服务的意见和建议，了解他们的期望，从而加强与他们的情感交流。

二、客户沟通途径

从沟通途径方向看，客户沟通分为企业与客户沟通、客户与企业沟通。

1. 企业与客户沟通

一般来说，企业与客户的沟通有以下途径。

（1）业务人员与客户沟通。业务人员与客户可以进行信息的双向沟通，有助于双方从单纯的买卖关系发展到个人之间的朋友关系，进而维护和保持长期的客户关系。

（2）举办活动与客户沟通。企业可以通过举办各类活动让目标客户参与进来，从而增强沟通效果。如企业通过座谈会或客户拜访形式定期与客户进行面对面的沟通，也可通过发放意见征询表，向客户征求对企业的意见和建议。

（3）利用通信工具与客户沟通。企业也可以通过信函、电话、电子邮件、微博、微信、呼叫中心等方式与客户沟通，介绍企业产品或服务、解答客户疑问。例如，企业可以通过短信形式向客户传递促销优惠或新品上市等信息，或在客户生日或重要节日时，给客户邮寄贺卡或小礼物。

（4）刊登广告与客户沟通。广告是企业与客户沟通的一种重要途径，企业可通过广告对目标客户、潜在客户和现实客户进行解释、说明、说服、提醒等。例如，某化妆品品牌经常选择在《中国消费者》等符合其定位和目标客户经常关注的杂志上进行广告宣传。

（5）通过开展公共关系活动与客户沟通。开展公共关系活动是利用各种宣传途径和宣传方式向外宣传，提高企业的知名度，从而形成有利的社会舆论的一种宣传方式。开展公共关系活动一般是运用大众传播媒介和内部沟通的方法开展宣传工作从而树立良好组织形象的公关活动模式。不仅可以增强信息的可信度，还可使企业信息得到免费的宣传，有助于提高企业对客户的影响力。

（6）利用包装与客户沟通。企业给客户的第一印象往往来自企业的产品，而产品给客户的第一印象则往往来自产品的包装。包装是企业与客户沟通的无声语言，好的包装可以吸引客户视线，给客户留下深刻的印象，能够引起客户的购买欲望。

2. 客户与企业沟通

客户与企业沟通，是客户将其需求和对企业的意见反馈给企业的活动。为了确保客户与企业顺畅沟通，企业应鼓励不满意的客户提出自己的意见，应为客户提供各种便利的沟通渠道。

（1）开通 24 小时服务热线或服务渠道。设立免费热线电话或官方微博、公众号、客服微信等，方便客户与企业沟通，为客户提供产品介绍或技术支持，同时也为客户投诉提供渠道。例如，格力空调提供 24 小时客服热线，随时答复客户使用咨询，这对于赢得客户信任、建立良好的客户关系十分有效。

（2）设置意见箱、建议箱、意见簿、意见表、意见卡及电子邮箱等。服务企业可以在服务区域设置意见箱、建议箱，或者向客户提供评议卡、意见卡，公布企业的电子邮箱等。

（3）建立有利于客户与企业沟通的制度。企业要积极建立客户投诉制度和建议制度，让客户知道企业接受投诉的部门及其联系方式和工作程序。此外，企业还可通过设立奖励制度来鼓励客户投诉。例如，有的快递公司承诺，如果快件未在指定时间内送达，只要客户投诉，邮递费用就可以全免或部分免除。

三、客户沟通策略

（一）掌握客户沟通的特点

不同客户在沟通中表现出的特征不一样，只有了解不同客户在沟通过程中的不同特点，客服人员才有可能采用相应的方法与其沟通，以达到良好的沟通效果。

（二）使用有效的沟通语言

客服人员的语言是否热情、礼貌、准确、得体，会直接影响客户的购买行为，并影响客户对企业的印象。一个具备客户关系管理知识的客服人员的话语，应具备以下特点：有逻辑性，层次清楚，表达明白；突出重点和要点；真实、准确、文明；因人而异；适时调整声音大小和语速。

（三）使用适度的身体语言

除语言可以传递信息、思想、情感以外，身体语言也可以传递信息。客服人员最终能否实现与客户的良好沟通，一定程度上还取决于能否灵活运用身体语言。在沟通过程中，眼神、表情等身体语言能传递给别人更多的思想和情感，往往可以赢得或失去别人的信任。

（四）沟通时学会倾听

在与客户沟通中，专心倾听往往比滔滔不绝地发表意见更为重要。学会倾听才能了解客户的心理活动，观察和发现其兴趣所在，从而了解客户的真实需求。

（五）掌握沟通提问技巧

提问是一种非常重要的沟通方式，能够帮助我们控制沟通和谈话的方向。

1. 开放式提问

开放式提问不限制客户对问题的回答，完全让客户根据自己的喜好，围绕谈话的主题自由发挥。例如，"您对华为手机的拍照效果怎么看"这样的开放式提问会让客户告诉你很多信息。开放式提问有助于使谈话气氛轻松愉快，令客户感到自然并畅所欲言，又有助于客服人员根据客户的谈话了解更有用的客户信息。开放式提问有时会偏离主题，这时可用封闭式提问的方式来弥补。

2. 封闭式提问

封闭式提问限定了客户的回答范围，客户只能在有限的选项中进行选择，例如"你使用过本公司某产品吗"。封闭式提问可以帮助客户进行判断。一般而言，当客服人员发现谈话偏离主题时，可问客户一个封闭式的问题；当发现对方比较紧张时，可以问一个开放式的问题，以使对方放松。

3. 提问时的要点

向客户提问时一般需要注意以下几点。

（1）保持礼貌和谨慎。在与客户沟通的过程中，客服人员对客户进行提问时，必须保持礼貌，不要给客户留下不被尊重和不被关心的印象。同时，客服人员还必须在提问之前谨慎思考，切忌信口开河。

（2）少说"为什么"。在沟通过程中，尽可能少说"为什么"，要用其他的话来代替。例如，"您能不能说得再详细一些""您能不能解释得再清楚一些"，这样给对方的感觉就会好一些。

（3）少问带有引导性的问题。"难道你不认为这样是不对的吗"这样的问题，不利于客服人员收集信息，而且会给对方留下不好的印象。

（4）避免多重问题。不能一口气问对方很多问题，使对方不知道从哪一个问题开始回答，而且也不利于客服人员收集信息。

（六）掌握沟通回答技巧

在沟通中，客服人员应消除客户的疑虑，纠正客户的错误看法，用劝导的方式说明、解释并引导客户对问题的认识。

（1）及时调整谈话的速度。客服人员要根据客户是否能理解谈话的主旨及其对谈话中重要情况的理解程度来调整说话的速度。在向客户介绍一些主要情况和重要问题时，语速要适当放慢，使客户易于领会；同时，要随时注意客户的反应，以根据客户的理解程度来调整谈话的速度。

（2）不要直接否定客户的观点。在与客户沟通时，最忌讳与客户争论。在任何情况下，都不要直截了当地反驳客户，否则容易使客户产生抵触情绪。在特定的情况下，客服人员可以采用"尽管很对，但是……"的表述方法，首先明确表明同意客户的看法，然后再委婉地提出自己的观点，这样往往比较容易使客户接受自己的观点。

（3）保持沉着冷静。在与客户沟通时，客户有时带有偏见或成见，一些看法带有强烈的感情色彩，这时用讲道理的方法并不能改变客户的看法。此时，客服人员沉着冷静的言行不仅会赢得客户的信任，而且在一定程度上会使沟通的气氛好转。

第二节 客 户 体 验

产品是有形的，服务是无形的，体验却是令人难忘的。企业能提供的不仅有产品或服务，还有令人难忘的愉悦回忆。

一、客户体验概述

我们处在一个以客户为中心的时代，仅仅有好的产品或服务是远远不够的，还需要有与产品、服务及品牌相结合的客户体验。

（一）体验的概念

约瑟夫·派恩和詹姆斯·吉尔摩在《体验经济》一书中提出："体验事实上是当一个人达到情绪、体力、智力甚至是精神的某一特定水平时，意识中所产生的美好感觉。"

人们的日常生活自始至终都离不开体验。当某人购买一种服务时，他购买的是一种符合自己要求的非物质形态的活动；当参与一种体验活动时，他能从中获得美好的记忆。例如，当咖啡被当成货物出售时，1千克咖啡豆卖数百或上千元；当咖啡被包装为商品时，一包咖啡豆可以卖10元；当咖啡加入了服务，在咖啡店中出售时，一杯可以卖到二三十元；如果能让客户体验咖啡的香醇与生活方式，一杯就可以卖到上百元。美国连锁咖啡企业星巴克（Starbucks）能成功就在于其带给顾客良好的体验。

客户关系管理理论与应用（第3版）

（二）客户体验的含义、作用与模式

1. 客户体验的含义

客户体验是企业以服务为舞台、以产品为道具，围绕客户创造出让客户愉悦、值得客户赞赏甚至回味的活动。产品、服务对客户来说是外在的，而体验则是内在的，存在于个人心中，是个人在情绪、知识及互动参与上的所感所得。客户体验是客户与企业互动时产生的印象和感觉，是客户使用产品或接受服务后的直接感受。没有两个人的体验是完全一样的，因为体验来自个人的心境与事件的互动。

客户对企业的印象和感觉从开始接触产品广告或宣传品时就产生了。此后，从接触企业的产品，到使用企业的产品、接受其服务，这种体验得到了延续。从这种意义上来讲，客户体验是一个过程。理想的客户体验必是由一系列舒适、欣赏、赞叹、回味等心理过程组成的，它能带给客户有价值的强烈的心理感受。

客户体验由一系列附加于产品或服务之上的要素组成，这些要素鲜明地突出了产品或服务的全新价值，强化了企业的专业化形象，可促使客户重复购买或提高客户对企业的认可。一个企业如果试图向其客户传递理想的客户体验，势必要在产品、服务、人员以及过程管理等方面有很好的表现。在网络经济时代，客户从通过互联网研究企业产品开始就已经与企业建立了联系，其印象和感觉从接触企业广告、宣传品或第一次访问该企业网站时就产生了，这种印象和感觉在客户实际使用企业产品或享受企业服务时会得到延伸。

2. 客户体验的作用

客户体验在当今激烈的市场竞争中已成为一个区别于其他竞争对手的差异化指标，有效管理客户体验能够为企业带来更多的商业价值。

（1）增强客户对品牌的偏好。好的客户体验能增强产品或服务的差异化，培养客户的消费偏好，使客户能够把本品牌的产品或服务同竞争对手的产品或服务有效区分开来，从而使企业在市场竞争中占据有利的竞争地位。例如，OPPO旗舰店并没有过多地展示或介绍产品，而是留出更多的空间让消费者自由体验，传达企业面对市场的开放、包容及创新的态度，以增加品牌与消费者的对话和接触机会。

（2）传递口碑营销效果。好的客户体验通过现有客户的口口相传带来新的销售收入。消费者之间对企业产品或服务自由交流和评论，可以使企业产品或服务成为一个备受关注的社会热点，从而能影响其他消费者的购买决策。例如，春秋航空公司凭借"99元特价机票"的促销口号吸引了不少工薪族乘客，并形成了口口相传的广告营销效果。

（3）提高客户忠诚度。忠诚的根源是客户对自己与产品生产者、服务提供者之间关系的良好感受。企业提供有价值的、令人印象深刻的客户体验，可以有效提高客户满意度和客户忠诚度，从而避免客户流失。例如，以前大家在使用手机的过程中，都可能遇到过手机放在口袋中却误拨电话的情况，为了避免出现这种情况，小米手机特意为用户设计了"防误触模式"，用户打开防误触系统后，当手机顶端的区域被遮挡时，手机就无法解锁，从而避免了误拨电话的情况。

3. 客户体验的模式

客户体验的模式主要包括感官体验、情感体验、思考体验、行为体验及关联体验等，见图7.1。

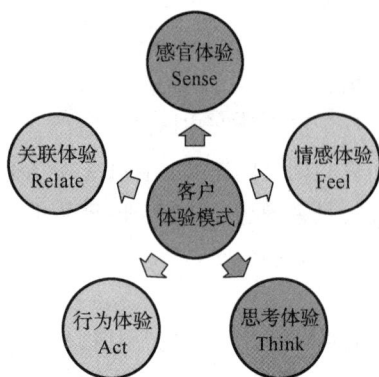
图 7.1　客户体验的模式

（1）感官体验。感官体验是一种相对感性的体验，它包括了视觉、听觉、触觉、味觉及嗅觉等在内的各种感官体验。在感官体验的建设中，需要体验设计者对客户心理有足够的了解，从客户的角度来进行思考。例如，在一些网店中，可以加入与品牌相关的视频、音乐以及全方位的细节图片，让客户产生一种良好的感官体验。

（2）情感体验。情感是一个人在需求得到满足或不能得到满足时，所产生的一种对客观事物的态度和内心感受。消费者在选购商品的过程中，对能够满足其需求的商品或服务会产生积极的情绪或情感，从而增强购买欲望。制造情感体验常用的联系纽带有友情、亲情、恋情。作为含有某种感情的心境体验——情怀体验，更是一些企业所追寻的。

案例 7.1

小猪民宿的情怀体验

在短租行业兴起之前，家庭客栈、日租房、酒店公寓等租房选择就已被细化。同时，有去哪儿旅行、携程旅行等平台为用户配置资源。成立于 2012 年的小猪民宿作为为旅游、出差、求学等群体提供短期居住地点的国内知名短租民宿预订平台，在成立七八年后就已覆盖国内外六七百座城市，房源包括四合院、花园洋房、树屋、民宿等，为用户提供性价比高、家庭氛围浓厚、充满人情味的住宿选择。小猪民宿除了拥有众多类型的房源外，更重要的是它还用情怀营造了理想、温暖、精致的居家氛围以及诗和远方。在荒山小院里住宿，在花店里住宿，在咖啡馆里住宿，在作家书房里住宿，乃至在书店住宿，都是小猪民宿探索住宿方式的成果。小猪民宿丰富了人们的住宿文化。这样的住宿文化吸引着对外界充满好奇心的用户，因为远方即情怀。

讨论：小猪民宿是如何体会用户心目中的诗和远方的？

（3）思考体验。思考体验是以创意的方式引起客户的兴趣，使其对问题集中或分散地思考，为客户创造认知和解决问题的体验。思考体验营销强调的是通过体验让客户产生理性思考，从而产生购买行为。对于高科技产品而言，如 VR 技术，思考体验活动被普遍使用。在许多其他产业中，思考体验营销已应用于产品的设计、促销及客户沟通之中。

案例 7.2

大家以后可以在元宇宙里"打工"了

元宇宙是 2021 年、2022 年的热词，简单来说它就是一个沉浸式的虚拟世界，可以给人们带来更真实的感受。实现这个虚拟世界的技术主要有 VR（虚拟现实）技术、AR（增强现实）技术、3D 技术等。

国内外科技公司，如腾讯、字节跳动、百度、微软迅速进入这一领域，甚至国外某社交媒体巨头将自己公司的名字都改成了"Meta"（元宇宙的英文是 Metaverse）。

以虚拟会议室为例，一个个虚拟形象可以聚集在虚拟会议室内沉浸式开会，投屏分享真实的计算机屏幕内容，或走到白板处记下头脑风暴碰撞出的火花……完全实现居家办公，员工不再需要写字楼的办公位。

讨论：利用互联网查询元宇宙的资料，说说你理解的元宇宙是怎样的。

（4）行为体验。行为体验是客户通过互动形式参与特定的生活形态而感受企业产品、服务或品牌价值的体验方式。行为体验的目标是通过互动与参与影响客户的生活形态。例如，宜家的很多产品简约时尚，但需要客户自己动手组装，客户对于这种"自己动手丰衣足食"的消费理念也都认可。行为体验也可以通过艺人等的行为方式来影响消费者，改变其生活行为，从而促进企业产品或服务的销售。

（5）关联体验。关联体验是感官、情感、思考及行为的相互结合，是一种高层次、深层次的体验类型。关联体验是在感官、情感、思考和行为等体验基础上的一种升华式体验。关联体验通过各种体验方式，建立起品牌和品牌传递的精神的联系。例如，有时候，人们把清新、唯美风格的文艺作品、生活方式或深受清新风格影响的一批年轻人称为"小清新"。"小清新"实质上就是我们所说的清新、唯美、随意，这些词不够特殊、不够酷，才用别具一格的"小清新"一词代替。

案例 7.3

产品的本质：用户体验至上

从企业角度而言，用户体验至上意味着企业既要充分考虑用户的需求，又要考虑用户的承受能力。苹果公司早期的产品，如 1983 年推出的丽萨（Lisa）计算机，是世界上首款采用图形用户界面和鼠标的个人计算机，其标志着用户逐渐摆脱键盘敲命令的束缚。从 iPod 到 iPod Touch，从 iPhone 到 iPhone 13，从 iPad 到 iPad Pro，苹果公司每一次的产品升级都大大提升了用户体验。作为一个高科技公司，苹果公司始终坚持不变的是产品创新；作为一个电子消费品企业，苹果公司始终坚持不变的是满足用户的体验需求，不断推出能更好地满足用户体验需求的产品。

讨论：以自己的亲身经历，谈谈你对电子产品的体验。

（三）客户体验的度量

在评估客户体验效果方面，国外企业提出了一些度量模型，HEART 模型就是其中之一，见图 7.2。HEART 模型的出发点是做以用户为中心的、能够用于大范围的用户体验度量模型。

HEART 分别代表以下五个维度。

H（Happiness）——愉悦度。愉悦度是用户在使用产品过程中的主观感受。例如，一个产品被夸赞或分享，就是用户愉悦度的体现。愉悦度可以通过可用性、易用性、视觉感受、满意度、推荐意愿等指标来衡量。

HEART模型

Engagement 参与度　　**A**doption 接受度
Happiness 愉悦度
Task Success 任务完成率　　**R**etention 留存率

图 7.2　HEART 模型

E（Engagement）——参与度。参与度包括一个新功能或新模块推出时，用户访问频次、访问时长等指标，代表用户对产品内容感兴趣并愿意经常使用的倾向。

A（Adoption）——接受度。接受度是用户看到新产品或新功能并愿意使用的倾向。为了让用户快速接受某个新产品或新功能，产品设计时需要在新产品或新功能发布方面投入更多关注。

R（Retention）——留存率。留存率是在一段时间内，表明用户愿意继续使用该产品或功能的指标。留存率是互联网产品的主要获利因素，留存率越高说明稳定用户越多，越能带动更多用户参与进来。

T（Task Success）——任务完成率。任务完成率是表明用户能否高效、准确地完成任务的指标。任务完成率通常指核心任务的完成率，一般包括完成效果、完成效率、操作错误率等维度。

HEART 模型是以用户为中心的度量模型，也是一个构建完善的用户体验度量模型，涵盖了用户主客观数据以及可用性指标。该模型虽然是为了互联网产品而设计的，常用于测量互联网产品的用户体验度，但从今天来看，HEART 模型仍旧可以指导一些行业的客户体验度量，是各企业构建与设计客户体验评估模型的基础。

二、客户体验管理

近些年来，越来越多的企业因重视客户体验管理而受益，其在市场上快速崛起，成为行业的标杆，为同行所效仿。

1. 客户体验管理的含义

客户体验管理是近些年兴起的一种新的客户管理方法和技术。贝恩特·H. 施密特（Bernd H. Schmitt）在《顾客体验管理 实施体验经济的工具》一书中认为，客户体验管理（Customer Experience Management，CEM）是"战略性地管理客户对产品或企业全面体验的过程"。可见，客户体验管理是以提高客户满意度、忠诚度为目的，以强化客户感知为出发点，注重企业产品、服务及品牌与客户的每一次接触，从而实现企业与客户良性互动的管理过程。

客户体验管理认为客户体验是在产品或服务之上对客户更高层次需求的满足，它是一种心理的满足和精神的享受，而不仅仅是满足于产品或服务本身的价值。客户体验管理将与客户的每一次互动都视为树立品牌形象的最佳时机，并给客户带来终身体验。客户体验管理注重体验的创造与创新，将所创造的差异化体验与客户的生活方式及企业品牌紧密联系起来，这种体验所创造的价值将超越企业产品或服务价值本身。适合实施客户体验管理的行业主要有电信运营、金融保险、民航、连锁经营（卖场、中高端餐饮、娱乐）、汽车、网上商城等服务型行业。2018 年，京东在集团层面新成立了"客户卓越体验部"，以消费者体验为唯一依据和评判标准，建立了企业客户体验长效机制。

2. 客户体验管理的框架

企业从产品的开发设计到服务流程的制定、从客户接触点的布置到服务的提供，从广告传播到客户参与，都蕴含了提升客户体验的思想。客户体验管理不仅体现了"以客户为中心"的管理理念，还体现了"以客户为中心"的品牌设计理念和品牌服务理念。在客户体验管理实际操作中，企业要从战略高度形成客户体验管理的系统框架，以客户生命周期理论为基础，以吸引客户、发展客户和保留客户的客户体验管理为核心，形成企业客户体验管理的框架，见图7.3。

三、客户体验设计

客户体验设计是以客户需求为目标进行的体验设计活动。客户体验设计包括分析客户的体验世界、建立客户体验平台、设计以品牌为核心的体验内容、建立客户接触点及不断创新等步骤。

（一）分析客户的体验世界

客户的体验世界包括客户体验需求、生活方式以及影响客户体验的方式。

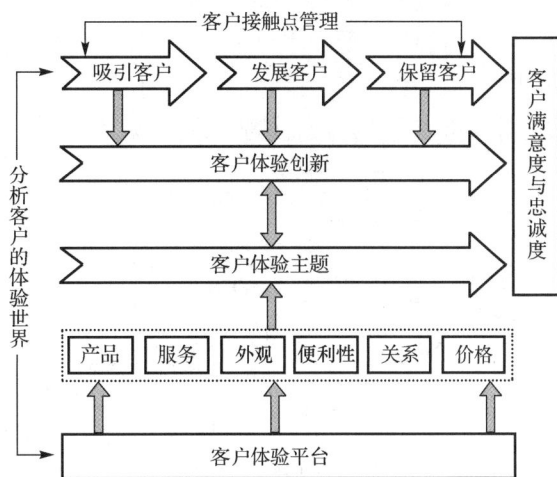

图7.3　客户体验管理的框架

1. 确定客户体验需求

不同客户群体有不同的体验需求，企业需要充分了解不同类别客户的内在需求。同时，还要利用满意度及忠诚度等指标识别这些客户体验需求的变化，关注他们体验需求的深度和广度。例如，初次来景点旅游的游客的期望与多次来景点旅游的游客的期望存在很大不同。

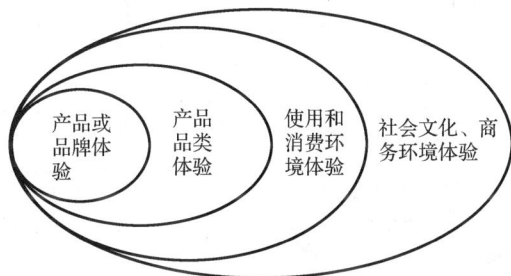

图7.4　客户体验世界的层次

2. 满足客户生活方式

客户体验世界可以分为产品或品牌体验、产品品类体验、使用和消费环境体验以及社会文化、商务环境体验等层次，这些不同的体验层次可以反映客户的生活方式，见图7.4。

以剃须刀为例，产品或品牌体验表现为剃须刀看起来怎样，使用的手感怎样，给用户带来的价值如何等；产品品类体验表现为产品的技术优势及创新，如刀片由两片改成三片且可以水洗等；使用和消费环境体验表现为早晨起床后，客户可以快速、安全、彻底地剔除胡须，而不会占用其过多的时间；社会文化、商务环境体验表现为用户使用该产品可以融入职业生活场景。

3. 确定适应接触点的体验方式

从客户认识产品或服务的需求开始，经过信息收集、信息过滤、信息选择，到最后购买产品为止，每个阶段都提供了与客户接触的机会。企业应在每个客户接触点上了解客户体验的需求并能对这种体验需求进行具体描述，以确定适应接触点的客户体验方式。

（二）建立客户体验平台

客户体验平台是客户与企业互动的媒介。客户体验平台的选择与建立要考虑客户体验的定位、体验价值的承诺等要素。客户体验平台可以加强企业与客户的沟通，促进企业产品或服务的创新。体验平台为企业的品牌、产品提供了与客户进行有效沟通的渠道。例如，中国移动5G

无线通信体验平台让无线通信的体验更加人性化，为用户提供更加便捷、高效的通信网络。

客户体验平台源于客户的体验世界，是抓住客户消费心理、提供企业内部与外部沟通与协调的渠道。体验平台是联系企业定位、品牌与产品的纽带。客户体验平台策略包括体验定位、体验价值承诺及展现体验主题，见图 7.5。

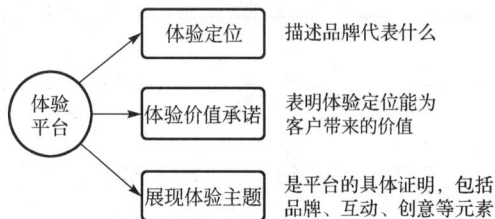

图 7.5　客户体验平台策略

（1）体验定位。体验定位描述品牌代表的含义，它与传统的营销定位概念略有不同。体验定位以有洞察力的、有用的、多感官的内容代替了模糊的定位。体验定位应以企业形象为导向，定位应切实、具体。

（2）体验价值承诺。体验价值承诺表明体验定位能为客户带来什么价值。价值的陈述是任何客户关系管理战略的核心部分。例如，三一重工泵送事业部发布的"一生无忧"服务承诺打造了全新客户价值体验。

（3）展现体验主题。体验主题只有通过各类活动有效展现才能为公众所熟知。例如，红牛（RedBull）饮料的体验定位是"瓶里的能量"，体验价值承诺是"巩固心脏，促进新陈代谢，战胜疲劳"，公司通过红牛音乐会等各种有趣的社会活动来展现体验主题，为目标客户群所熟知。

（三）设计以品牌为核心的体验内容

品牌体验是客户对品牌的某些经历和感受。品牌体验的内涵要远远超出品牌旗下的产品和服务，它包含客户和品牌之间的每一次互动——从最初的认识，到选择、购买、使用，再到重复购买。品牌体验的核心包括产品体验、服务体验、价格体验、外观体验、便利性体验及关系体验等方面，见图 7.6。

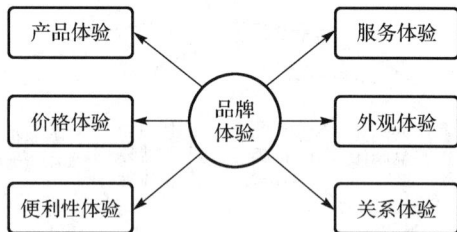

图 7.6　品牌体验

1. 产品体验

客户体验的重要内容之一是产品体验。这里的产品是指企业提供给客户的具有一定效用的有形实物。产品包括单纯的硬件产品（如个人计算机等）、硬件产品及其配套的相关服务（如空调及其售后服务等）。

2. 服务体验

服务是一种特殊的无形产品，它的提供涉及四种情形：①在为客户提供的有形产品上完成的服务活动，如 4S 店的汽车维修服务等；②在为客户提供的无形产品上完成的服务活动，如为客户提供纳税申报所需的表格等；③为客户提供的单纯无形产品，如建筑设计图纸等；④为客户创造的各类环境氛围，如宾馆和饭店的整体环境等。

3. 价格体验

在客户体验中，价格也是一个需要考虑的因素。由于客户需求多元化，企业应以客户需求为导向，为不同需求的客户制定不同的价格。例如，南航官网团购频道曾推出头等舱体验券，仅需 200 元即可购得一张头等舱体验券，客户预约成功后可从经济舱升级至头等舱，享受南航头等舱的一系列升级服务。

4. 外观体验

产品设计是工业设计的核心内容。随着需求个性化的进一步发展，客户对产品的需求已不再局限于内部结构设计，还包括产品外观设计。因此，产品内部结构的设计也要尽量满足产品外观的需要，使产品外观与内部结构完美结合，以提升客户的外观体验。例如，2020年9月索尼公司发布了微单相机A7C，其外观设计与此前A7系列产品大相径庭，该相机可以说是索尼最小的全画幅微单相机，外观设计更加符合微单相机的"小巧、轻便"的核心特征。

5. 便利性体验

便利是客户与企业交互的便捷程度，主要体现为客户参与交互的显性及隐性成本，如时间成本、人力成本及其他机会成本。便利性体现为客户购买的前、中、后过程的省时、省力。例如，现在一些厂商推出的可换墨盒无线型激光打印机，无论在连接计算机还是更换墨盒方面都极大方便了用户使用。

6. 关系体验

客户关系是企业对客户长期地、有意识地施加影响而形成的合作关系。关系体验是强化客户与企业关系的一项重要手段。企业可以通过打电话、发短信、发电子邮件、邮寄信件/明信片、邮寄礼品、举办客户联谊活动、开办VIP俱乐部、对长期客户给予特殊优惠等方式与客户保持互动，以维系企业与客户的良好关系。例如，现在的一些银行理财经理会与客户互加微信，为客户提供一对一的理财咨询服务。

案例 7.4

苹果 CarPlay

CarPlay是苹果公司将用户的iOS设备、iOS使用体验与车机系统结合的解决方案。用户可以通过CarPlay功能将iOS系统的部分功能"投屏"到车机系统中。如果用户车辆支持CarPlay功能，那么在连接苹果手机等设备后，就可以使用汽车内置显示屏和控制键，实现拨打电话、听音乐、收发信息、使用导航等更多功能。CarPlay系统界面与苹果手机相似，用户几乎没有学习成本。CarPlay的流畅性远远优于车机系统。CarPlay采用自然语音识别准确率很高的Siri语音识别系统，同时，CarPlay还能联网实时更新，时效性更强。

讨论：通过互联网了解CarPlay与百度CarLife、华为鸿蒙车机系统的用户体验差异。

（四）建立客户接触点

客户接触点是指客户与企业联系的各种形式，见图7.7，如店内面对面接触、销售代表到客户办公室拜访、银行ATM机、网上交易等。客户接触点是企业品牌价值传递的渠道，建立客户接触点是有效管理客户的手段。在售前、售中、售后建立客户接触点可以提高企业对客户体验的把控能力，形成良好的口碑，同时可以降低企业

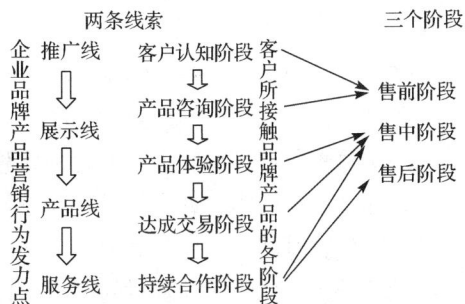

图 7.7 客户接触点

的经营风险。

随着技术的发展和竞争的加剧，企业与客户的接触点越来越多，从最初的面对面接触到现在通过专业网站、电子邮件、微信、抖音等方式接触，极大地方便了企业与客户的联系，但也给客户接触点的管理与整合带来了一定的难度。企业在众多的接触点中选择最优的组合，成为企业增强客户体验效果、获取竞争优势的一个重要手段。

（五）创新体验模式

很多企业的客户体验活动都会随着时间的变化而出现体验效果逐渐减弱的现象，原本增值的体验服务也逐渐大众化。例如，最早的乘飞机旅行是少数人的项目，如今乘飞机旅行已逐渐大众化。另外，即使体验模式没有被模仿，消费者心中对同一模式也会逐渐产生疲劳感。例如，海底捞在消费者等位时提供了无限量小吃、饮料等服务，消费者第一次觉得很棒，第二次、第三次觉得还不错，随着到店次数的增多，消费者就会对这种服务习以为常。为此，海底捞在经营过程中不断推陈出新，例如将美甲、擦皮鞋、按摩等服务逐渐丰富到等位服务中。企业可充分应用行为心理学知识，不断创新客户体验模式，提高客户体验的满意度。

四、客户体验活动方案

客户体验活动方案是企业为开展客户体验活动而预先制订的书面计划。客户体验方案主要包含标题、目录、正文及附录等内容。

1. 标题

标题要在活动方案的封面体现出来。标题应一目了然，至少包括企业产品或品牌名称、开展体验活动的时间及地点，如"××产品202×年上海地区客户体验活动方案"等。

2. 目录

当体验活动方案的字数较多时，为了方便查看相关内容，可以设置目录；而当字数较少时，可以省略目录。

3. 正文

正文是客户体验活动方案的核心。

客户体验活动方案的正文一般包括：活动背景；体验目的；体验主题；体验时间、地点、对象及活动传播方式；体验活动设计；体验平台；活动流程；资源保障。

（1）活动背景。活动背景的内容要交代客户体验活动开展的环境、条件、原因以及意义等。

（2）体验目的。体验目的是开展体验活动要达到的目标，陈述活动目的要具体、简洁明了，如"通过客户体验展现新产品的卓越性，吸引新客户，培养客户的品牌忠诚度"。

（3）体验主题。体验主题是客户体验方案所要表现的中心思想，也就是体验活动的核心思想，如"潮流引领、魅力无线""感恩七周年，答谢在春天"。

（4）体验时间、地点、对象及活动传播方式。明确体验活动开始和结束的时间、开展体验活动的场所、体验活动针对的客户群体以及让相关客户群体知悉活动的营销传播方式。

（5）体验活动设计。体验活动设计是客户体验活动方案的重点。策划、设计的客户体验

活动要新颖、具体、可行，能让客户愿意参与，能向目标客户有效传递活动主题，能实现开展客户体验活动的目标。

（6）体验平台。体验平台是企业与客户沟通的桥梁，是客户了解企业产品、服务、品牌的媒介。它可以是提供线下产品或服务的体验平台，也可以是提供线上虚拟产品或服务的体验平台。

（7）活动流程。活动流程是对客户体验活动方案中具体项目及内容的时间安排，是客户体验活动的实施步骤。活动流程应包括各体验项目开展的具体时间、项目实施细节、项目负责人以及需要注意的事项等内容。

（8）资源保障。资源保障应包含现场物料配置及活动预算费用。例如，布置场地所需物料有新产品展示机、音响与话筒设备、气球拱门、条幅……预计总费用为 48 000 元。

4. 附录

开展客户体验活动需要的其他文字或图表材料可以以附录的形式列在方案的最后，以备查阅。

第三节 客 户 关 怀

客户关系管理思想涵盖了从产品设计到包装、交付和服务等企业经营的各个方面，客户关系管理思想也体现在客户关怀方面。

一、客户关怀概述

客户关怀，即对客户的关心与爱护，它是一种高层次的客户沟通形式。

1. 客户关怀理念的提出与发展

客户关怀（customer care）理念最早由克拉特巴克提出，他认为客户关怀是服务质量标准化的一种基本方式，从产品或服务设计到包装、交付和服务，涵盖了企业经营的各个方面。在以客户为中心的商业模式中，客户关怀成为企业经营理念的重要组成部分，已演变成客户关系管理的重要思想，是客户关系管理系统的重要内容之一。客户关怀可使企业与客户建立起亲密的情感关系，让客户对企业产生"归属感"和"责任感"。

2. 客户关怀的内容

客户关怀贯穿了售前、售中到售后的客户服务的全过程，也贯穿了市场营销的所有环节。

（1）售前客户关怀。售前客户关怀主要是企业通过向客户进行宣传，增强客户对产品了解的过程。其主要形式包括展示会、广告宣传和知识讲座等。售前客户关怀的好坏直接关系到企业能否争取到客户资源。

（2）售中客户关怀。售中客户关怀与企业提供的产品或服务联系在一起，产品订单的处理以及各种有关的细节都要与客户的期望相吻合。售中客户关怀可以为客户提供各种便利，如良好的洽谈环境、简化的交易手续等。售中客户关怀体现为过程性，在客户购买产品的过程中，让其在轻松的气氛中享受优质的服务。

（3）售后客户关怀。提供优质、全面、周到的售后服务不仅是客户关心的内容，而且也是企业争夺客户资源的重要手段。售后客户关怀集中体现在能否高效地跟进和圆满完成产品的维修等相关服务上，其目的是促使客户产生重复购买行为。

二、客户关怀手段

客户关怀的手段主要有以下几种。

（1）俱乐部活动。企业通过办理会员卡的形式建立会员俱乐部，方便管理会员的信息、积分、兑奖等，有利于拉近客户关系、促进销售。积分是商家评估客户价值的重要依据，根据积分对客户进行奖励，或者让高额积分的客户享受更优惠的价格，可以有效增强客户的黏性，同时刺激客户的消费积极性。

（2）转介绍活动。企业可以让老客户为企业介绍新客户，以此来达到扩大企业销售规模的目的。

（3）市场活动。企业可以定期举办市场活动，对企业品牌、产品、服务、政策等进行宣传，扩大企业品牌、产品及服务的市场效应。

（4）老客户优惠活动。为了使新客户成为回头客，企业可以选择在一些有特殊意义的日子，如元旦、春节、劳动节、母亲节、儿童节、教师节、重阳节以及企业周年庆典等有象征性意义的日子，针对老客户推出返利优惠活动。

（5）亲情服务。特别的纪念日对每个人来说都是特殊的，如果商家能够抓住时机在客户生日或在重要的节假日向客户寄送本企业的贺卡、小礼品或送上祝福短信等，无疑会加深客户对该商家的印象，客户自然会对其更加忠诚。

（6）个性化服务。为客户提供个性化服务，如开通服务热线、提供技术支持、开展客户需求研讨、进行客户需求评估等。

（7）公关活动。成功的企业离不开公关活动。公关活动是市场营销活动中的一项重要内容，也是客户关怀的重要手段。公关活动可以提升企业形象，提高企业知名度和产品知名度，从而促进产品的销售。例如，食品企业开展的关爱健康有奖智力竞赛活动，对提升企业形象，提高品牌美誉度会起到重要的作用。

案例 7.5

某汽车 4S 店的客户关怀活动方案

1. 建立大客户单位用车与 VIP 个人用车的关怀内容

（1）建立主动电话预约制度，做好销售接待工作。

（2）使用标准、专业的 VIP 接待用语与接待场所。

（3）成功转介绍客户，双方均免费获赠常规保养一次；金卡客户推荐成功，加送价值 100元的代金券。

（4）建立大客户单位用车与 VIP 个人用车的维修积分制，年终进行积分兑换。

（5）预约保养客户，整体消费满 100 元送 20 元工时券。

2. 定期开设车主讲堂

（1）在天气较好的周末，每月举办两次车主讲堂。

（2）制作讲堂测评表，让车主提出宝贵意见与急需解决的问题，客服要在48小时内解答每位车主的问题。

（3）讲堂以车主互动、交流、操作演练为主。

（4）将车主讲堂的课件上传至QQ群和微信群，分享给其他车主。

3. 线上服务

（1）鼓励车主在车主论坛发帖，对发布精华帖的车主给予价值200元的礼品，并给予转载媒体奖励。

（2）举办车友年终庆典联欢会，评选最佳在线车主、最佳发帖车主、最佳动感车主等奖项。

（3）提供在线4S服务，建立网上展厅。

4. 上门服务

（1）针对批量购买的单位或小区，提前进行宣传，开展定点上门预检服务。

（2）对购买力强的机关单位、大型企业等的工会进行走访，签订员工用车、单位用车的车辆销售与车辆维修保养协议。

5. 温馨提示

（1）在所有新车、保养维修车辆的副驾驶遮阳板上粘贴"××温馨提示"。

（2）销售顾问交车后必须完成24小时、72小时内的两次电话回访工作，将车主的反馈意见上报客服部，客服部将录入车主新车使用信息并保存。

（3）客服部必须在一周内完成对售前、售后客户的回访，及时向车主传达最新的4S店促销信息、车主活动信息等。

讨论：企业开展客户关怀活动，其具体活动内容应如何设定？

三、客户关怀活动方案

客户关怀活动方案是对未来客户关怀工作的总体规划。客户关怀活动方案的正文包括：客户关怀背景，客户关怀目的，客户关怀主题，客户关怀的时间、地点、对象及传播方式，客户关怀活动设计，客户关怀活动流程和资源保障等内容。企业通过制定客户关怀活动方案，可以与客户深入沟通，倾听客户意见，关注客户需求，解决客户难题，实现客户关系的长期发展。

（1）客户关怀背景。该部分内容要写开展客户关怀活动的环境、条件、原因以及意义等。

（2）客户关怀目的。陈述开展客户关怀活动要达到的目的，活动目的要简洁明了。

（3）客户关怀主题。该部分内容是客户关怀活动所要表现的中心思想。

（4）客户关怀的时间、地点、对象及传播方式。明确客户关怀活动开始及结束的时间、开展客户关怀活动的场所、客户关怀活动针对的客户群体，以及让相关客户群体知悉客户关怀活动的营销传播方式。

（5）客户关怀活动设计。客户关怀活动设计是客户关怀活动方案的重点。设计的客户关怀活动要具体、可行，能给客户带来实际益处，能实现客户关怀活动方案的目标。

（6）客户关怀活动流程。客户关怀活动流程是实施客户关怀活动

视野拓展

客户关怀活动方案实例

方案的具体时间安排，是客户关怀活动开展的步骤。客户关怀活动流程应包含客户关怀项目开展的具体时间、细节、负责人以及需要注意的事项等内容。

（7）资源保障。开展客户关怀活动，需要有一定的资源来保障，如现场物料配置及活动预算费用等。

实训项目　客户沟通管理

【实训目的】

1. 熟悉跟进管理、任务管理操作；

2. 利用跟进管理来安排客户沟通活动，利用任务管理来安排客户体验及客户关怀活动。

视频指导
呼叫中心功能

【实训准备】

1. 跟进管理

跟进是业务跟单活动，跟进管理可以安排与客户业务密切相关的沟通活动。由于客户与联系人是关联的，跟进管理可以通过客户或联系人栏进行创建。

2. 任务管理

任务管理是一种有严格时间要求的事务安排，可用于客户体验或客户沟通等活动安排。

【实训内容】

1. 客户沟通活动——跟进管理

客户沟通活动管理需要建立客户联系人信息。在联系人信息的基础上，企业通过跟进管理方式对日常沟通任务进行安排。它以待办任务方式体现，在客户沟通活动中，为客户提供报价也是一项基本内容。

2. 客户体验/客户关怀活动——任务管理

客户体验/客户关怀活动可以通过任务管理来安排。客户体验/客户关怀活动是一种有时间要求的事件安排，在使用中要设置开始及结束时间。

【实训方法与步骤】

1. 登录悟空 CRM 系统 SAAS 平台版

进入悟空 CRM 系统 SAAS 平台版用户管理界面。在左侧管理栏选择【客户】或【联系人】，界面显示【客户】或【联系人】列表，见图 7.8。

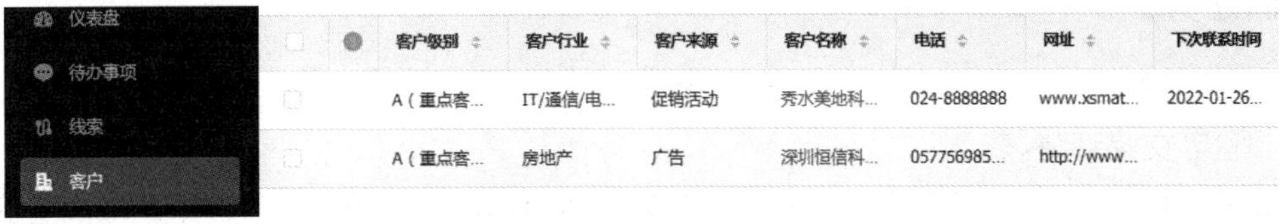

图 7.8 【客户】列表

2. 新建客户沟通活动

在【客户】或【联系人】列表中，选取一个客户或联系人，点击【写跟进】，填写并创建一条客户沟通活动安排，填写完成后点击【发布】，见图 7.9。

图 7.9 新建客户沟通活动

3. 新建客户体验/客户关怀活动

在【客户】或【联系人】列表中，选取一个客户或联系人，点击【创建任务】，填写并创建一条客户体验或客户沟通活动安排。在文本框填写任务名称，如这里填写"客户关怀活动"，见图 7.10，设置任务创建日期。点击右下角 ⊖ 图标，详细设置活动，见图 7.11，填写完成后点击【发布】。

图 7.10 填写"客户关怀活动"

图 7.11 详细设置活动

【实训任务】

1. 针对系统中某一潜在客户，新建一条业务沟通活动，内容围绕客户需求、方案制订、产品报价等交易环节。

2. 针对系统中某一潜在客户，新建一条客户体验活动，邀请客户参加新产品品鉴会。

3. 针对系统中某一现实客户，新建一条客户关怀活动，对客户进行生日问候。

【实训讨论】

1. 客户沟通活动包括哪些具体内容？

2. 客户体验与客户关怀针对的是客户还是联系人？

本章小结

本章主要介绍了客户沟通的概念、客户沟通途径及客户沟通策略；客户体验的概念、客户体验管理、客户体验设计、客户体验活动方案；客户关怀的概念及手段、客户关怀活动方案等。

思考与练习

一、单项选择题

1. 客户沟通内容主要包括信息沟通、（   ）、理念沟通、意见沟通，有时还有政策沟通。

    A. 语言沟通   B. 人员沟通   C. 价格沟通   D. 情感沟通

2. 客户体验的模式包括客户感官体验、客户情感体验、客户思考体验、客户行为体验及（   ）。

    A. 客户接触体验   B. 客户亲自体验 C. 客户被动体验   D. 客户关联体验

3. HEART 模型是以用户为中心的体验度量模型，也是一个构建完善的用户体验度量模型。该模型涵盖了用户（   ）等主客观数据以及可用性指标。

    A. 忠诚度、参与度、接受度、投诉率、任务完成率

    B. 满意度、参与度、接受度、留存率、转化率

    C. 愉悦度、参与度、满意度、转化率、任务完成率

    D. 愉悦度、参与度、接受度、留存率、任务完成率

4. 客户体验管理认为，客户更高的追求是（   ），而不仅仅满足于产品或服务本身的价值。

    A. 心理的满足和精神的享受   B. 心理的满足和感官的享受

    C. 生理的满足和精神的享受   D. 心理的满足和服务的享受

5. 客户体验管理的内容包括产品、服务、关系、便利性、（   ）和价格。

    A. 品牌   B. 技术   C. 生产   D. 外观

6. 客户的体验世界包括客户的体验需求、（   ）以及影响客户体验的方式。

A. 生活习惯　　　B. 家庭环境　　　C. 生活方式　　　D. 生活阅历

7. 客户体验平台是客户与企业互动的媒介，客户体验平台的选择与建立要考虑客户体验的定位、（　　）等要素。

　　A. 企业资源投入　　　　　　　　B. 体验价值的承诺

　　C. 客户资源的投入　　　　　　　D. 体验价值的管理

8. 客户关怀，即对客户的（　　），它是一种高层次的客户沟通形式。

　　A. 帮助与支持　　　B. 关心与爱护　　　C. 关心与支持　　　D. 支持与爱护

9. 客户关怀可使企业与客户建立起亲密的情感关系，让客户对企业产生（　　）及对于企业价值和目标的共同使命感。

　　A. "归属感"和"使命感"　　　　B. "归属感"和"自豪感"

　　C. "归属感"和"责任感"　　　　D. "使命感"和"责任感"

10. 企业通过制定（　　），可以与客户进行深入沟通，倾听客户意见，关注客户需求，解决客户难题，实现客户关系的长期发展。

　　A. 客户关怀主题　　　　　　　　B. 客户关怀活动

　　C. 客户关怀方案　　　　　　　　D. 客户关怀流程

二、名词解释

客户体验　　　客户体验管理　　　客户接触点　　　客户关怀

三、简答题

1. 简述客户沟通途径及策略。
2. 客户体验有哪些作用？
3. 客户体验有哪些模式？
4. 简述客户体验度量的 HEART 模型。
5. 简述客户体验管理的步骤。
6. 客户关怀有哪些手段？

四、绘图题

绘制客户体验管理活动框架图。

五、实务题

1. 撰写一份客户体验活动方案。

以组为单位，为华为旗舰手机撰写一份客户体验活动方案。

要求：①按要求格式撰写；②体验主题要鲜明，且具有时代感；③体验活动要求综合运用多种体验形式；④字数不少于 2 000 字。

2. 撰写一份客户关怀计划。

刘先生最近接到汽车 4S 店的短信通知，其内容是在端午节 4S 店要组织一次包粽子的客户联谊活动，邀请他届时参加。刘先生心想，每年端午节都是买粽子吃，自己还真没动手包过粽子，正好放假，为什么不带家人一块去呢？于是，刘先生给 4S 店打了个电话，一问才知道原来 4S 店不仅会请专业师傅讲解如何包粽子，客户还可以自己动手学习包粽子，4S 店还安排了文艺演出和有奖游戏活动。另外，4S 店还把街头巷尾的各种特色小吃摆在 4S 店里，供客户免费品尝。活动举办当天，一些服务项目届时会打折销售，客户还能认识一些同城同车型的车友，甚至还能拿到奖品。对于 4S 店而言，为了有效地开展客户关怀活动，需要明确客户关怀活动的主题，组织有吸引力的活动，让客户踊跃参与，并让客户在参与的过程中感到开心和满意。这些都需要 4S 店对客户关怀活动进行整体策划。

以组为单位，为该 4S 店撰写一份客户关怀计划。

要求：①按要求格式撰写；②客户关怀主题要鲜明；③客户关怀活动要有吸引力；④字数不少于 2 000 字。

第八章 销售过程管理

【理论框架】

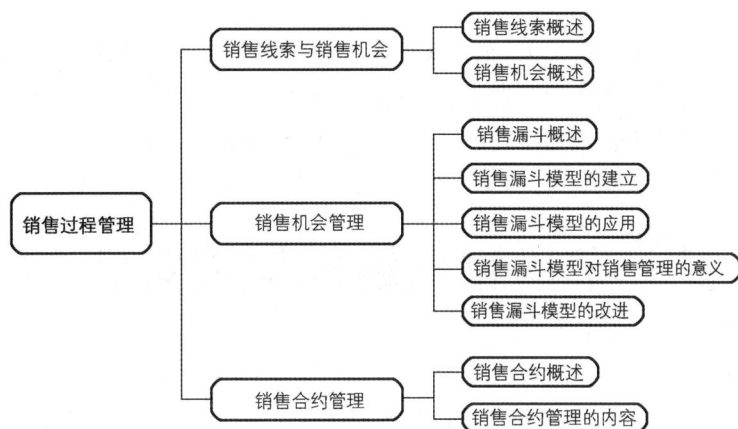

【知识与技能目标】

【知识目标】

1. 了解销售线索与销售机会的含义、销售合约管理的内容;

2. 理解销售机会阶段划分、销售漏斗模型及其应用、合同与订单的区别;

3. 掌握销售漏斗查看及分析方法。

【技能目标】

1. 熟悉销售线索、销售机会、销售漏斗模型及合同/订单管理的内容;

2. 掌握销售线索、销售机会、销售漏斗模型及合同/订单管理的基本操作。

【案例导入】

浙江某新能源发展公司的销售机会管理

浙江某新能源发展公司是一家民营高新技术企业,主要从事节能、环保型工业锅炉产品的研发、生产与销售,其产品被广泛用于宾馆、写字楼、商场的采暖和热水系统,公司拥有六项国家实用新型专利和一项发明专利。公司销售人员主要通过拜访项目的开发商或业主、建筑设计院,以提供安装、售后服务等完整技术解决方案来获得客户的采购订单,然后按订单生产。

公司在创业初期凭着技术优势在市场上几乎没有竞争对手,发展很快。公司刚成立时,公司创始人李董将研发、生产与销售一把抓，销售人员也不多。随着公司越做越大，其销售队伍也日益壮大，但销售额却没有同比增长，项目成功率甚至比过去降低了不少。李董最大的困惑还在于公司无法准确地掌握销售人员正在跟踪项目的动态、销售进度和异常情况。销售人员从开始接触项目起到六个月后项目结束，一直处于管理失控或半失控状态，按照李董的说法就是进入了"黑匣子"，销售是否成功完全取决于销售人员的职业操守和个人能力。最近，公司销售部一个300万元大单的丢失更使李董大为恼火，这是公司上下每个人都认为很有希望成功的项目，在招投标的最后一分钟被告知出局，中标的竟是李董之前从没有听销售人员提起过的苏南的一家企业。最让李董感到无法接受的是，除了仅知道这家企业价格有优势外，销售部竟

> 本案例整理自《以有效的销售流程管理，消除项目销售中的"黑匣子"现象》（陆和平）一文。

没有一个人能够明确地告诉他这个项目到底输在何处。

思考： 你认为应如何解决李董所说的项目销售"黑匣子"现象？

评析： 这是采用销售人员一对一的销售方式，以直销方式获得订单的企业普遍存在的问题。其实李董的公司目前需要做的就是根据客户采购流程建立一套有效的销售管理体系，为销售人员提供一个过程管理工具，避免李董所说的"黑匣子"问题。

第一节　销售线索与销售机会

销售过程管理是客户关系管理的重要环节。在销售过程中，销售人员要针对每一个线索、客户、商机、合同、订单等业务对象进行有效的管理，这样才能提高销售效率、缩短销售周期，提升销售业绩。

一、销售线索概述

在销售过程中，销售人员必须及时追踪随时出现的各种销售线索。

（一）销售线索的含义

销售线索是没有经过验证的、有待核实的销售信息。不管是 B2B 企业，还是 B2C 企业，销售线索都是能够创造交易机会的信息片段，所有相关信息片段构成的信息链，最终指向意向客户。销售线索为销售机会的发现提供了大量真假不一的信息，这些信息是企业发掘商机的基础信息，在商业信息管理中处于重要地位。任何成交背后都有一个完整的、由相关信息片段构成的信息链，能够体现出客户整个购买过程。有了销售线索，才可能有销售机会，进而才可能有成交机会。没有足够多、高质量的销售线索，企业就很难获得商机。

销售线索在销售管理体系中处于获取客户机会的最前端，一般由举办市场活动、网络信息、电话咨询、消费者访谈等多种方式获取。此后，销售人员持续跟进，在销售线索中寻求销售机会，销售机会成熟后，将其列入销售漏斗模型中进行管理。

（二）获取销售线索的途径

1. 传统营销途径——推播营销

推播营销（outbound marketing）属于传统营销传播模式，它是企业利用传统的宣传方式

主动地去拓展客户，其常见方式有广告牌、电视广告、杂志广告、报纸广告、电台广告、电话营销、邮件营销等。推播营销最典型的特征就是传播信息。

2. 现代营销途径——集客营销

集客营销（inbound marketing）是企业通过数字营销传播媒体而非传统广告方式去吸引客户关注的营销传播模式，它是一种让客户自己主动上门的营销策略。在集客营销模式下，客户主动通过各种数字传播媒介，如网站、微博、微信、抖音等社交媒体及传播媒介找到企业。集客营销最重要的理念是让客户主动搜索并关注企业的产品、服务或品牌。

对比 B2C 企业和 B2B 企业，B2C 企业在集客营销方面投入的占比在一定程度上高于 B2B 企业。主要原因在于它们的业务对象不同：B2C 企业面对的是个人，决策周期短，决策流程相对简单；B2B 企业的客户为企业，决策周期相对较长，决策流程相对复杂，在大多数环节上，需要业务人员跟进。

集客营销成功的关键在于为客户创造价值。企业借助社交网络、搜索引擎等让客户看到企业所能提供的价值；用各种分析工具来调整网络资源，不断提高客户满意度。随着现代市场营销越来越趋于网络化、数据化、碎片化，网络搜索已成为人们获取信息最主要的方式。集客营销已成为企业营销传播越来越重要的一种形式。

二、销售机会概述

为了实现企业销售目标，销售人员需要制定销售策略。制定销售策略中的一个环节就是确定销售机会。销售机会多种多样，可以根据不同的标准，对销售机会进行划分。

（一）销售机会的含义

销售机会是在企业销售过程中，由于环境发生变化，给销售人员提供的达到其销售目的的可能。在销售过程中，销售人员需要充分把握随时出现的各种销售机会。

销售机会是已经验证了的销售线索，值得进行销售跟踪的商业机会。销售机会存在于从市场获取客户线索到协商价格、签订合同、完成订单、收取货款等全过程。销售线索向销售机会的转换需要评估和筛选过程。

从销售管理的角度来看，销售线索和销售机会都属于售前管理。销售线索往往是没有经过验证的、有待核实的销售消息，销售机会一般是经过核实、确认的销售线索。销售线索一旦进入销售跟踪，即转为销售机会。完整的销售过程是"销售线索→销售机会→合同/订单"。

案例 8.1

客户需求与企业销售机会

张先生以前是一家大公司的销售代表，他的太太就职于另外一家大型公司，他们在五年前买了一辆经济型轿车。张先生工作繁忙，没有时间学车，这辆车一直由太太驾驶。一年前，他离职创业，开了一家印刷公司。由于经常需要与客户应酬，张先生考取了驾照，开始自己开车。在客户搭车的时候，张先生明显感觉到这辆车有损公司的形象，因此，他希望换一辆车。他和太太商量后，决定购买一辆既能家用又能商用的中高档轿车。周末，他与太太去了多个品牌的汽车 4S 店，最后决定在 A 品牌和 B 品牌中选择。

半年前，两人去过 A 品牌和 B 品牌的 4S 店。张先生很喜欢 A 品牌甲款车，太太喜欢 B 品牌乙款车。由于担心近期汽车降价，两人决定持币观望。终于，听说 A 品牌将于七月做促销，可以得到额外的优惠，两人便去 4S 店进行咨询。两人获知，除了正常折扣外，客户还可以额外得到大约 1 万元的优惠。两人去其他 A 品牌 4S 店对价格、折扣和服务等进行了比较，最终选择了距离自己家和公司较近的 4S 店。在 4S 店销售顾问的安排下，两人进行了试驾。之后，他们与销售代表进行谈判，确认了价格和赠送的配饰。

每一家汽车 4S 店都有很多与之类似的销售机会，所有的订单都是从这些销售机会中产生的。

讨论：汽车销售可以划分为几个销售阶段？4S 店应如何管理不同销售阶段的销售机会？

（二）销售机会的特征

销售机会一般具有以下一些特征。

（1）客观性。销售机会的出现是不以销售人员的主观意志为转移的。销售机会随客观环境的变化而变化，机会大小由客观环境变化的内容、程度、范围和性质等因素决定。销售人员应注意观察，并及时采取有效措施来认识机会、把握机会并利用机会。

（2）平等性。同一领域的销售人员所面临的市场竞争环境基本相同。客观环境的变化给每个销售人员带来的机会也基本一致。把握销售机会、创造销售佳绩完全依赖于销售人员自身的观察能力、分析能力、应变能力和创造能力。

（3）创造性。销售人员不应消极适应环境变化，而是要充分发挥自己的主观能动性，积极采取各种措施创造有利于自己的销售机会。

（4）时空性。销售环境的变化会带来销售机会，但这种销售机会不会无限期地持续下去，而是有一定的时间限制。错过了时间，也就错过了机会。销售机会在地域上也不是可以无限延伸的，具有一定的空间限制，离开了特定的空间范围，销售机会就不复存在。

（三）销售机会的种类

销售机会多种多样，根据不同的标准，销售机会可以被划分为不同的种类。

1. 从发生概率来划分

销售机会可分为偶然性销售机会和必然性销售机会。

偶然性销售机会，是预料之外的一种销售机会。这种销售机会难以捕捉，要抓住它，对销售人员的观察能力和应变能力要求比较高。

必然性销售机会，是销售人员通过对环境因素的分析和研究，在一定的时间和空间内预测到的一种销售机会，如春节前的购物热潮就是可以预测到的一种必然性销售机会。

2. 从影响范围来划分

销售机会可分为战略性销售机会和战术性销售机会。

战略性销售机会，是从长远、整体和全局影响产品销售的一种市场机会。若能捕捉到这种机会，将对企业长远的、全局的发展产生深远的影响。

战术性销售机会，是在短时期、局部范围内影响产品销售的市场机会。

3. 从表现方式来划分

销售机会可分为隐性销售机会和显性销售机会。

隐性销售机会表现不明显，需要销售人员深入分析、挖掘才会发现。这种销售机会具有很强的隐蔽性，对销售人员各方面的素质和能力要求比较高。

显性销售机会表现比较明显，是易于被察觉、易于被发现的一种销售机会。

（四）销售机会的识别与确定

并不是每一个销售线索都能成为销售机会。销售人员可以按照以下步骤来识别和确定销售机会。

（1）详细了解潜在客户。销售人员应尽可能收集潜在客户的详细信息，比如 B2B 客户有资金规模、行业、区域等特征，通过比对这些特征，快速判断与其成交的可能性。

（2）分析与潜在客户的沟通内容。潜在客户如何与销售人员互动？是否认可销售人员的第一次口头报价？他们的购买需求是否强烈？销售人员通过回答上述问题，大体可以判断其是否能被转化为销售机会。

（3）了解潜在客户的需求和预算。销售人员需要考虑潜在客户的总体预算和购买历史，他们是否曾经选择过类似产品，预算和报价是否相差不大？如果销售人员足够了解其潜在客户，他就有可能获得销售机会。

第二节　销售机会管理

一、销售漏斗概述

销售机会管理又称销售漏斗管理、商机管理，它是销售人员从获取客户线索到形成商机、协商价格、签订合同、完成订单、收取货款等全过程的管理。销售机会管理是客户关系管理系统中的核心模块，适用于具有较长售前跟踪周期或较大签约金额的订单销售。

案例 8.2

IBM 的销售机会管理

1996 年，IBM 在我国开始推行销售机会管理，形成了一套完整的体系，并且依赖这个体系来驱动销售目标的实现。每周一，销售人员将销售报表交给直接销售主管，并在部门会议中逐一分析重要的销售机会，确定行动计划；每周二，销售主管汇总所有的销售机会，向二线主管汇报，并讨论确定销售计划；每周三，二线主管向中国区主管汇报销售情况；每周四，中国区主管将汇总报表交给亚太区主管，并取得认可；每周五，全球报表就到了 IBM 全球总裁的桌面。IBM 就是这样由下到上进行销售机会管理的。

讨论：IBM 的销售机会管理包括哪些具体内容？

1. 销售漏斗模型的含义

"销售漏斗"是一个形象的比喻。销售漏斗模型是科学反映销售机会状态、销售进程及其效率的一个销售管理工具。在使用销售漏斗模型前，需要对销售阶段进行划分与定义，如初步接洽、确定需求、方案报价、谈判及签约等，形成一个销售漏斗模型，见图 8.1。销售漏

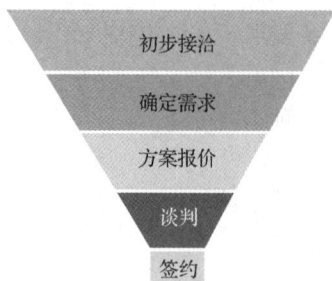

图 8.1　销售漏斗模型

斗模型涵盖了从发现销售机会到将销售机会转变成订单的全过程。在销售漏斗模型中，一些销售机会由于客户停止采购或者选择竞争对手的产品而被过滤掉，其他的销售机会则转化成订单。

销售漏斗模型的意义在于通过直观的图形方式显示企业客户资源从潜在客户阶段发展到意向客户阶段、商务谈判阶段和合同成交阶段的转化率。不同的产品在不同的销售环境中，其销售漏斗模型的内容、倾斜度和层级都会发生变化。

销售漏斗模型是一种科学有效的管理手段和方法，主要用来管理那些项目周期长、产品价值高、偶然性强的复杂项目，如保险、房地产、大型设备、工程等典型项目。

2．销售漏斗模型的作用

当销售信息进入销售系统后，销售系统可自动生成对应的销售进程图。企业通过对销售进程进行分析，可以了解销售机会动态的升迁状态，预测销售结果；通过对销售升迁周期、机会阶段转化率、机会升迁耗时等指标进行分析评估，可以准确评估销售人员和销售团队的销售能力，发现销售过程的障碍和瓶颈；同时，通过对销售进程分析可以及时发现销售机会的异常。销售漏斗模型是管理销售业务的工具，销售业务是通过销售人员去实施的，销售漏斗模型中的信息数据也是由销售人员录入的。因而，销售漏斗模型的应用主体首先是销售业务人员，其次才是企业管理人员。

3．销售漏斗模型的适用范围

销售漏斗模型侧重于对销售过程的记录、分析与管理，因此，销售漏斗模型并不适合所有的销售机会管理。销售漏斗模型一般适用于企业与企业间的 B2B 销售模式。B2B 销售模式具有三个特点。一是成交需要一定的时间周期而不会现场立即成交。例如，具有一定时间周期的项目型业务，采购流程复杂，采购工作具有明显的阶段性（项目调研—方案论证—审批—招标—采购）。二是销售过程不是由一个人完成决策的，销售人员需要跟不同角色的多人沟通。例如，某些技术性比较强、需要技术支持和对客户进行培训的项目，参与决策的部门或人员相对都比较多。三是销售金额相对较大的项目。例如，一些工业型产品或服务项目的金额相对都较大。正是因为 B2B 销售模式具有这三个特点，其销售过程需被拆分成比较细致的销售阶段来进行量化管理。

案例 8.3

销售漏斗模型在互联网产品中的应用

物质在相互转化时会产生损耗，互联网产品也是一样，再优秀的互联网产品也不可能达到 100% 的转化率。因此，销售漏斗模型也普遍适用于互联网产品。例如，用户从进入一家电商网站，到浏览商品，再到把商品放入购物车，到最后支付，每一个环节都有很多的用户流失。又如，某人的公众号有 5 000 个粉丝，他发了一篇中等水平的文章，没有进行任何推广，一天之内获得了大约 500 人次的阅读量；有 100 个左右的粉丝收藏了该文章，以便于以后学习；还有 10 个左右的粉丝给他打赏，最后粉丝打赏转化率为 0.2%。这也是销售漏斗模型应用的简单例子。

讨论：如何应用销售漏斗模型对 App 用户进行管理？

二、销售漏斗模型的建立

对于销售企业来说，其销售漏斗模型一般会涉及销售机会阶段划分、销售周期及阶段赢率三个要素。

（一）销售机会阶段划分

企业在运用销售漏斗进行销售管理时，首先要根据销售机会的推进流程，将销售机会划分为若干个阶段。因为不同企业具有不同的业务模式，其销售机会阶段的划分方式也各不相同。销售机会阶段划分为 3~7 个为宜，如赢得客户认可阶段、引导立项阶段、商务谈判阶段等；又如初期沟通阶段、立项评估阶段、方案制订阶段、商务谈判阶段、合同签订及售后服务阶段等。然后在此基础上定义每个阶段的具体工作任务，如在客户认可阶段的工作任务，可以包括提交方案、会见高层等。阶段划分过多可能会造成阶段界限不清晰的问题出现，不利于数据分析。

1. 按客户类型进行划分

按客户类型划分，销售机会阶段可以分为目标客户阶段、潜在客户阶段、意向客户阶段、立项客户阶段、认可客户阶段、谈判客户阶段及成交客户阶段，见图 8.2。

2. 按跟单关键动作进行划分

按跟单关键动作划分，销售机会阶段可以分为定位目标客户群、发掘客户潜在商机、确认客户意向、引导客户立项、赢得客户认可、进行商务谈判及成交等阶段，见图 8.3。

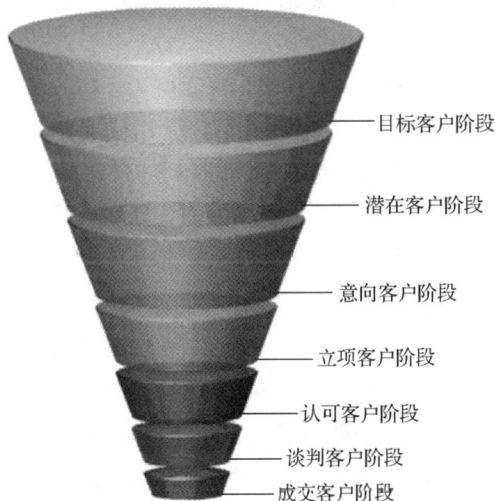

图 8.2 按客户类型划分销售机会阶段

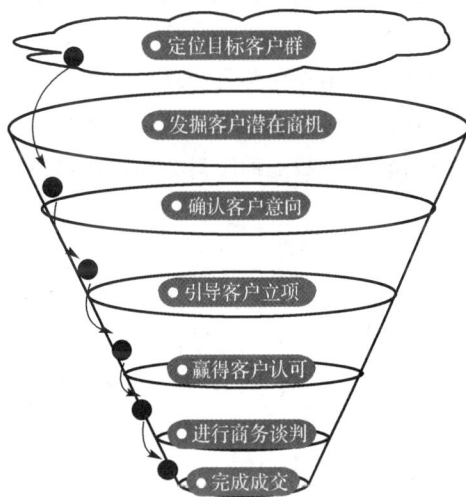

图 8.3 按跟单关键动作划分销售机会阶段

实践发现，客户在每个采购阶段都有其明显特征。销售管理人员可以把这些特征作为销售机会阶段的判断要素，从而了解客户采购所处的销售机会阶段。在销售机会阶段划分过程中，可以将每个销售机会阶段遇到的各种要素进行归纳和定义，形成一个销售机会阶段判断程序，这样有助于销售管理人员客观判断客户所处的销售机会阶段。在实际操作时，销售管理人员可以把每一销售机会阶段作为一个单元，在单元内再设定三到五个具有显著特征的判断要素；当单元内具有其中两个以上的要素时，可以定义销售活动进入了该单元所处的销售机会阶段。这种操作方式的优点是可以帮助销售管理人员快速判断销售活动所处的销售机会阶段。

~~~ 案例 8.4 ~~~

某医疗设备销售机构对客户销售机会阶段的划分

医疗设备销售的对象主要为各类医院。医疗设备在整个销售过程中，涉及的环节比较多，时间也漫长。某医疗设备销售机构根据客户特征、业务发展状况及销售环节等因素，将销售过程划分为六个阶段，具体阶段名称及工作如下。

第一阶段为确认需求阶段（赢率 10%）。这一阶段的工作是寻求销售线索，这些销售线索包括：医院新建大楼、开展重点专科建设、科室设备升级、业务量增加、人员增加、获得专项资金拨款，在展会上或通过邮件、电话咨询，政策导向调整……

第二阶段为方案论证阶段（赢率 30%）。这一阶段的工作是进一步搜集医院信息，确认销售机会。例如，发现医院科室开始搜集设备销售机构信息，进行技术参考、效益分析，要求销售机构介绍产品……

第三阶段为方案审批阶段（赢率 50%）。这一阶段的工作是在确认销售机会的基础上，为医院提供解决方案。例如，通过询价、谈判为医院提供技术、配置、价格等资料……

第四阶段为投标工作阶段（赢率 70%）。这一阶段进行投标工作。比如，获取医院招标公告及招标文件，向医院咨询招标文件细节；起草投标书……

第五阶段为商务谈判阶段（赢率 90%）。设备销售机构中标后，会收到医院发来的中标及商务谈判通知。双方开始讨论及起草合同文本，提出合同附件……

第六阶段为合同签订阶段（赢率 100%）。这一阶段进行合同签订，双方确认合同及附件，确定合同签订时间和方式。确认无误后，双方合同签字盖章生效。

讨论：同一行业的不同企业，在销售阶段划分方面是不是相同的？为什么？

（二）销售周期

销售周期表示销售团队或销售人员的销售机会转变成销售订单并收回款项所经历的时间。对于生产企业来说，销售周期一般是指产品从生产完工到销售并拿到货款的周期；对于商品流通企业来说，销售周期是指商品从购入到卖掉并收回款项的周期。销售周期由设计时间、采购时间、交易时间和货款回收时间构成。缩短销售周期可以加快企业资金周转，降低资金成本。销售周期因产品或服务类别、企业销售能力等因素的不同而有时间上的差异。在使用销售漏斗模型时，要确定项目的平均销售周期，即项目在销售漏斗中的移动速度。对于同一产品，不同企业的平均销售周期会有所不同，这需要根据历史数据进行统计估算。

（三）阶段赢率

在划分销售机会阶段的基础上，企业可根据以往的销售统计数据赋予每一阶段成功的概率。销售漏斗模型的顶部是有购买需求的潜在客户；销售漏斗模型的中上部是将企业产品列入候选清单的潜在客户；销售漏斗模型的中下部是基本上已经确定购买企业的产品，只是有些手续还没有落实的潜在客户；销售漏斗模型的底部是成交客户。可见，销售漏斗模型上部的成功率低，下部的成功率高。尽管不同项目、不同企业甚至不同销售人员的阶段赢率会有所不同，但企业自身统计出的阶段赢率还是具有一定参考价值的。阶段赢率决定了销售漏斗模型的倾斜度，销售漏斗模型的倾斜度越大，说明销售成功率越高。例如，某企业一年中在潜在客户阶段有 500 个项目，最终签约成交的是 20 个，则这个阶段赢率就是 4%；确认客户意向阶段有 100 个项目，最终签约成交的是 20 个，则这个阶段赢率就是 20%。

三、销售漏斗模型的应用

销售漏斗模型应用涉及数据输入、数据分析与可视化等工作。

（一）数据输入

数据输入是应用销售漏斗模型的第一步。输入的数据要保证尽可能具有客观性，避免主观性。输入的数据包括客户基础信息、业务基本信息以及业务动态信息。

业务动态信息是销售管理人员要实时跟踪、更新的信息。业务动态信息可以概括为一个金额信息、两个机会信息及三个关键时间节点信息。

1. 金额信息

预计签单金额是销售业务的必要信息，它是直接反映业务重要性的信息。在销售过程中，预计签单金额会随着客户方案调整、竞争情况等因素影响而变化，销售管理人员要及时更新。

2. 机会信息

（1）业务进展阶段。一个销售业务从立项到采购完成，客户会经过不同的销售阶段，销售管理人员要进行与之对应的工作，这就要求对业务进展阶段有准确的判断。

（2）业务竞争状况。在销售管理中可以利用阶段赢率来判断竞争状况。从赢率角度来看，只有一个竞争对手，赢率就是 50%。任何业务几乎都会遇到竞争，即使是独一无二的产品，客户仍然可能因为价格、采购风险、内部意见、资金投向等因素不能确定采购与否。这种以百分比量化业务竞争机会的方法，可以在后续数据处理时，区分不同竞争情况的赢率。

3. 关键时间节点信息

（1）预计签单时间。这是销售管理人员预测每个业务的进程和安排工作的关键节点信息，也是关系销售业绩的关键节点信息，更是管理层最为关注的关键节点信息。预计签单时间实际也是一个不容易确定的信息，因为它与销售管理人员掌握的信息量和对影响业务进程的各种因素的判断有关。

（2）最近一次联系客户时间。这是销售管理人员在每个业务的具体工作中，最近一次工作的时间节点。在分析业务状态时，这个时间会直接影响信息的可信度。

（3）下一次联系客户时间。在时间管理中，一项很重要的原则就是持续工作。本次工作完成后，要将下一次工作安排好。这样既可以保持工作的连续性，又可以避免遗漏或重复安排工作。

在上述客户基础信息、业务基本信息及业务动态信息中，客户基础信息、业务基本信息属于客观信息，而业务动态信息则带有强烈的主观性，同时又是开展各项工作的重要依据。在业务动态信息中，预计签单金额、业务竞争状况、最近一次联系客户时间和下一次联系客户时间等信息具有相对确定性。业务进展阶段和预计签单时间两项则具有主观性，需要销售管理人员根据获取的综合信息进行判断。

（二）数据分析

销售漏斗模型可以通过数据分析将销售机会展现出来。销售机会数据分析包括销售机会列表、各类分布统计、销售漏斗模型图及销售预测等信息。

1. 销售机会列表

销售机会列表包含机会主题、客户、优先、星标、类型、负责人、预计签单日期等信息。

2. 各类分布统计

分布统计包含机会类别分布、机会时间统计及机会状态统计等，见图8.4。

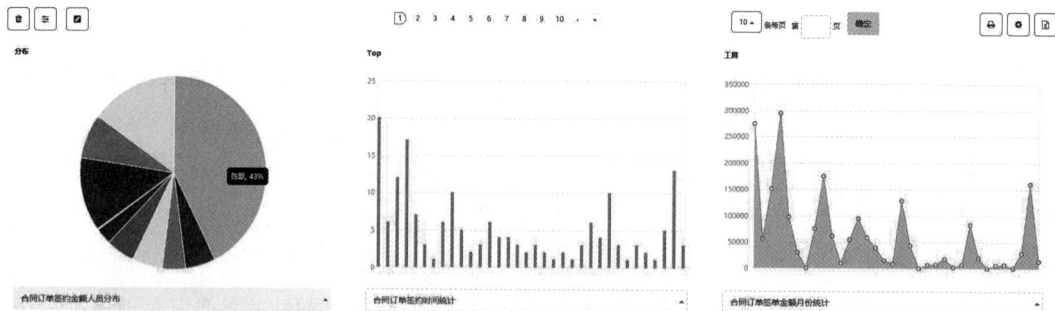

图8.4 各类分布统计

机会类别分布包含销售机会负责人分布、机会来源分布、机会分类分布等。

机会时间统计包含机会发现时间月份统计、机会预计签单月份统计、机会创建时间月份统计、负责人/机会创建时间月份统计等。

机会状态统计包含负责人/机会状态统计、负责人/机会阶段统计、机会可能性/状态统计、阶段/可能性统计等。

3. 销售漏斗模型图

销售漏斗模型图仅统计"状态=跟踪"的销售机会。销售漏斗模型又可分为各阶段机会数量销售漏斗和各阶段机会预期金额销售漏斗，见图8.5。

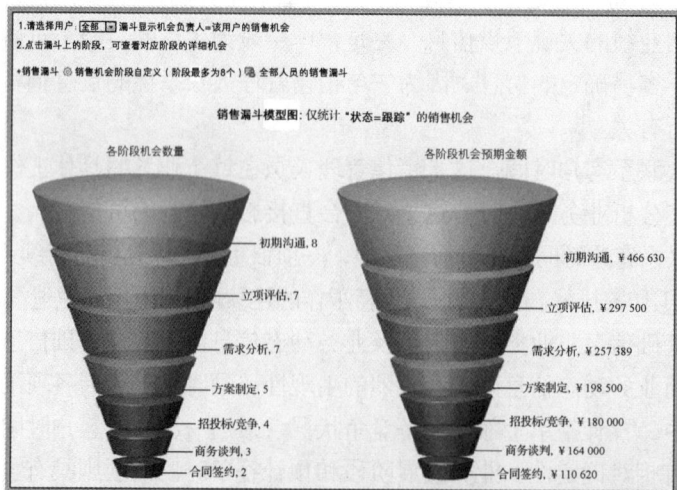

图8.5 各阶段机会数量销售漏斗和各阶段机会预期金额销售漏斗

4. 销售预测

销售预测可以结合机会可能性大小预测一定时期内的预计签单金额。

销售机会视图不仅可以反映销售机会当期的状态，还可以反映销售机会的历史状态变化。销售机会视图可以方便对机会的集中管理，提高操作效率；销售机会视图可以实现对销售机会阶段推进历史的自动记录和保存，帮助用户实现对销售机会跟进历史的综合回顾和判断，总结机会的跟进经验；销售机会视图还可以详细反映客户提出的需求，并为客户提供解决方案。

（三）可视化

在销售机会视图中，可查看销售漏斗模型详细信息，了解员工的销售机会情况，这里仅统计"状态=跟踪"的销售机会，见图8.5。左侧销售漏斗是根据销售机会数量计算各阶段占比分布的，右侧销售漏斗是根据销售机会的预期金额计算各阶段占比分布的。点击漏斗上的阶段，可查看对应阶段的详细机会。

销售漏斗模型用来查看销售机会在各个阶段的分布、推进和流失情况。从图8.5中可以看出，从上到下，每个阶段的数字是逐层递减的，从方案制订到商务谈判过程的客户流失比较多。针对这个过程进行优化，可有效减少潜在客户的流失。

对于销售人员来说，销售漏斗模型还有一个重要的功能：防止产生"销售漏洞"。比如，销售漏斗模型显示处于合同签约阶段的客户数量很多且金额很大，这一阶段销售人员会很忙，当月的销售业绩也会很好。但初期沟通和立项评估两个环节客户数量太少，下一阶段的销售业绩和工作饱满度会大幅下滑，这就是所谓的"销售漏洞"——客户分布出现断层。销售人员和管理人员可以从销售漏斗模型上及时发现这类问题，从而做好有效的预防工作。

四、销售漏斗模型对销售管理的意义

划分销售机会阶段后就可以对销售机会进行管理。将销售机会想象成一个漏斗，有些销售机会漏掉了，有些销售机会则会最终转变为订单。销售漏斗中有足够的销售机会并且不断向下流动，转变成订单，直到达成销售目标为止。

1. 评估企业销售能力

销售漏斗模型的形状并不都是完美的漏斗形状，实际中，存在各种异形的销售漏斗模型，见图8.6。

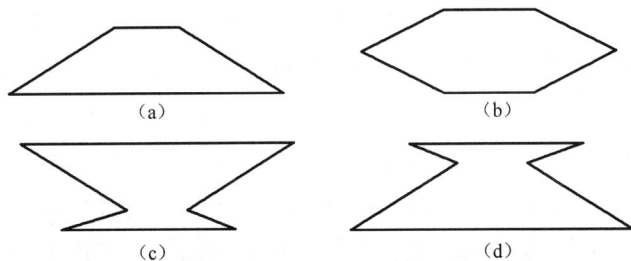

(a)　　　　　　　　　　(b)

(c)　　　　　　　　　　(d)

图8.6　异形的销售漏斗模型

当销售漏斗模型呈现异形时，往往意味着企业在某些方面出现了问题。例如，图8.6（a）中的销售漏斗模型上口狭窄，为倒漏斗形状，意味着新客户不足，这有可能是广告宣传投入不足造成的；图8.6（b）中的销售漏斗模型出现上下口窄，中间"鼓肚"的现象，说明最近新客户少，原有潜在客户处于观望状态，迟迟没有签约；图8.6（c）中的销售漏斗模型下部出现瓶颈，有可能是企业在这一时期的销售出现了问题；图8.6（d）中的销售漏斗模型为倒漏斗形状，上部出现瓶颈，说明在整体新客户不足的情况下，企业通过一定努力，使新客户有所增加。

2. 有效管理各类客户

企业对处于销售漏斗模型不同位置客户的销售管理策略也应有所不同。处于销售漏斗模型顶部的为目标客户，需要对这类潜在客户进行判断，分析客户需求，设计推荐方案并建立沟通渠道；处于销售漏斗模型中部的为有希望的客户，要对这类客户建立客户拓展计划，撰写项目方案书，列出企业可提供的产品和解决方案；处于销售漏斗模型底部的为即将成交的客户，要对这类客户陈述方案，和其讨论实施计划和进度，确定销售步骤并签约。

3. 预测销售定额

当日常销售信息进入系统后，系统可自动生成对应的销售漏斗图，对销售漏斗模型进行分析，动态反映销售机会的升迁状态，预测销售结果。对高价值的产品，潜在客户不会马上下订单，从其有购买意向到实际购买，少则两三个月，多则一两年甚至更长时间。通过阶段赢率的统计分析，企业可以在年初科学地分配销售定额。

销售定额可以通过处于各个销售阶段的销售机会的金额乘各阶段赢率的总和来测定。销售定额可以用下面的公式计算：

$$销售定额 = \sum（销售机会的金额 \times 阶段赢率）$$

每个销售人员必须有足够多的销售机会才可以完成任务，如果销售定额小于剩余的销售任务，那么销售人员需要继续寻找销售机会。例如，某潜在客户下一年有意向购买100万元的产品，处在销售漏斗模型的上部，阶段赢率为25%，这一阶段的销售定额就是$100 \times 25\% = 25$（万元）。

4. 发现销售机会异常

销售经理通过定期检查销售漏斗模型，能够及时掌握销售进度。通过对销售机会升迁周期、销售机会阶段转化率、销售机会升迁耗时等指标的分析评估，企业可以准确评估销售人员和销售团队的销售能力，发现销售过程的障碍和瓶颈。例如，某潜在客户在很长时间里一直停留在某个位置：如果总是处在漏斗的上部，可能表明该客户没有下决心购买，也可能是销售人员长期没有与之联系；如果总是处在漏斗的中部，可能表明该客户拿不定主意，也可能是潜在客户已经被竞争对手抢去；如果总是处在漏斗的下部，可能表明该客户所在的企业内部出现了问题。

5. 防范客户资源流失

建立销售漏斗模型可以最大限度地掌握潜在客户的动态。客户信息不是销售人员的个人财产，而是企业的集体财产。当某个销售人员提出离职申请时，销售经理就要及时检查核对销售漏斗，并与接替人员一起进行交接，这样基本能避免客户资源被销售人员带走的问题。

6. 平衡客户资源分配

有了销售漏斗模型，销售经理就能掌握每个地区的业务量，从而避免按照省市、行业简单粗略地划分业务。对于发达地区，有些省市的业务可能同时由多人负责；对于欠发达地区，可能由一个人负责多个省市的业务。衡量销售人员业绩的标准既要看定额高低，也要看超额完成任务的比例。

五、销售漏斗模型的改进

传统销售漏斗模型在使用过程中存在一定的局限性，后人在传统销售漏斗模型的基础上进行了改进，提出了米勒漏斗模型。

（一）传统销售漏斗模型的局限性

传统销售漏斗模型的建立有两个关键的前提：确定的销售阶段及阶段赢率的准确性。这两个前提是建立销售漏斗模型的基础，也是销售漏斗模型赖以成立的逻辑关系。销售阶段及阶段赢率需要根据企业长期的销售经验及销售数据来测定，其是总体统计数据，未必适合个体。传统销售漏斗模型更适合销售部门整体使用，不适合销售人员个体使用，因为具体的销售人员没有足够的"量"来支撑统计规律。此外，传统销售漏斗模型更适合销售管理，不适合具体销售业务，因为每个销售项目都有其独特性。

传统销售漏斗模型里的每一阶段的内容几乎都是在说"事"，而不是在说"人"，例如收集客户信息、挖掘客户需求等。相反，例如"采购人员对我们的项目感兴趣""采购总监已经同意和我们签合同""客户公司老板对这个产品没有兴趣"等，就是在说"人"。说"人"，就是从"人"出发，本质上就是以客户为中心。

（二）传统销售漏斗模型的改进——米勒漏斗模型

米勒漏斗模型是由米勒·黑曼公司（Miller Heiman Associates）提出的，它属于从"人"出发的销售漏斗模型。米勒漏斗模型和传统漏斗模型虽然看起来有些相似，但是二者的内涵却有很大的差别。首先，米勒漏斗模型固定分为四个阶段，而不是像传统销售漏斗模型那样阶段划分取决于具体业务特点；其次，它对于每一阶段的定义都非常严格，而不是让企业根据自己的情况去划分；最后，它包含了企业销售策略的思想内涵，以此作为销售漏斗模型建立的理论和逻辑依据。

米勒漏斗模型分为四个阶段，企业关注的是客户及业务本身，而不是流程和管理本身，见图8.7。可见，米勒漏斗模型是销售人员的管理工具，管理的是销售人员运作的项目。

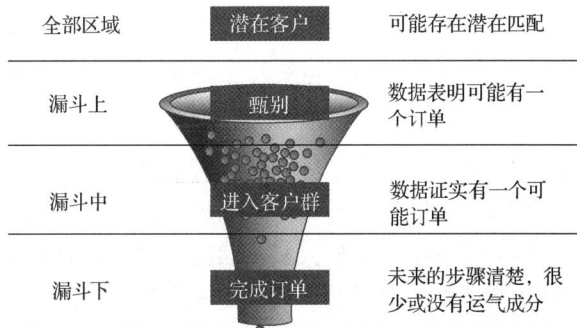

图 8.7　米勒漏斗模型

第一阶段：全部区域。全部区域并不是指全部客户，而是指与企业产品或服务匹配的客户，也就是企业的潜在客户。这些潜在客户需求如果和企业不够匹配，未必会有理想的转化率。需要说明的是，这一阶段还没有正式进入销售漏斗，仅仅处于销售线索状态，不属于销售机会。

第二阶段：漏斗上。该阶段已进入销售漏斗，销售人员和客户已进入销售机会状态。在这一阶段中，销售人员至少与客户有过一次沟通，客户方面至少有一个角色表现出对产品或方案的兴趣，产品似乎能够满足客户需求。销售人员需要甄别有实际需求的客户。

第三阶段：漏斗中。进入这一阶段后，销售人员要深入客户，在客户群中找到所有影响采购的角色，并与他们接触，了解每个人对项目的看法，找到他们的需求点，确保每个采购角色能在项目中受益。

第四阶段：漏斗下。这一阶段销售人员通过反复沟通排除各类交易障碍，确保客户已接受产品或项目价格等条款，并进行签约。这一阶段的任务是签订销售合同或完成订单。

（三）米勒漏斗模型的实际应用

米勒漏斗模型可用于指导具体销售人员的销售业务。

1. 明确工作的具体任务

"全部区域"的工作重点：确定企业产品或服务与潜在客户的匹配情况，以及企业与这些潜在客户沟通的途径。"漏斗上"的工作重点：了解客户需求及客户预算；寻找客户方决策人员。"漏斗中"的工作重点：制定与客户方决策人员的沟通策略、明确产品或服务给客户方带来的利益。"漏斗下"的工作重点：在谈判的基础上，确定产品或服务合同条款，规避可能出现的商业风险。

2. 判断销售能力的缺陷

和传统销售漏斗相似，米勒漏斗也不总是标准的形状，异形米勒漏斗见图 8.8，每种异形都代表了一种常见的问题。

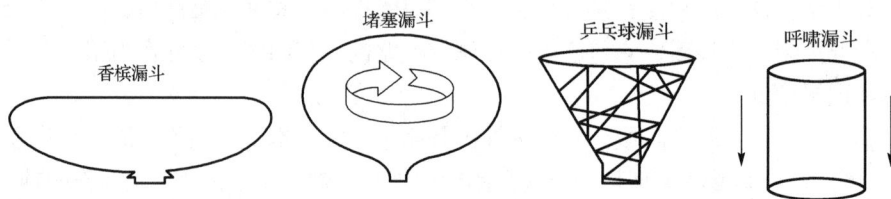

图 8.8　异形米勒漏斗

（1）香槟漏斗：这是"漏斗上"阶段"肿"起来的类型。这意味着销售人员列入了过多不能成交的潜在客户。

（2）堵塞漏斗：这是"漏斗中"阶段"肿"起来的类型。出现这种问题的原因有很多，例如销售人员演示了产品但客户对产品还有不满意的地方，项目停止进展等。

（3）乒乓球漏斗：这种漏斗意味着销售人员虽然比较努力，但是客户就是不下单。产生此问题的原因可能是销售人员不能为自己的项目确定一个单一的销售目标。

（4）呼啸漏斗：这种模型类型产生的原因在于销售人员急于求成，这样的订单即使成交了，后期的款项支付也未必顺利。销售人员可能并不真正了解客户需求，也未必能让客户满意。试图让100%的潜在客户都成为现实客户本身就是不现实的。

（四）米勒漏斗模型的缺点及解决思路

米勒漏斗模型也有其固有的缺点，例如对销售预测支持相对较弱。将传统漏斗模型与米勒漏斗模型相结合也许是一种最佳的模式，前者是企业用于管理整体销售项目，偏重管理；后者是销售人员用于管理自己的具体项目，偏重业务。

第三节　销售合约管理

在销售阶段后期，企业在与客户通过谈判达成一致意见后，一般要签订销售合约，以此来约束彼此的权利和义务。

一、销售合约概述

销售合约是平等主体的自然人、法人、其他组织之间设立、变更、终止民事权利义务关系的协议。签订销售合约是销售人员在营销活动中常见的一项法律活动。销售合约不仅关系到销售人员的个人经济利益，还牵连到企业的经济利益。所以，合约的签订一定要慎之又慎。

1. 签订销售合约的原则

签订销售合约必须遵守以下几项原则。

（1）遵守国家的法律和政策。签订销售合约是一种法律行为，合约的内容、形式、程序及手续都必须符合国家法律和政策的要求。只有遵循合法原则，订立的销售合约才具有法律效力。

（2）遵守平等互利、协商一致、等价有偿的原则。双方当事人在法律地位上是平等的，其所享有的经济权利和承担的义务是对等的。双方的意思表示必须真实一致，任何一方不得把自己的意志强加于对方，不允许一方以势压人、以强凌弱或利用本身经济实力雄厚、技术设备先进等优势，签订霸王合约，也不允许任何单位和个人进行非法干预。

（3）遵守诚实守信的原则。合约双方应遵守合同的规定，积极履行合同义务，为提高自己的信誉而努力。

2. 销售合约的签订程序

在签订合约时，销售人员要同客户就合约的内容反复协商，达成一致，并签订书面合约。销售合约的签订程序具体可概括为要约和承诺两个阶段。

要约是指当事人一方向另一方提出订立销售合约的建议和要求。提出要约的一方称为要约人，另一方称为受约人。要约人在要约中要向对方表达订立销售合约的愿望，并明确提出销售合约的主要条款，以及要求对方做出答复的期限等。

承诺是指受约人对要约人提出的建议和要求表示完全同意。要约一经承诺，即表明双方就合约主要条款达成协议，合约即告成立。如果受约人在答复中对要约内容、条件做了变更或只部分同意要约内容，或附条件地接受要约，就应视为对要约的拒绝，而向原要约人提出新的要约，这个新的要约称为反要约。在实际操作中，一份销售合约的签订往往要经过要约、反要约、再反要约，一直到承诺这样一个复杂的谈判过程。

3. 销售合约应具备的主要条款

销售合约的主要条款决定了双方的权利和义务，决定了销售合约是否有效和是否合法，是当事人履行合约的主要依据。在签订合约的过程中，要对合约所具备的主要条款逐一审核，使之清楚、明确。

（1）标的。标的是销售合约双方权利和义务所共同指向的对象，销售合约中的标的主要表现为商品或劳务。标的是订立销售合约的目的和前提，没有标的或标的不明确的合约是无法履行的，也是不能成立的。

（2）数量和质量。这里是指销售合约标的的数量和质量，它们是确定销售合约标的特征的重要因素，也是衡量销售合约能否被履行的主要尺度。

（3）价款或酬金。价款或酬金是取得合约标的的一方向另一方支付的以货币数量表示的代价，体现了经济合同所遵循的等价有偿的原则。

（4）履行期限、地点、方式。履行期限是合约双方实现权利和履行义务的时间。履行地点是一方履行义务、另一方接受义务的地方。履行方式是指合约当事人履行义务的具体方法，由合约的内容和性质决定。

（5）违约责任。违约责任是指销售合约当事人违反销售合约约定的条款时应承担的法律责任。

二、销售合约管理的内容

根据合约管理的关注点不同，销售合约可分为销售合同和销售订单。销售合同主要用于服务型合约，销售订单主要用于产品销售型合约。

1. 销售合同和销售订单的区别

销售合同由合同、交付计划、交付记录组成；销售订单由订单、发货单组成。在选用时须根据企业自身情况而定。一般来说，如果是服务型合约，宜使用销售合同；如果是产品销售，特别是一个合约涉及多个产品时，宜使用销售订单；如果涉及产品库存，需要把销售和库存关联起来，只能使用销售订单，因为只有销售订单才可以生成出库单。

2. 销售合约的数据统计

合同、订单、店面型销售订单在一起统计，交付计划和订单明细在一起统计，交付记录和发货明细在一起统计。在应用时，可以只使用合同，也可以只使用订单或店面型销售订单，也可以根据合约情况混合使用。

实训项目　销售线索/机会与合约管理

【实训目的】

1. 掌握销售线索基本操作；
2. 掌握销售机会（商机）基本操作，学会查看销售漏斗；
3. 了解销售合同/订单管理基本操作。

【实训准备】

线索是客户产生机会的最前端。企业一般通过举行活动、电话咨询、老客户介绍等多种方式获得客户初级信息。这些信息在客户关系管理系统中统称为线索。销售人员持续跟进，推动线索延伸，择机转换成商机，促成交易完成。

视频指导
线索模块

高效的销售管理可以对销售机会按照不同的阶段进行分类、跟进、推进。客户关系管理系统支持多维度查看销售机会阶段及金额，快速了解销售机会的推进情况，帮助销售人员多维度高效管理销售机会。

合约是与客户之间签订的书面协议，包括销售合同与销售订单。销售合同侧重于项目型营销模式，给客户提供的多是一组产品或是带有服务性质的产品，有相对比较完备的合同条款。销售订单则侧重对产品的销售记录，主要记录和管理产品的型号、数量和金额。

【实训内容】

1. 销售线索创建

对销售线索进行初始设置，新增销售线索。

视频指导
商机模块

2. 销售机会划分

销售机会阶段一般可分为初期沟通阶段、立项评估阶段、需求分析阶段、方案制订阶段、招投标/竞争阶段、商务谈判阶段及签约阶段。使用销售漏斗时需要根据企业产品特点、客户特点、销售周期和购买过程来确定漏斗中的阶段划分、阶段所代表的成交可能性、阶段需要完成的任务。

3. 销售合同/订单的创建

合同/订单的执行和回款是非常重要的管理模块，系统涵盖了合同/订单的管理、交付计划和交付记录、回款计划和回款记录、发票的开票记录等操作。

视频指导
合同模块

【实训方法与步骤】

1. 登录悟空 CRM 系统 SAAS 平台版

进入悟空 CRM 系统 SAAS 平台版用户管理界面。

2. 添加销售线索操作

在左侧【管理】栏，点击【线索】，见图 8.9。点击【+新建线索】，创建销售线索，见图 8.10，添加后保存退出。

3. 销售阶段划分及系统设置，添加商机操作

在右上方【管理员账号】栏，点击【企业管理后台】，进入企业管理后台界面。在左侧【管理】栏，依次点击【客户管理】、【业务参数设置】、【商机组设置】，见图 8.11，在添加商机组界面进行初始设置。销售机会阶段划分及其赢单率如下：初期沟通（10%）、立项评估（20%）、需求分析（30%）、方案制订（50%）、招投标/竞争（70%）、商务谈判（90%）及签约（99%），

添加后保存退出，见图 8.12。

图 8.9　点击【线索】

图 8.10　创建销售线索

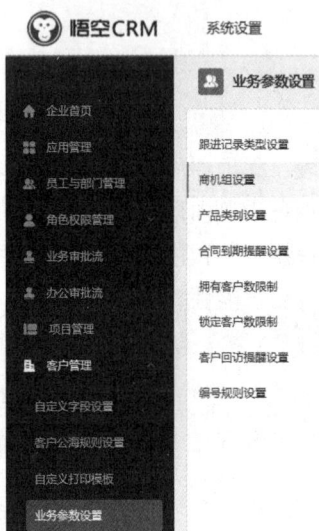

图 8.11　业务参数设置

图 8.12　添加商机组

返回用户管理界面。创建商机操作有两种：一种是创建商机并绑定指定客户；另一种是选定指定客户，然后创建商机，见图 8.13。

4. 新建合同/订单操作

在用户管理界面进行创建合同操作。创建合同操作有两种：一种是创建合同并绑定指定客户；另一种是选定指定客户，然后创建合同，见图 8.14。

5. 销售漏斗查看操作

在用户管理界面进行销售漏斗分析与查看操作。在用户管理界面顶端点击导航栏【商业智能】，进入功能管理栏。选择【销售漏斗分析】，可以查看【销售漏斗】、【新增商机分析】以及【商机转化率分析】，见图 8.15。需要指出的是，当客户数量足够多，且客户在不同销售阶段都有分布时，销售漏斗才会视觉化显示。

图 8.13　创建商机

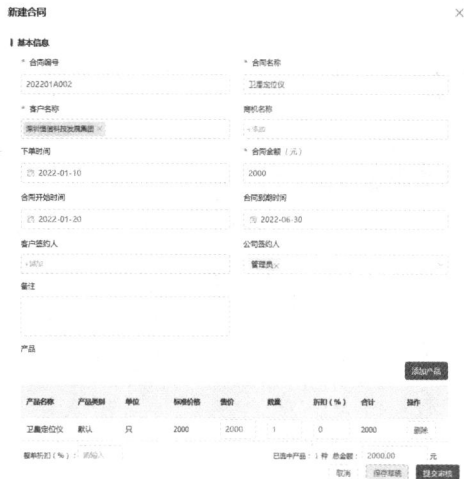

图 8.14　创建合同

【实训任务】

1. 新建三条销售线索。要求有线索来源、行业客户、客户级别、线索名称、联系电话、联系时间、地址等信息。

2. 新建三条商机。要求有商机名称、对应客户名称、商机金额、预计成交日期、商机状态组、商机阶段以及对应的产品等信息。

3. 为两位潜在客户新建合同/订单。要求有合同编号、合同名称、客户名称、下单时间、合同金额、合同开始时间、合同到期时间、客户签约人、公司签约人以及对应的产品等信息。

图 8.15　销售漏斗分析

4. 为系统添加 20 位客户信息，让这些客户在销售的每个阶段（初期沟通、立项评估、需求分析、方案制订、招投标/竞争、商务谈判及签约）都有分布，并且保持各阶段客户数量呈递减分布，即让客户在不同销售阶段的数量分布贴近实际销售情况。足够多的客户数据添加完成后，从商业智能导航栏进入销售漏斗分析模块，查看可视化的销售漏斗模型，以及新增商机分析、商机转化率分析等内容。

【实训讨论】

1. 如何结合行业特点划分销售阶段？
2. 如何利用销售漏斗模型查看销售机会在各个阶段的分布、推进及流失情况？
3. 合同与订单有何区别？

本章小结

本章主要介绍了销售线索与销售机会的含义；销售机会管理、销售机会阶段划分；销售漏斗模型的建立、应用及对销售管理的意义，销售漏斗模型的改进；销售合约的含义、销售合约管理的内容等。

思考与练习

一、单项选择题

1. 销售线索在销售管理体系中处于客户产生销售机会的（　　），一般以举办市场活动、网络信息、电话咨询、消费者访谈等多种方式获得。

    A. 最前端   B. 最末端   C. 中间   D. 同时

2. 在销售过程中，由于环境发生变化，给销售人员提供的达到其销售目的的一种可能性的统称，叫（　　）。

    A. 销售线索   B. 销售机会   C. 管理线索   D. 管理机会

3. 销售机会不明显，需要销售人员深入分析、挖掘才会发现的销售机会称为（　　）。

    A. 必然性销售机会   B. 偶然性销售机会

    C. 隐性销售机会   D. 显性销售机会

4. 企业通过数字营销传播策略而非传统广告方式去吸引客户关注的营销模式是（　　）。

    A. 推播营销   B. 集客营销   C. 社交营销   D. 电商营销

5. 销售机会一般具有客观性、平等性、创造性和（　　）等特征。

    A. 主观性   B. 随机性   C. 时空性   D. 永恒性

6. 销售机会管理又称商机管理、（　　），是从获取客户线索到形成商机、协商价格、签订合同、完成订单、收取货款等全过程的管理。

    A. 营销管理   B. 客户管理   C. 销售渠道管理   D. 销售漏斗管理

7. 销售机会管理是客户关系管理系统中最重要的模块，适用于（　　）的销售。

    A. 小型复杂订单   B. 中型复杂订单   C. 大型复杂订单   D. 零售店铺

8. 销售阶段一般可分为初期沟通、立项评估、方案制订、商务谈判及（　　）等阶段。

    A. 市场调研   B. 企业考察   C. 招商洽谈   D. 合同签约

9. 销售合约的签订程序具体可概括为两个阶段：要约和（　　）。

    A. 洽谈   B. 调研   C. 承诺   D. 签约

10. 在签订合约的过程中，要对合约所具备的主要条款逐一审核，使之清楚、明确。合约主要条款一般包括标的，数量和质量，价款或酬金，履行期限、地点、方式以及（　　）。

    A. 售后服务   B. 违约责任   C. 客户信息   D. 附件

二、名词解释

集客营销   销售线索   销售机会   销售漏斗   米勒漏斗

三、简答题

1. 销售线索与销售机会有何区别？

2. 什么是销售机会管理？

3. 简述销售漏斗模型的作用。

4. 以一种工业产品为例，说明其销售机会阶段的划分。

5. 如何利用销售漏斗模型对销售机会进行管理？

6. 简述传统销售漏斗模型的局限性。

7. 销售合约应具备哪些主要条款？

8. 销售合同和销售订单有何区别？

四、绘图题

以工业用品销售为例，按客户类型及跟单关键动作分别绘制销售漏斗模型图。要求：①销售阶段划分科学；②模型图绘制规范。

五、案例分析

某企业经营行业财务管理软件及设备，该企业将销售机会阶段划分为目标客户阶段、潜在客户阶段、意向客户阶段、立项客户阶段、认可/承诺客户阶段、谈判客户阶段、成交客户阶段。企业通过网站、媒体、广告、展会等多种途径搜集客户信息，其目标客户筛选标准为：人员规模 50 人以上；地域分布较广，最好多地点办公；信息化局部应用基本完成，有局域网；管理强调执行，注重效率，追求管理规范化，关注企业文化；客户业务在其细分行业中具备较强竞争力；财务状况比较理想。该企业将潜在客户阶段的特征描述为：有管理需求，或曾就项目与企业有过接触；经济效益好，近期有启动项目的可能；由客户的关键人物在驱动项目。

讨论：

1. 该企业对销售机会阶段的划分是否合理？为什么？

2. 在潜在客户阶段，企业销售人员的工作重点都有哪些？

第九章　客户服务管理

【理论框架】

```
                                            ┌─────────────┐
                         ┌──────────────┐──│ 客户服务的概念 │
                         │  客户服务概述  │   ├─────────────┤
                         └──────────────┘──│ 客户服务体系  │
                                            └─────────────┘
                                            ┌─────────────┐
                                         ┌─│  服务承诺    │
┌────────────┐         ┌──────────────┐   ├─────────────┤
│ 客户服务管理 │────────│服务承诺、失误与补救│─│  服务失误    │
└────────────┘         └──────────────┘   ├─────────────┤
                                         └─│  服务补救    │
                                            └─────────────┘
                                            ┌─────────────┐
                         ┌──────────────┐──│ 客户抱怨管理  │
                         │ 客户报怨与投诉管理│  ├─────────────┤
                         └──────────────┘──│ 客户投诉管理  │
                                            └─────────────┘
```

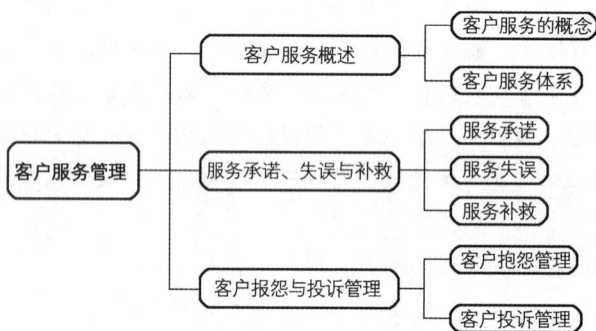

【知识与技能目标】

【知识目标】

1. 了解客户服务、服务承诺及客户服务体系等概念；

2. 理解服务承诺的原则、服务补救策略、客户抱怨对企业的意义；

3. 掌握服务补救策略、客户抱怨及客户投诉的处理策略。

【技能目标】

1. 了解客户回访的目的；

2. 熟悉客户回访形式；

3. 掌握创建客户回访记录基本操作。

【案例导入】

一封来自英国的信函

位于武汉市鄱阳街的景明大楼，于 1920 年开工建设，1921 年建成。它曾是武汉历史上非常重要的一个外资建筑设计机构——景明洋行为自己设计建造的六层大楼，是当时汉口最高的钢筋混凝土建筑。该大楼是一幢具有西方古典主义元素特征的早期现代主义建筑，室内外装饰风格庄重、做工精美，具有较高的历史和建筑艺术价值。

这座大楼在经过漫长的 80 个春秋后，有一天，它的设计机构远隔万里给这幢楼的业主寄来一份函件。函件告知：景明大楼为本机构在 1917 年设计，设计年限为 80 年，现已超过使用年限，敬请业主注意……

经过百余年的沧桑巨变，这家设计机构的办公场所换了一处又一处，人员也换了一批又一批，当初大楼的设计者早已作古。但是，为客户做好售后服务，讲究信誉，视质量为生命的经营理念，却一直没有变。

思考：这个案例能带给我们什么启示？

评析：这家建筑设计机构之所以能在时隔80年之后仍然发出这份提示函件，是因为其具有"视服务质量为生命"的经营理念，这是该机构在80年后仍然能清晰、准确地掌握服务对象的根本原因。从这个案例中我们可以感受到，客户服务工作是企业经营活动的重要内容之一，服务意识应成为企业经营理念的核心。在尊重客户的同时持续提供超越客户期望的产品与服务，做客户永远的伙伴，是企业应该倡导和坚持的服务理念。

第一节　客户服务概述

客户服务体现了以客户为导向的经营理念。优质的客户服务不仅可以提高客户满意度、培养客户忠诚度，而且还可以增强企业竞争力。

一、客户服务的概念

现代管理中服务的概念非常广泛，任何一个行业都会涉及服务，任何能提高客户满意度的内容都属于服务的范围，比如客户服务。

客户服务是以客户为导向的，为客户提供较高满意度的附加价值或活动，其内容主要包括产品或服务咨询、服务与技术支持以及客户投诉受理等活动。良好的客户服务可以树立企业品牌形象，提高客户满意度，培养客户忠诚度，维持稳定的客户关系，有效防止客户流失。

案例 9.1

东方航空的优质服务

每逢暑运期间，飞往全国各地的航班上就会出现很多"无陪儿童"和"无陪老人"。针对这些乘客，东方航空公司的乘务员会提前做好相关准备工作。为了让这些特殊的乘客在航程中不会感到担心和害怕，乘务员除了完成正常的服务工作外，还要扮演诸如老师、家长、子女、朋友、姐姐或哥哥等多种角色。一次，一位八岁的小女孩独自乘机，由于前一天晚上没有休息好，起飞后她感觉不舒服，当乘务员蹲在她身边询问她哪里不舒服的时候，小女孩终于忍不住吐了出来，呕吐物溅得到处都是，连乘务员的衣服也被弄脏了。乘务员只是草草地给自己清理了一下，就马上把小女孩领到了洗手间，一边安慰她，一边帮她处理呕吐物。为了减少对其他乘客的影响，乘务员利用飞机上的小毛巾、报纸和香水清理现场，旁边的乘客也很感动。付出总有回报，每当落地后看着那些恋恋不舍、不愿离开的小旅客，听着他们用稚嫩的声音说"谢谢"时，乘务员就会感到特别满足、愉悦和幸福。

讨论：东方航空是如何通过优质服务来树立企业良好品牌形象的？

第九章　客户服务管理

按客户接触媒介划分，客户服务可分为人工客服和电子客服；按服务过程划分，客户服务可分为售前服务、售中服务和售后服务；按服务的性质划分，客户服务可分为技术服务和非技术服务；按服务的地点划分，客户服务可分为定点服务和流动服务。

二、客户服务体系

当前，融合"客户服务、商品导购、市场营销、投诉受理"于一体的新型电子客服得到了迅速发展，它可将客户服务无缝地嵌入到售前、售中、售后过程的始终。

客户服务体系是客户服务的组织和制度。有效的客户服务体系是保证客户满意的必要条件，它能够提高客户满意度、培养客户忠诚度，为企业赢得良好的口碑，有利于扩大企业的业务量，树立良好的企业形象。客户服务体系是企业的重要构成部分，是由客户服务理念、客户服务代表与客户经理制、客户服务的内容和流程、客户服务质量标准等一系列要素构成的。

1. 客户服务理念

客户服务理念是企业对服务活动的理性认知，如站在客户的立场真心为客户提供帮助、"以客户为中心"的服务意识。良好的客户服务理念来自以客户需求为导向、一切为了客户的思想。以客户需求为导向体现为满足客户对便利性、价格参与、专业信息及时获取，对舒适环境以及对获得理解和认同的需求。企业要想赢得市场和客户，需要培养"一切为客户"的理念，如"客户至上""客户永远是对的""一切为客户着想"等理念。良好的服务理念还会对员工产生潜移默化的影响，能使员工思想发生改变，使其产生对工作、对客户负责的思想，这有助于产品价值、服务价值、人员价值和形象价值的极大提升，同时还可以减少客户的时间成本、体力成本和精力成本。

2. 客户服务代表与客户经理制

客户服务代表是代表企业为客户提供售前、售中或售后服务，以树立企业良好形象、提高客户满意度为主旨的客户服务人员。客户服务代表通过提供全面服务增强客户与企业的联系，帮助企业建立可靠、持久的客户关系。除了销售人员之外，客户服务代表是更多、更紧密地接触客户的企业员工。

客户经理制是企业以客户为核心，为客户提供全方位服务的一种服务制度。客户经理制最早出现在 20 世纪 80 年代发达国家的商业银行领域。随后，国内的银行、保险、邮政、电力和通信等部门逐渐引进和实施了这种管理制度，以规范客户管理的行为，提高服务的水平与质量。客户经理制从制度设计、人力资源安排、服务内容和流程等方面系统规划客户经理的工作内容与行为，可以提高客户经理的工作效率，拉近客户与企业之间的关系。

3. 客户服务的内容和流程

客户服务是服务人员与客户进行交流的过程，一般涉及开票请求、账户维护、服务分派、时间安排、信息处理等内容，具体环节一般包括接待客户和访问客户，为客户提供咨询服务、质量"三包"服务、安装和调试服务、产品配件供应服务、技术培训服务以及上门检修服务等。客户服务流程一般包括上门服务流程、送寄维修服务流程、退换产品流程、疑难问题解决流程、热线接听流程等。例如，某物业管理公司的报修流程为：客户服务部接到业主来电→值班人员登记→开出工作维修单并派送到工程部→工程部接单并通知贴心管家→贴心管家前往维修→维修完毕后前台值班人员回访。科学、合理的服务流程不仅可以减少客户的时间成本、体力成本和精力成本，还可以提升企业的服务价值和形象价值。

4. 客户服务质量标准

客户服务质量是客户服务工作满足客户需求的程度。由于服务产品具有无形性和差异性等特征，客户服务质量很难像有形产品质量那样进行科学的测定和评价。企业在制定服务质量标准时，要考虑标准科学合理、行之有效，明确服务程序、服务步骤、服务方式、服务方法等内容，并以书面形式公布出来，给员工清晰的指示，让员工的服务行为有章可循、有规可依，实现客户服务标准化、规范化。

根据美国学者贝利、帕拉休拉曼、赞瑟姆等人所提出的服务质量模型，客户服务质量也可以采用以下指标进行衡量。

（1）有形性。有形性是指服务可以被感知的部分。由于服务的本质是一种行为过程，因而具有不可感知的特征。客户需要借助一些有形的、可感知的部分来把握服务的实质。

（2）可靠性。可靠性是指客服人员准确无误地完成所承诺的服务，避免服务过程中出现失误。许多以优质服务著称的服务企业，正是通过强化可靠性来建立自己的声誉的。

（3）响应性。响应性是指客服人员的反应能力，即随时准备为客户提供快捷、有效服务的能力。服务传递的效率是企业服务质量的一个重要反映，企业应尽可能缩短客户等待时间。

（4）安全性。安全性是指客服人员具备专业知识、胜任工作的能力。安全性可以增强客户对企业服务质量的信心和安全感。

（5）移情性。移情性是指客服人员能设身处地为客户着想，满足客户需求的能力。移情性要求客服人员要想客户之所想、急客户之所需，给予客户关心和体贴，让服务过程充满人情味。

第二节　服务承诺、失误与补救

服务承诺、失误与补救是企业对客户的服务保证措施，目的在于降低客户接受服务的风险及提升客户满意度。

一、服务承诺

服务承诺既是对客户的保证，也是对员工的激励，更是企业提升市场占有率、促进企业持续发展的重要途径。

（一）服务承诺及其原则

1. 服务承诺的含义

服务承诺意味着企业对客户的服务保证，如果所提供的商品或服务与承诺不符，企业愿意采取某种形式对客户进行补偿。完整的服务承诺包括向客户预示服务效果和保证服务质量（以赔付作为担保）。服务承诺的目的在于降低客户接受服务的风险及提升客户满意度。

承诺对于制造业来说相对比较普遍，但对服务业来讲并不普遍，因为有些服务企业无法进行承诺（如医院医治重病患者，律师事务所替客户打官司等）。由于服务的无形性和易逝性，有些服务效果无法得到保证，也很难进行承诺。随着越来越多的企业发现服务承诺可以获得客户信任，服务承诺越来越受到服务企业的重视。

服务承诺不仅是一种营销手段，还是服务机构对服务质量进行界定、控制和维护的一种方法。有效的服务承诺能促使企业关注客户，得到客户的反馈信息；有助于服务补救，改善服务质量，最终赢得客户的信任。

2. 服务承诺的原则

（1）保证性。有效承诺应该是无条件的，不需要任何限制，不带任何附加条件，如家电企业承诺负责送货、安装和售后的维修维护；幼儿园对幼教的内容、形式、时间以及娱乐和配餐方面的承诺等。

（2）明确性。企业的承诺内容应该容易被客户和员工理解。如果承诺语言冗长或承诺包含过多的条件和限制，以至于员工、客户都弄不清楚承诺的内容，承诺效果就会大打折扣。例如，某餐馆承诺饭菜会在 15 分钟内送达，否则免费提供饭菜。这种承诺让客户清楚他们需要等待的时间，且存在补救的措施；该承诺同样也让员工清楚必须在 15 分钟内提供饭菜，从而促使其提高效率。

（3）简便性。承诺容易操作才能对客户有吸引力。如果服务承诺操作过程复杂，客户就会感到厌烦而不感兴趣，特别是对于一些服务价值相对较低的情况，客户权衡时间成本和精力成本后会感觉不值。例如，一些保险公司承诺条件诱人，但如果真正出现需要理赔的情况时，保险公司则要求客户提供很多的证明，履行很多的程序。因为理赔不易，容易使部分客户望而生畏，甚至选择放弃。

（4）价值性。对基本期望进行承诺，对客户来说是没有意义的。例如，自来水公司承诺每天供水，否则下次会免费提供一瓶水。这对用户来讲显然没有意义，因为每天供水是自来水公司的基本职责，如果自来水公司向用户承诺遇有故障能及时处理就有意义了。

（二）服务承诺的类型

服务承诺多种多样，可按不同的标准划分。

1. 具体属性承诺和综合承诺

依据承诺范围，服务承诺可分为具体属性承诺和综合承诺。

（1）具体属性承诺。企业可以对其所提供服务的某一属性或要素进行承诺，如中国移动承诺"话费误差，双倍返还"等；服务企业还可以对其提供服务的某几个属性或要素做出承诺，如某经济酒店承诺"提供舒适干净的房间、24 小时热水服务、免费 Wi-Fi 上网环境"，该服务承诺包括"房间条件"及"配套服务"等多个要素。

（2）综合承诺。综合承诺是企业对所提供服务的所有属性或要素做出的承诺，如某假日酒店承诺"如果有任何让您不满意的事情，请毫不犹豫地告诉我们，因为您不希望为不满意的服务付费"即属于综合承诺。

2. 结果承诺和过程承诺

依据承诺内容，服务承诺可分为结果承诺和过程承诺。

（1）结果承诺。结果承诺是企业对所提供服务给客户带来的利益进行的承诺，如饭店对于饭菜口味、卫生等做出的承诺。

（2）过程承诺。过程承诺是企业对如何为客户提供服务进行的承诺，如饭店对于顾客等待时间、服务人员态度等做出的承诺。

3. 有条件承诺和无条件承诺

依据有无赔付条件限制，服务承诺可分为有条件承诺和无条件承诺。

（1）有条件承诺。有条件承诺是服务企业对客户注重的某个服务特性或服务元素进行的承诺，如顺丰快递承诺包裹在某个时间内快速送达；某公共汽车始发站承诺无论乘客多少，都会准时准点发车等。

（2）无条件承诺。无条件承诺又称完全满意承诺，是指不附加任何限制条件的承诺，如某家电商场承诺的"不满意，可以全额退款"即为无条件承诺。

案例 9.2

长沙黄花国际机场发布新版服务承诺

2021 年 11 月 26 日，长沙黄花国际机场举行"用心承诺，友善星程"服务承诺品牌发布会，正式发布 42 项服务承诺，并重点推出 10 项无条件承诺。此次发布的 42 项服务承诺，在 2018 年版本 39 项服务承诺的基础上进行了大幅调整。这些服务承诺包括 95% 的国内航班经济舱旅客等候及办理乘机手续时间不超过 10 分钟；95% 的国内航班旅客等候安全检查的排队时间不超过 12 分钟；首件行李在第一位旅客到达行李领取转盘后 10 分钟内出现；托运行李晚到，行李运抵长沙后 24 小时内送达长沙市区旅客地址；95% 出租车排队等候时间不超过 12 分钟；95% 市区专线巴士等候时间不超过 30 分钟……

讨论：如何合理设定服务承诺中的量化标准？

二、服务失误

企业在为客户提供服务的过程中难免会发生失误。服务失误处理得当，有助于企业与客户建立良好的信任关系，也会提高客户对企业的信任度；若服务失误处理不当，则可能破坏企业与客户间的信任关系。

1. 服务失误的概念

服务失误是指企业在经营过程中有可能因为客观或主观原因没能兑现服务承诺而出现的服务差错。从企业角度来看，服务失误是企业提供的服务水平未达到其规定的服务标准而导致客户需求未被满足而出现的状况。

企业在为客户提供服务的过程中，即使是最优秀的企业也不可避免地会出现服务失败或错误。这是因为服务具有差异性，服务水平会因人或环境而发生变化。有的服务失误是由企业自身问题造成的，如由于酒店员工的工作疏忽，将一间空房同时预订给两位客户等。有的服务失误则是由不可控因素或客户自身原因造成的，如飞机因天气恶劣而晚点或因寄信人将地址写错而导致的投递错误等。

2. 服务失误的类型

根据失误的性质，服务失误可分为结果失误和过程失误。

结果失误是核心服务失误，主要是指服务提供者没有实现基本的服务内容。例如，航空公司提供变质食物、行李处理错误、未告知航班时间改变、飞机状况差、备用毛毯数量不足等。结果失误有可能是没有可使用的服务，例如已预定好的客房被提供给了其他客户；酒店本应 24 小时提供热水，但客人使用时却没有热水。结果失误也有可能是不合理的等待服务，例如银行营业厅办理业务的客户较多时，四个窗口却只开了一个，使客户等待时间过长等。

过程失误是由于服务传递方式上的缺陷和不足，使客户感知受到影响，它是一种企业对客户需要和请求处理不当而造成的失误。例如，某银行营业厅的营业时间为 8：30—17：30。某客户因临时急需用钱，于 17:20 赶到银行办理取款业务时，银行工作人员告诉他客户银行系统已经关闭了。当该客户向工作人员说明了急需用钱后，工作人员仍拒绝为客户办理取款业务。

3. 服务失误的原因

服务失误的原因主要有以下几类。

（1）服务属性所致。客户感受与期望之间的比较是一种主观评价，对于同一种服务，并非所有客户的感受都一样。服务实时发生，无法预先检验；服务也多靠人来完成，而人又易受情绪的影响；服务包含大量步骤和细节，致使服务质量在不同时点、不同员工之间的波动较大。可见，服务质量是一个变量，服务存在失误的概率。

（2）服务企业所致。服务企业的设备、设施如果出现问题，会对服务质量与水平造成不同程度的影响，另外，企业服务人员的从业经验、身体状况、情绪状况也会影响其服务水准，从而造成服务失误。

（3）客户方面的原因。客户不能有效扮演其角色也会导致服务失误，如病人不积极配合医生进行治疗等；客户本身的疏忽也会导致服务失误，如客户将发票税号写错而无法报销等都是由客户方面的原因造成的服务失误。

（4）外部环境因素。外部环境因素一般属于不可控因素，如飞机因天气恶劣晚点、货轮遭遇风浪而造成货物损失等。

4. 服务失误的危害

不同程度的服务失误会对客户满意度和消费行为意向产生不同的影响。随着失误严重程度的上升，客户损失越来越大，客户就越有可能认为其参与的交易是不公平的，客户会更加不满，从而给企业造成不良影响。

（1）造成客户流失。服务失误对企业最直接的影响就是会造成客户流失，包括未投诉客户的流失和投诉未得到解决或投诉得到解决客户的流失。

（2）企业形象受损。当企业出现服务失误导致客户不满后，不满客户会向其他人讲述他所遭遇的经历。当这种负面信息广为传播的时候，企业形象必然会受到不良影响。

（3）企业经营受损。面对服务失误，客户有时会采取强烈或恶意的报复行为，小到散布负面信息来诋毁企业，大到破坏企业正常营业秩序。例如，医疗纠纷中，患者一方妨碍医疗秩序，影响其他患者就医，就会给医院正常运行造成严重的负面影响。

（4）增加服务成本。由于第一次没有将服务做好，企业无论是做"服务复原"，还是对客户进行赔偿，都会增加企业的服务成本并减少企业的服务收益。

（5）客户信任度下降。对服务失误特别是服务失误频发的企业而言，客户信任度必然会下降。例如，在提供搜索引擎优化（SEO）服务的企业中，个别企业以不正当方式迅速提高某些客户的网站排名而造成了其他客户的不满，这时企业的客户信任度必然会下降。

三、服务补救

服务补救是企业在出现服务失误时，对客户的不满和抱怨所做的反应，目的是重新培养客户的满意度和忠诚度。

（一）服务补救的概念及分类

1. 服务补救概念

服务补救的概念最早由 Hart 等人于 1990 年提出。Tax 和 Brown 将服务补救定义为：服务补救是一种管理过程，它首先要发现服务失误，分析失误原因，然后在定量分析的基础上，对服务失误进行评估并采取恰当的管理措施予以解决。

服务补救是企业针对服务失误给客户造成的影响而给予弥补的行为。服务补救的目的是重新培养客户满意度和忠诚度。服务补救是一种反应，是企业在出现服务失误时，对客户的不满和抱怨所做的反应。对于企业来说，为客户提供完美的服务是一种最理想的状态，但即使是最优秀的企业也不可能完全避免失误。失误发生后，如果客户向企业抱怨，那么企业对客户抱怨的处理过程将变为维系客户关系的关键，这个处理过程通常被称为服务补救管理。

2. 服务补救分类

服务补救可按多种方式进行分类。

（1）主动补救与被动补救。依据补救方式的不同，服务补救可分为主动补救与被动补救。主动补救是客户没有对企业提出抱怨和补救要求，或者客户尚未发现服务失误，企业主动、自觉地给予受损客户的补救；被动补救是针对客户抱怨或投诉而进行的服务补救。

案例 9.3

丰田汽车召回事件

丰田汽车在北美地区销售情况很好，但有些客户投诉某款汽车的刹车系统在冰雪天气容易出现刹车不灵的现象。丰田公司在得知这一情况后，马上派出技术人员前往检查、测试，发现的确存在安全隐患。于是丰田公司决定，召回全球所有该款汽车。丰田公司进行技术攻关，对召回的汽车全部免费更换了刹车系统，并在召回期间给车主提供了临时用车。丰田公司总裁分别到北美洲、欧洲等地与车主会面，召开新闻发布会表示道歉，并提出解决方案，承诺以更优质的服务回报用户的厚爱。丰田公司的诚意和责任感得到了用户的认可，使得丰田品牌在这次危机事件中没有受到损害。可见，好的危机处理可以变消极的投诉为积极的推动力，如果对客户投诉处理得当且被新闻媒体正面报道，还可以提高企业的知名度并提升企业形象。

讨论：丰田汽车召回事件属于主动补救还是被动补救？

（2）象征性补救、等值补救及超值补救。依据补救程度的不同，服务补救可分为象征性补救、等值补救及超值补救。象征性补救是指企业给予客户的补偿小于服务失误给客户造成的损失；等值补救是指企业给了客户的补偿等于服务失误给客户造成的损失；超值补救是指企业给予客户的补偿大于服务失误给客户造成的损失。例如，当客户预订酒店标准间后，而酒店却因工作失误没有为其预留房间，导致客人到店后无房间可住，酒店让该客户以标准间的价格入住商务间作为补偿就属于超值补偿。

（3）事中补救及事后补救。依据补救时机的不同，服务补救可分为事中补救及事后补救。事中补救是指在服务还没有结束时就给予客户补偿；事后补救是指在服务结束之后再给予客户补偿。

（二）服务补救策略

企业需要根据服务失误的性质及程度选择不同的服务补救策略。服务补救策略有以下几种。

（1）跟踪并预期补救良机。企业需要建立一个跟踪并识别服务失误的系统，使其为挽救客户与企业关系提供良机。企业需要通过听取客户意见来确定企业服务失误之所在，不仅要听取客户的抱怨，而且还要主动地查找潜在的服务失误。

（2）重视客户问题。企业一线服务员工要能主动地出现在现场，承认问题的存在，向客户道歉或解释，并当面解决问题。解决的方法有很多，可以退款，如零售业的无条件退货等，也可以升级服务。

（3）尽快解决问题。一旦发现服务失误，服务人员应在失误发生的当时迅速解问题。否则，服务失误的影响范围和程度会很快扩大并升级。例如，航班因天气恶劣而推迟时，服务人员应预见乘客，特别是儿童会感到饥饿，因为饥饿，儿童会哭喊，使境况变得更糟，所以应为其适当准备食品。

案例 9.4

航班备降的服务补救

2016 年 12 月 31 日凌晨，哈尔滨出现大雾天气。早上 6 时许，浓雾逐渐笼罩了哈尔滨太平国际机场上空。受此影响，从哈尔滨飞往北京、上海、广州、深圳、西安等城市以及从北京、上海、西安等城市飞往哈尔滨的 18 个航班纷纷备降沈阳、长春、大庆等地的机场。截至 17 时，共有 101 个航班受到影响，其中备降 24 班，取消 16 班。某航班备降沈阳桃仙国际机场，由于不能如期到达，客舱中充满了旅客不满和烦躁的抱怨声。乘务员及时进入客舱，用诚恳的道歉和耐心细致的解释安抚旅客的情绪。备降后，机长决定先安排旅客在机上等待。乘务长考虑到旅客尚未用晚餐而且身心俱疲，于是便及时调整了供餐时间，将回程餐发放给旅客。这时机组传来消息，由于航路能见度低，航班被迫取消。民航方面决定派机场大巴接旅客免费入住机场酒店休息。第二天，当接到起飞通知时，机场方面再次派机场大巴接旅客登机。当旅客再次登机时，乘务员一边迎客一边再次向旅客表示歉意。当听到那句暖暖的"久等了，你们辛苦了"时，旅客疲惫的脸上露出了笑容。

讨论： 由于天气原因，航班延误或取消难以避免，民航系统还可以采取哪些服务措施以尽量减少旅客的抱怨或避免投诉升级？

（4）员工需具有服务补救技巧、权力和随机应变的能力。有效服务补救技巧包括认真倾听客户抱怨、确定解决办法、能够灵活变通。员工必须被授予服务补救权力，在一定的权力范围内处理各种意外情况。

（5）从补救中汲取经验教训。通过对整个服务补救过程的跟踪，管理者可发现服务系统中一系列亟待解决的问题，并及时修正服务系统中的某些环节，进而避免服务失误再次发生。

真诚道歉获得电梯用户的原谅

企业在为客户提供服务的过程中，难免会出现服务失误，使客户不满或投诉，那么服务失误后该如何处理呢？

例如，在某电视剧中，住在 22 楼的两位姑娘在乘电梯时，电梯出现了故障，骤停后急速下降。两位姑娘虽然没出意外但受到了惊吓，她们对物业和电梯商很是不满。电梯公司的小林为此专程前来道歉，他首先谦恭地递上名片，然后深鞠一躬，说道："实在不好意思！由于我们工作的失误，给你们带来了麻烦，我们的技术人员正在连夜赶修，电梯明天一早就能正常运行，我们保证以后不会再发生这样的事情了！"听两位姑娘发完牢骚后，他又保证："我们以后会定时检查维修，非常抱歉！"他连连鞠躬，最后离开时还不忘再鞠一躬，搞得其中一个姑娘都不好意思了，她说："这左一个鞠躬，右一个鞠躬的，我本来还想刁难刁难他的，结果弄得我都不好意思了！"

这就是态度的力量，当企业真诚地为自己的失误而道歉，并向对方做出不会再出现失误的保证时，一般都会被客户所原谅。

讨论：真诚道歉真的能获得用户的原谅吗？谈谈你的亲身感受。

第三节　客户抱怨与投诉管理

培养客户忠诚度是企业维持客户关系的重要手段。对客户的抱怨与投诉及时反应并采取补救措施，能够帮助企业重新建立信誉、提高客户满意度、维持客户忠诚度。

一、客户抱怨管理

在有些企业经营者的观念中，客户的抱怨就是在找麻烦，而且只会给企业带来负面影响。实际上这种观念是有失偏颇的，从某种角度来看，客户抱怨是企业改进工作、提高客户满意度的机会。

（一）客户抱怨概述

客户抱怨是客户对企业产品或服务的不满或责难，是客户对自己的期望没有得到满足的一种表达。客户抱怨是由客户对企业产品或服务的不满意引起的，是不满意行为的具体表现。客户对企业产品或服务的抱怨意味着企业经营者提供的产品或服务没达到客户的期望、没有满足客户的需求，同时，也表示客户对企业仍有期待，希望企业能提高服务水平。

客户抱怨可分为私人行为和公开行为。私人行为包括不再购买某品牌、不再光顾某商店、说某品牌或某商店的坏话等；公开行为包括向商店或制造企业、政府有关机构投诉，要求赔偿等。

倾听客户的不满是企业改善服务的基础。客户是企业生存之本、利润之源，企业要善待不满意的客户。客户抱怨，实际上给予了企业一次改进产品或服务的机会。企业通过分析客户的各种抱怨、牢骚、投诉等，可以发现产品或服务的不足，并以此为契机，不断提升产品及服务质量，最终赢得客户的满意。

案例 9.6

倾听客户抱怨

某知名电动汽车公司 CEO 很重视客户抱怨，他经常周末抽空在社交网络上对客户的抱怨和建议进行回复。一位客户在社交网络上发出一条请求："你们能不能通过编程在汽车停稳后让座椅向后移，同时抬起方向盘？"他回应："好主意，我们将把这种设计添加到即将发布的某个版本的软件中。"另一位客户问："能否让座椅和方向盘根据用户的具体情况自动调整？"他回答："好的，它们应该会根据用户情况自动调整，只要碰一下控制手柄，汽车就应该能自动调整。"这并非他第一次在社交网络上倾听客户的抱怨及反馈并做出回应。尽管客户给该品牌汽车挑了不少这样或那样的毛病，但是大多数客户对自己的爱车还是很满意的。

讨论： 客户抱怨对企业有何积极意义？

（二）客户抱怨的处理原则及应对方式

处理客户抱怨要遵循一些原则并采取有效的应对方式。

1. 客户抱怨的处理原则

处理客户抱怨应遵循以下原则：平息客户怒气，认真聆听客户陈述；与客户友好沟通，确认事实、了解真相；即使错误在客户，也不要采取强硬态度；不可将责任转嫁别人；不承诺超出权限的事项；视情况请求主管出面解决；不与客户争辩；对客户真诚相待。

2. 客户抱怨的应对方式

在处理客户抱怨时，企业应根据实际情况采取三种应对方式：回避、处理及欢迎。

（1）回避。分清客户抱怨的情况，避开有意制造麻烦的客户，不要与其过多纠缠；对于无理取闹的客户，要保持礼貌，并以简捷的回答结束谈话；对于想借抱怨牟利的客户，要坚决地予以制止。

（2）处理。对于客户正常的抱怨，企业要给予相应的解释和答复；对于不能马上处理的问题，要给予明确的解决时限，同时要及时上报主管部门，确保承诺兑现；对于不知如何回答的问题，应如实向客户说明，并保证在获知结果后，马上给客户回复。

（3）欢迎。客户抱怨是企业的宝贵信息，有利于企业改进服务质量、提高服务水平。对于客户提出的中肯意见和建议要给予肯定，并认真记录、上报领导。同时，不要轻易对客户的建议和意见给予采纳的承诺。

（三）客户抱怨的处理对策

客户抱怨的目的一般是想得到某些方面的满足，如让别人听取自己的意见，被认真地对待，得到尊重、赔偿或补偿，让侵犯了客户权益的人得到惩罚以及消除问题，不让它再次发生等。处理客户抱怨时要放下手上的其他工作；认真聆听；表示理解及致歉；总结客户的不满及其希望采取的行动；提出企业方可做出的行动建议，并解释该建议；帮助客户解决正遇到或可能遇到的困难；征得客户同意，快速采取行动。

1. 以良好的态度应对客户的抱怨

处理客户抱怨时要保持良好的态度，保持良好的态度是处理客户抱怨的前提。因此，企业员工不仅要有坚强的意志，还要以诚意去感化对方，只有这样，才能更好地应对客户的抱怨。

2. 了解客户抱怨背后的意图

应对客户抱怨，首先要做的是了解客户抱怨背后的意图，这样才有助于按照客户的希望去处理问题，这是解决客户抱怨的根本。例如，从表面来看，客户向保险代理人抱怨他们要求保险公司处理一个简单的问题等了好几天都没回应，但从深层次来看，客户是在暗示代理人，保单到期后，他们会找另一家保险公司续保。令人遗憾的是，许多企业只听到了表面的抱怨，结果因对客户的不满处理不当，白白流失了大量的客户。

3. 用行动化解客户的抱怨情绪

客户抱怨的目的主要是让企业用实际行动来解决问题，而绝非给出口头上的承诺。客户如果知道你会有所行动，自然放心。在采取行动时，动作一定要快，这样一是可以让客户感觉受到了尊重，二是表示企业解决问题的诚意，三是可以防止客户的负面言论对企业造成更大损失。

4. 让抱怨客户感到惊喜

客户抱怨是因为企业提供的产品或服务未能满足其需求或让其利益受损。因此，客户在抱怨之后，往往会希望得到补偿。即使企业给了他们一些补偿，他们也往往会认为这是自己应得的，因而也不会感激企业。如果客户得到的补偿超出了他们的预期，其忠诚度往往会大幅度提高，而且他们也会到处传颂这件事，企业的美誉度也会随之上升。

案例 9.7

Ritz-Carlton 酒店对客户抱怨的处理

四名来自欧洲的 MBA 学生到位于美国亚利桑那州菲尼克斯的 Ritz-Carlton 酒店参加服务营销理论研讨会。他们想在晚上离开酒店前到酒店的游泳池里放松几个小时。下午，当来到游泳池时，他们被礼貌地告知游泳池已经关闭了，原因是为了准备晚上的一个招待会。这些学员向招待员解释说，晚上他们就将回家，这是他们唯一可以利用的一点时间了。听完他们的解释后，这个招待员让他们稍微等一下。过了一会儿，一个管理人员来到他们身旁解释说，为了准备晚上的酒会，游泳池不得不关闭。但他接着又说，一辆豪华轿车正在大门外等着他们，他们的行李将被运到另一家酒店，那里的游泳池正在开放，他们可以到那里游泳，至于轿车费用，全部由本店承担。这四名学生非常高兴，这家酒店给他们留下了非常深刻的印象，也使他们乐于到处传颂这一段服务佳话。良好的抱怨处理方式不仅赢得了客户的满意，而且也为企业宣传自己提供了良机。

讨论：Ritz-Carlton 酒店化解客户抱怨的做法给了我们什么启示？

二、客户投诉管理

客户投诉是每一个企业都会面临的问题，它是客户对企业产品或服务不满的表达。处理客户投诉，将客户不满转化为客户满意，已成为企业营销实践的重要内容。

（一）客户投诉概述

在市场中，客户投诉是最常见却又是最能获取价值信息的渠道，客户投诉可以成为企业改进产品质量及提高服务水平的重要参考。

1. 客户投诉含义

客户投诉是客户因对企业产品或服务不满意而提出的书面或口头上的异议、索赔和要求解决问题等的行为，是由客户在购买中感知的不满意而引发的抱怨升级。

美国商人马歇尔·菲尔德认为："那些购买我产品的人是我的支持者；那些夸奖我的人使我高兴；那些向我抱怨、投诉的人是我的老师，他们纠正我的错误，让我天天进步；只有那些一走了之的人是伤我最深的人，他们不愿给我一丝机会。"可见，投诉虽然不可避免，但没有投诉，企业就不能及时纠偏，也就不能进步。

2. 客户投诉的原因

客户对产品质量、价格、计量方面的抱怨是产生投诉的重要原因。"完美的商品=好的产品+好的服务"。例如，100 件产品里只要 1 件有瑕疵，对商家来说是 1%的过失，而对客户来说却是 100%的不满意。

服务标准低、服务人员态度不好是导致客户投诉的主要原因。美国管理协会（AMA）所做的一项调查显示，68%的企业失去客户是因为服务态度不好。产品是没有情感的，只有在服务中附加上人的情感，才能使产品鲜活起来。交易从表面上看是物与物的交换，但其实质是人与人情感的交流和沟通。

3. 客户投诉的类型

按投诉的严重程度及性质的不同，客户投诉可分为一般投诉、严重投诉及恶意投诉。一般投诉是指投诉的问题、性质比较轻微，没有对企业造成大的损害或者客户投诉带来的负面影响不大的投诉；严重投诉是指投诉涉及的问题比较严重，对客户造成了较大的物质上的损失或精神上的伤害，引起客户的愤怒而使客户做出不利于企业的言行。两者之间也有一定的联系：一般投诉如果处理不当，极有可能演变成严重投诉；相反，如果严重投诉处理得比较得当，也可以转化为一般投诉。恶意投诉是指投诉人为达到其不可告人的目的，不惜颠倒是非，捏造事实，向有关部门反映不实的内容和不存在的问题。为了满足一己私欲在不合法的前提下的投诉也可称为恶意投诉。

按投诉具体内容划分，客户投诉可分为产品质量投诉、服务投诉、价格投诉和诚信投诉四类。产品质量投诉是指投诉人因对产品的质量、性能、安全等不满意而提出的投诉；服务投诉是指投诉人因对企业提供的售后服务或是销售人员的服务方式、态度等不满意而提出的投诉；价格投诉是指投诉人认为其所购产品或服务价格过高或者物非所值而提出的投诉；诚信投诉是指投诉人因购买产品或服务后，发现其使用价值或接受的服务并非如售前或售中所宣传、承诺的那样而提出的投诉。

（二）客户投诉对企业的意义

企业通过了解客户投诉可以及时发现产品或服务的不足和失误，及时挽留住客户，并树立企业良好的形象。

1. 防止客户流失

市场竞争的实质就是争夺客户资源，但由于种种原因，企业提供的产品或服务有时会不可避免地低于客户的期望，造成客户不满意。向企业投诉的客户要寻求公正的解决方案，说明他们并没有对企业绝望，希望再给企业一次机会。客户投诉为企业提供了恢复客户满意的补救机会，鼓励不满客户投诉并妥善处理，能够防止客户流失。

2. 减少负面影响

不满意的客户不但会停止购买企业的产品或服务，转向企业的竞争对手，而且还会向他人诉说自己的不满，给企业带来不利的口碑传播。研究发现，一个不满意的客户会把他们的经历告诉至少9个人，其中13%的不满意客户会告诉另外的20多个人。很多投诉案例表明，客户投诉如果能够迅速、圆满地得到解决，客户的满意度就会大幅提高，客户大都会比之前具有更高的忠诚度。

3. 提供免费的市场信息

投诉是联系客户和企业的一条纽带，它能为企业提供许多有益的信息。研究表明，大量的工业新产品构思来源于用户需要，客户投诉一方面有利于纠正企业营销过程中的问题与失误，另一方面还可能反映了企业产品和服务所不能满足的客户需要。企业仔细研究这些需要，可以帮助其开拓新市场。

4. 预警危机

一些研究表明，客户在每四次购买中就会有一次不满意，而只有5%以下的不满意的客户会投诉。如果将对企业不满的客户比喻为一座冰山，投诉的客户则仅是冰山一角。企业要珍惜客户的投诉，正是因为这些投诉为企业发现自身问题提供了可能，企业才有可能避免出现更大的危机。

（三）客户投诉处理原则及流程

客户投诉的预防、受理和处理是企业客户投诉管理的主要内容。处理好客户投诉，可以提高客户满意度，降低客户流失率。企业可通过分析投诉信息，挖掘潜在商机，让客户投诉转变为企业利润的增长点。

1. 客户投诉处理的基本原则

在处理各种客户投诉时，要遵循客户投诉处理的基本原则，给客户一个圆满的处理结果。客服人员在处理客户投诉时，一般应遵循3W、4R、8F原则。

（1）3W原则。3W原则是指在客户投诉中，客服人员需要尽快弄清楚三个问题，即我们知道了什么（What），我们什么时候知道（When），我们对此做了什么（What）。获取这些问题的答案和做出投诉受理响应将影响投诉解决效果。

（2）4R原则。4R原则是指对待投诉客户的四种态度，即：遗憾（regret）、改错（reform）、赔偿（restitution）、纠正（recovery）。与投诉客户打交道，客服人员要表达遗憾，保证解决措施到位，防止同类事件再次发生，并提供相应赔偿，直到投诉解决。

（3）8F 原则。8F 原则是指与投诉的客户进行沟通时应该遵循的八大原则，即：事实（factual），向客户承认事实真相；第一（first），率先对问题做出反应；迅速（fast），处理投诉时要果断迅速；坦率（frank），要坦诚，不要回避问题；感觉（feeling），与客户分享你的感受；论坛（forum），与客户建立信息传递渠道；灵活性（flexibility），投诉处理策略应灵活多样；反馈（feedback），对外界变化及时作出响应。

2. 客户投诉处理流程

客户投诉一般按以下流程进行处理：记录客户投诉内容；判断客户投诉是否成立；确定投诉处理部门；投诉处理部门分析投诉原因；提出投诉处理意见和方案；提交主管领导批示；实施投诉处理方案；总结评价。

（四）客户投诉处理策略

无论是哪个行业，客服人员在处理客户投诉过程中都离不开与客户的沟通，沟通是解决客户投诉的有效手段。

（1）注意时机和场合。在处理客户投诉时，客服人员一定要注意时机和场合。从时机方面来说，不应该与在气头上的客户马上沟通，应该等客户的情绪相对平静以后再与其进行沟通。从场合来看，客服人员要让投诉客户离开投诉现场，找一个安静的地点沟通，只有这样，才能增强沟通效果。

（2）保持冷静。面对投诉的客户，客服人员要保持冷静、多听少说，特别是对于冲动型的客户，客服人员的态度尤为重要，因为稍有不慎，就会造成客户更大的不满。在与客户沟通时，不要打断客户的谈话，要等客户陈述完毕后再提出自己的看法。

（3）认真倾听客户投诉。倾听是一种有效的沟通方式。当客户对产品或服务投诉时，客服人员通过倾听可以发现客户的真正需求，从而获得处理投诉的重要信息，弄清问题的本质及事实。善于倾听不仅可以使投诉的客户增强对客服人员的信任感，还可以使客服人员从中获取有用的信息，从而更有效地开展工作。

（4）取得客户谅解。客服人员在接受客户投诉时，应迅速核实情况，并向客户表示歉意，安抚客户情绪，尽量用客户能够接受的方式取得其谅解。例如，在考虑客户的需求或感受的前提下为其提供全面的售后服务，如免费维修、包退、包换等，减少或弥补客户损失，取得客户谅解，赢得客户信任。

（5）给出解决方案。为了平息客户的不满，客服人员可以主动了解客户的需求和期望，使双方达成一致。单方面地提出客户投诉处理方案往往会引起客户的质疑和不满，不妨变换一种思路，主动询问客户希望的解决方法，这样更易被客户接受。如果客户的要求在企业接受的范围内，双方很容易达成共识；如果客户要求过高，就需要采用其他的方法，如进一步沟通、关照补偿、外部评审法等。

除此以外，在处理客户投诉时还要避免一些错误行为：在事实澄清以前便承担责任，一味地道歉或者批评自己的同事；与客户争辩、争吵，不承认错误，只强调自己正确的方面，言辞激烈，带有攻击性；教育、批评、讽刺、怀疑客户或者直接拒绝客户；为解决问题设置障碍、吹毛求疵、责难客户，迫使客户打退堂鼓；问一些没有意义的问题，无视客户的关键需求；言行不一，缺乏诚意。

实训项目　客户回访管理

【实训目的】

1. 了解客户回访的目的；
2. 熟悉客户回访形式；
3. 掌握创建客户回访记录基本操作。

【实训准备】

随着市场经济的发展，主动服务越来越被市场广泛认可。客户回访是客户服务的重要内容，做好客户回访也是提升客户满意度的重要方法。客户回访对于重复消费的产品企业来讲，不仅可以得到客户的认同，还可以创造客户价值。客户关系管理系统提供的客户回访功能可以有效地帮助企业制订有针对性的客户回访计划，同时做好客户回访记录，从而更好地提高客户服务水平。

【实训内容】

1. 新建客户回访计划

客户回访功能为客户满意度调查提供了很好的解决方案，企业管理人员在悟空 CRM 系统的客户回访应用中，可以清晰查看回访人、回访时间、回访形式、客户满意度等信息。

2. 让新建的客户回访计划关联客户和合同

新建回访计划需要关联客户和关联合同。关联的合同需要事先存在或新建。需要注意的是，新建的合同需要管理员审批通过后才能进行关联操作。

【实训方法与步骤】

1. 登录悟空 CRM 系统 SAAS 平台版

进入悟空 CRM 系统 SAAS 平台版用户管理界面。

2. 添加客户回访计划与记录操作

在左侧【管理】栏，点击【回访】，见图 9.1。点击【+新建回访】，新建客户回访计划，添加回访编号、回访时间、回访人、回访形式、客户名称、联系人、合同编号、客户满意度以及客户反馈，见图 9.2。

3. 回访计划关联客户合同操作

这里的合同编号是关联回访客户的合同编号。如果合同已经存在，直接选择即可；如果合同不存在，可以根据提示创建。创建的合同需要经过系统管理员审核通过后才能在回访合同编号栏中添加使用。

系统管理员可以在悟空 CRM 系统 SAAS 平台版用户管理界面顶端的【任务/审批】处点

击【待我审批（合同）】，见图 9.3，对提交的合同进行审批操作。另外，系统管理员也可以在用户管理界面左侧的管理栏点击【待办事项】，对待审核合同进行审批，见图9.4。

图 9.1　点击【回访】

图 9.2　新建客户回访计划

图 9.3　点击【待我审批（合同）】

图 9.4　点击【待办事项】

【实训任务】

1. 创建三条客户回访计划，填写回访编号、回访时间、回访人、回访形式、客户名称、联系人、合同编号、客户满意度以及客户反馈等情况。

2. 将客户回访计划关联相关客户的销售合同。新建销售合同时，注意合同的审批情况，只有经过系统管理员审批后的合同才可以添加。

【实训讨论】

1. 选择客户回访方式时需要考虑哪些因素？

2. 见面拜访形式的回访适合什么样的场景？

本章小结

本章主要介绍了客户服务的概念及客户服务体系；服务承诺、服务失误与服务补救等概念及对策；客户抱怨的概念、处理原则、应对方式及处理对策；客户投诉的概念、对企业的意义、处理原则及流程、处理策略。

思考与练习

一、单项选择题

1. 客户服务是以客户为导向、为客户提供较高满意度的（　　），其内容主要包括产品或服务咨询、服务与技术支持以及客户投诉受理等活动。

A. 产品
B. 附加价值或活动
C. 价格
D. 包装

2. 融合"客户服务、商品导购、市场营销、投诉受理"于一体的（　　）得到迅速发展，它可将客户服务无缝地嵌入售前、售中、售后过程的始终。

A. 新型电子交易　　B. 新型电子客服　C. 新型电子商务　　D. 电子信息技术

3. 技术服务是提供与产品技术和效用有关的服务，如企业为客户提供的安装、维修、调试、（　　）、技术培训、技术指导服务等。

A. 送货上门　　　B. 技术咨询　　　C. 广告宣传　　　D. 分期付款

4. 除了销售人员之外，（　　）是更多、更紧密地接触客户的企业员工。

A. 仓库保管员　　B. 广告宣传人员　C. 营销策划人员　　D. 客户服务代表

5. 服务质量是一个复杂的话题，需要从可靠性、响应性、安全性、移情性和（　　）等五个方面来衡量。

A. 间断性　　　　B. 有形性　　　C. 无形性　　　　D. 延迟性

6. 服务补救是指企业在对客户提供服务出现失败和错误的情况下，对客户的不满和抱怨当即做出的补救性反应，其目的是重新培育（　　）。

A. 客户满意度
B. 客户满意度和忠诚度
C. 客户忠诚度
D. 企业信誉

7. 客户投诉是指客户因对企业产品或服务不满意而提出的（　　）上的异议、索赔和要求解决问题等的行为，是由客户在购买中感到不满意而引发的抱怨升级。

A. 书面　　　　　B. 口头　　　　C. 书面或口头　　　D. 电话

8. 客户投诉管理的意义表现为防止客户流失、减少负面影响、提供免费的市场信息以及（　　）。

A. 危机公关
B. 提高客户忠诚度
C. 预警危机
D. 剔除客户

9. 按投诉具体内容划分，客户投诉可分为产品质量投诉、服务投诉、价格投诉和（　　）投诉四类。

        A. 品牌　　　　　B. 诚信　　　　　C. 态度　　　　　D. 性能

　　10. 客服人员在处理客户投诉时，一般应遵循（　　　）原则。

        A. 2W、3R、4F　B. 3W、3R、6F　C. 3W、4R、8F　　　D. 3W、4R、6F

二、名词解释

　　客户服务　　客户服务体系　　服务补救　　客户抱怨　　客户投诉

三、简答题

　　1. 客户服务对企业有哪些作用？

　　2. 客户服务质量可以采用哪些指标进行衡量？

　　3. 服务失误的原因有哪些？

　　4. 简述服务补救策略。

　　5. 简述处理客户抱怨的方法。

　　6. 客户投诉对企业有何意义？

　　7. 简述客户投诉处理流程。

　　8. 简述客户投诉处理策略。

四、讨论题

　　有些人认为，不满意的客户经历了高水平、出色的服务补救，最终会比那些第一次就获得满意的客户具有更高的满意度。于是，有人引申出一个结论：公司应故意令客户失望，这样就可以利用服务补救获取更高的客户忠诚度，这种观点被称为"服务补救悖论"。你赞成这种观点吗？为什么？

五、案例分析

　　每年的 2 月基本为春运返程高峰期。出于对航班座位利用最大化的考虑，一些航班的机票会出现超售现象。面对超售可能造成的服务问题，民航营业部一般在春节前就会做好全面的部署工作，比如提前三天对航班客座率动态密切关注，对超售的航班进行人为调控，确保超售在可控范围内；利用超售航班之前的航班可利用座位，提前对超售航班的旅客进行签转；与机组商量，将部分机组座位让给超售的旅客使用。

　　一次在飞往北京的某航班上，由于春运临时调换机型，原本头等舱的 12 个座位变成了 10 个座位，出现头等舱超售 1 位旅客。某民航营业部与 11 位头等舱旅客进行一一沟通，结果没有一位旅客愿意降舱到公务舱。经过认真分析和部署，工作人员把目光锁定在一行 6 人的范先生身上。他们中 3 人订的是头等舱，3 人订的是公务舱。

　　航班执行当天，工作人员早早来到头等舱值机柜台等候。当范先生一行 6 人出现时，工作人员首先表示了歉意，并向旅客解释了超售的原因，工作人员又将之前为他们安排好的一些具体措施告知范先生：为他们预留了头等舱最后排的 2 个位置以及公务舱最前排的 4 个位置，保证了范先生 6 人小团体能够尽可能地坐在一起。其次，工作人员告知范先生乘务员将为他们提供头等舱服务。最后，工作人员会全程陪同直至旅客顺利登机。听了以上的安排，范先生终于表示可以接受，也不再纠结头等舱超售的事情了。

　　讨论：

　　评价该民航营业部服务失误后所采取的补救措施。

第十章　客户流失管理

【理论框架】

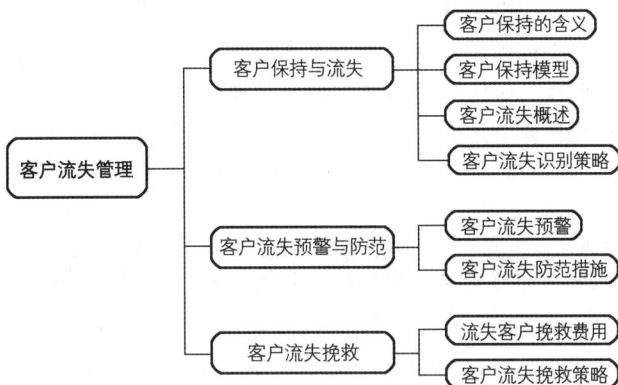

【知识与技能目标】

【知识目标】

1. 了解客户保持的含义、客户流失的原因及类型、客户流失预警与防范措施；

2. 理解客户保持模型、客户流失识别策略；

3. 掌握客户流失防范措施及客户流失挽救策略。

【技能目标】

1. 通过开展市场活动，加深企业与客户之间的联系；

2. 分析各类客户采购频率，建立客户流失预警阈值；

3. 能够利用客户流失预警模型进行客户流失防范。

【案例导入】

eSIM 卡会加剧通信运营商的客户流失吗

在过去的十几年里，中国移动、中国电信、中国联通三家运营商都得到了快速发展，这种发展主要得益于移动通信设备的普及和发卡量的增长。但是，最近几年，发卡量不再增长，因此就出现了互抢客户的激烈竞争局面。其直接后果就是各运营商客户流失率居高不下，客户流失成为令运营商头疼的问题。

为了使智能设备更加轻薄，苹果公司率先在 Applc Watch Scrics 3 上使用了 cSIM 技术。eSIM

卡即嵌入式 SIM 卡。eSIM 卡是将 SIM 卡直接嵌入设备芯片上，而不是作为独立的可移除零部件加入设备中，用户无须插入物理 SIM 卡。这一做法可以让手机用户更加灵活地选择运营商。2018年 2 月 14 日，中国联通已独家获得 eSIM 一号双终端业务试点批复；2018 年 3 月 7 日，中国联通在上海、天津、广州、深圳、郑州和长沙等六个城市启动了 Apple Watch Series 3 的 eSIM 业务。

随着 eSIM 卡的应用，用户将彻底摆脱实体卡的束缚，如果以苹果为代表的手机制造商力推 eSIM 卡，各运营商将面临更加严峻的客户流失问题，因为用户可以更轻松地在运营商之间实现切换，缺乏竞争力的运营商难免会出现大规模的客户流失问题。

思考：eSIM 卡会加剧通信运营商的客户流失吗？

评析：曾经，由于 3G 制式的影响造成了中国移动大量高端用户的流失，很多月均消费在 200 元以上的用户流失到了中国联通和中国电信。2013 年，在获得了工业和信息化部颁发的 4G 牌照后，中国移动加快推进 4G 网络部署，减少了用户流失。eSIM 卡的应用，使用户可以更加轻松地在运营商之间实现切换，服务资费高或服务水平低、缺乏竞争力的运营商会面临更严峻的客户流失问题。如何提高客户忠诚度，提升客户价值，进而增强企业竞争力，已成为通信运营商重点考虑的问题。

第一节　客户保持与流失

客户是企业的重要资源，但在激烈的市场竞争中，很多企业都面临着客户流失问题。对企业来说，留住老客户，预防客户流失，无疑会获得更多的价值。

一、客户保持的含义

客户的流动性越来越强，企业获取新客户的成本也越来越高，客户保持的重要性日益受到企业重视。

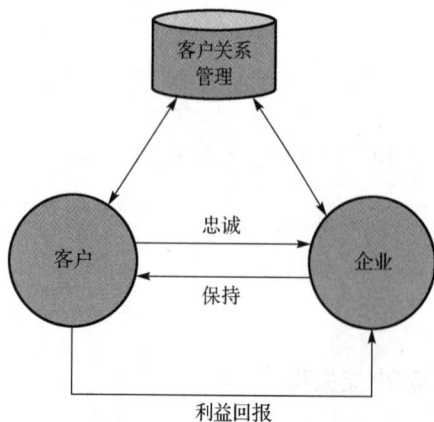

图 10.1　客户保持与客户忠诚

客户保持是企业维持已建立的客户关系，使客户不断重复购买企业产品或服务的过程。客户保持与客户流失是相对的概念，客户保持与客户忠诚是相关的概念，见图 10.1。

衡量一个企业是否成功的标准不仅包括企业的投资收益率和市场份额，而且还包括企业客户保持率、客户份额及客户资产收益率等指标。在这些指标当中，以客户份额衡量企业的业绩更为重要。增加客户份额有两种手段：一是多吸引新客户，二是多保留老客户。其中，有效保留老客户是企业部署客户关系管理系统的重要原因之一。

二、客户保持模型

客户保持可以通过客户保持模型来分析。有数据表明，客户重复购买意向与客户对企业产品或服务的认知价值、客户对企业产品或服务的满意度以及客户转移成本有关，可用客户保持模型来表示，见图10.2。

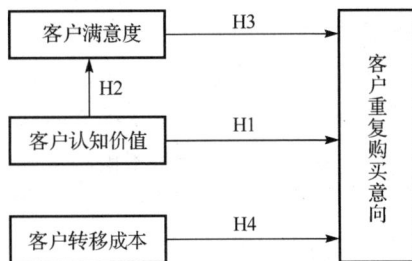

图 10.2　客户保持模型

客户保持模型表明了客户重复购买意向、客户满意度、客户认知价值、客户转移成本之间的因果关系和影响方向。

客户重复购买意向是客户持续与企业交易的愿望或倾向。

客户满意度是客户对企业总的评价。客户满意度取决于客户对企业实际价值与期望价值差异的评价。客户满意度是导致购买或重复购买的最重要的因素，客户满意对重复购买意向有正向影响。

客户认知价值是指客户对企业提供的产品相对价值的主观评价。客户不仅会将收益与为之付出的成本相比较，而且还会将企业提供的产品价值与其他企业提供的产品价值相比较。客户认知价值与客户重复购买意向正相关，并有两种途径对重复购买意向产生影响：一是直接影响重复购买意向，二是影响客户满意度，间接影响重复购买意向。

客户转移成本是指客户结束与现有企业的客户关系并与其他企业建立新的客户关系所涉及的相关成本。客户转移成本包括两个部分：一是过去投入的、转移时将损失的成本，二是建立新的客户关系涉及的潜在的调整成本。客户转移成本与客户重复购买意向正相关。

在客户保持模型中，每一个因果关系可以用一个假设来表示，与图10.2中对应的四个假设表述如下：

（1）H1——客户认知价值越高，客户重复购买意向就越强；

（2）H2——客户认知价值越高，客户满意度就越高；

（3）H3——客户满意度越高，客户重复购买意向就越强；

（4）H4——客户转移成本越高，客户重复购买意向就越强。

客户保持实际上是一个建立和保持客户忠诚的过程。客户忠诚是客户保持的目标，因为客户高度忠诚是不断重复购买的保证。

案例 10.1

A.O.史密斯的客户保持策略

A.O.史密斯是热水器行业的一匹黑马。这个来自美国的热水器品牌，在美国已经拥有一百多年的历史，但它刚进入中国市场时发展得并不顺利。1998年，A.O.史密斯进入中国市场之后连续三年亏损。在美国，A.O.史密斯95%以上的热水器都是通过批发的方式卖出去的，走的主要是房产配套渠道。但是中国市场则完全不同，热水器销售主要走的是零售渠道，消费者选择热水器像选择冰箱、洗衣机一样，会精挑细选，不仅要看功能，还要看外观是否漂亮、造型是否时尚等。当A.O.史密斯把美国的大圆桶热水器拿到中国市场销售时，消费者自然对其不感兴趣。为此，A.O.史密斯对产品进行了重新定位与整合，赢得了消费者的认可，A.O.史密斯也逐步走出销售困境。依靠口碑传播是A.O.史密斯在全球市场的一个营销特色，在中国市场，A.O.史密斯也很好地体现了这一特色。A.O.史密斯的理念是：每一台产品都是最好的广告，消费者如果对产品质量、外观设计、功能以及销售过程、安装过程、售后过程都非常满意，他自然会向别人推荐。通过几年的努力，A.O.史密斯在中国的口碑营销策略取得了切实的成效，创造了很好的销售成绩。

讨论：与广告传播相比，口碑传播对 A.O.史密斯赢得并保持客户的作用大吗？

三、客户流失概述

客户是企业的重要资源，客户流失意味着企业资产的流失。客户流失管理的目的是阻止或避免客户流失，提高企业的赢利水平和竞争力。

（一）客户流失的概念

客户流失是指客户由于种种原因而转向购买其他企业产品或服务的现象。客户流失可以是与企业发生一次交易的新客户的流失，也可以是与企业长期发生交易的老客户的流失；可以是中间商客户（代理商、经销商、批发商和零售商）的流失，也可以是最终客户的流失。不论是哪一类客户，由于种种原因，其随时存在流失的可能。一般来说，老客户的流失率小于新客户的流失率，中间客户的流失率小于最终客户的流失率。

在传统的经营思想中，企业似乎只关心如何获取新客户、如何扩大销售额，而忽视了如何保持已有的老客户。其实，老客户才是企业最有价值的群体，因为老客户能为企业贡献更多的利润，企业保持老客户的成本要比获取新客户的成本低得多。避免老客户流失是保持市场份额、提高企业赢利水平和竞争力的有效手段。

企业都希望客户越多越好，但客户流失现象却是难以避免的，企业应正确看待客户流失。

客户流失会影响企业财力、物力、人力和企业形象，给企业造成损失。当客户流失成为事实的时候，如果不能尽快、及时地恢复客户关系，就可能造成客户永久流失，并使流失的客户成为竞争对手的客户。客户发展是一个新陈代谢的过程，有的客户加入，有的客户离开，因此，客户具有一定的流动性。不论是新客户还是老客户，其在任一阶段、任一时点都有可能流失，特别是由于客户本身原因造成的流失，对企业来说很难避免。在客户流失前，企业要有防范意识，努力维持客户的忠诚度。当客户流失成为事实的时候，企业也应积极挽留这些客户，争取与他们重新建立合作关系。

（二）客户流失的形成过程

如果一位客户购买企业的产品或服务而成为企业的客户，其会对企业提供的产品或服务产生购买感受，如果他认可企业的产品或服务，说明他没有不满意，下一次有需求时，就会有在这家企业继续购买的倾向，因为产品性能还可以，服务也不错，即使价格高一点，该客户也还是会在这家企业重复购买。如果该客户发现产品或服务有瑕疵，就会抱怨。此时，如果企业能圆满地处理好客户抱怨，客户还会满意；如果处理不当，客户还会向企业投诉。如果客户对投诉处理仍不满意，就有可能流失。由此可见，客户流失主要集中在售后服务出现问题之后，客户抱怨和投诉得不到解决之时。客户流失的形成过程见图10.3。

（三）客户流失的原因

在竞争激烈的市场中，客户是一个不稳定的群体，会受到各种因素的驱动而流失。只有深入分析客户流失的真正原因，才有可能尽量避免或减少客户流失。

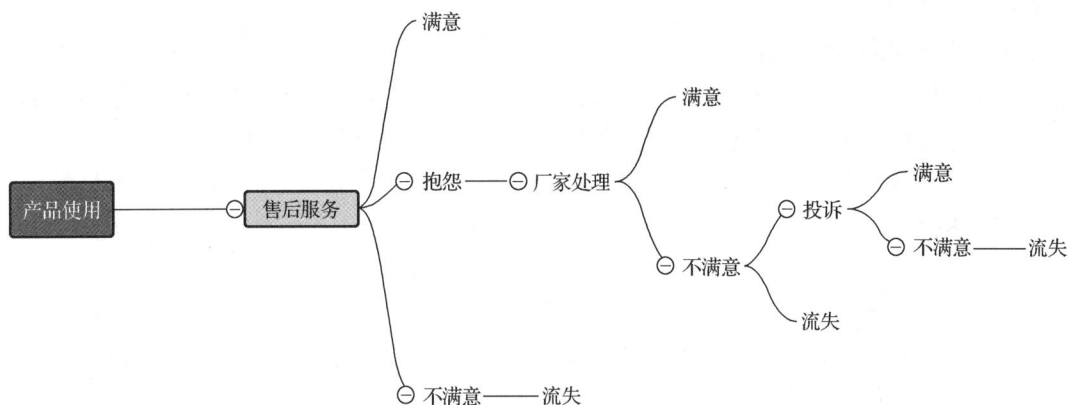

图 10.3　客户流失的形成过程

一般而言，客户流失的原因有以下几种。

（1）管理因素造成的流失。员工跳槽带走客户是客户流失的重要原因，尤其是企业的高级营销管理人员的离职，更容易导致客户群的流失。很多企业在客户管理方面做得不到位，企业与客户之间的关系牢牢地掌握在销售人员的手中，企业自身对客户影响乏力，一旦销售人员跳槽，老客户也就随之而去。如果一个企业的销售队伍不稳定，销售人员会成为企业的"流动大军"，如果控制不当，在销售人员流失的同时，往往伴随着客户的大量流失。此外，企业服务意识淡薄，员工态度傲慢、效率低下，客户的问题不能得到及时解决，投诉没人处理等，都可能直接导致客户流失。

案例 10.2

甲商店错在哪里

有一对年轻的夫妻到甲商店购买婴儿奶粉，该店销售人员只是简单地把奶粉卖给了这对夫妻。半个月后，这对夫妻需再次购买奶粉，这次他们选择了邻近的乙商店。乙商店销售人员在给他们介绍奶粉的同时，了解到他们的孩子刚满十个月，他们每隔三四周就会购买一次奶粉。在客户付款时，销售人员让他们登记了相关的信息，并为其办理了一张会员卡。这样，每隔三周，该销售人员就给他们打电话进行回访，问孩子喜不喜欢吃乙商店的奶粉，现在奶粉是否快吃完等。自然，这对年轻的夫妻每次需要购买奶粉时，都会到乙商店，在需要其他的婴儿用品时也会到乙商店进行购买，有时得知周围的朋友要买奶粉，还会介绍他们去乙商店购买。

讨论：你认为甲商店错在哪里？

（2）营销因素造成的流失。由营销因素造成的客户流失包括由产品因素、价格因素、渠道因素或促销因素造成的客户流失。由产品因素造成的客户流失有两种情况：一是客户找到了更好的同类产品或服务，二是出现了更好的替代品。产品质量不稳定也是客户流失的一个重要原因。此外，客户因价格或促销而转移购买，或因购买渠道不便而转移购买，也是客户流失的原因。

（3）缺乏创新造成的流失。任何产品都有生命周期，随着市场的成熟及价格透明度的提高，产品带给企业的利润空间越来越小，产品带给客户的价值也越来越小。如果企业的创新能力跟不上，不能持续为客户提供高附加价值的产品或服务，客户就会转向购买技术更先进的替代产品或服务。

（4）市场波动造成的流失。企业在发展过程中会出现一些波动，企业的这些波动期往往是客户流失的高发期。例如，企业高层的变动、企业资金周转不灵等，都会导致企业波动，从而导致市场波动，因为任何一个客户都不愿意与动荡不安的企业长期合作。

（5）店大欺客造成的流失。店大欺客是一种普遍现象，一些大企业苛刻的市场政策会使一些中小客户不堪重负而离去，或者会抱着抵触情绪推广其产品，这些中小客户一旦遇到合适的时机，就会离企业而去。

（6）诚信问题造成的流失。企业诚信出现问题也是客户流失的一个很重要的原因。有些企业喜欢向客户随意做出承诺，如不能及时将承诺的返利、奖励等兑现给客户，也会让客户觉得企业没有诚信而离开。

（7）政治因素造成的流失。客户会因不满意企业的政治立场与态度，或认为企业未承担社会责任而停止购买。例如，因历史或政治原因，出现的国内一些消费者抵制某品牌产品的现象。

（8）其他因素造成的流失。其他一些因素也有可能造成客户流失，如客户搬迁、客户改行或客户破产等。

（四）客户流失的类型

客户流失的成因复杂、流失类型繁多，如客户主动选择另外一个供应商、使用其他厂家的产品或服务(主动流失)，或者由于客户恶意欠款等原因导致企业被迫中止业务(被动流失)。

1. 主动流失

主动流失一般有以下几类。

（1）自然流失。客户由于破产、身故、移民或迁徙等原因，或者由于客户目前所处的地理位置在企业产品和服务的覆盖范围之外，客户无法再享受企业的产品或服务。这类客户流失占的比例很小。

（2）需求变化流失。客户自身的需求变化也会导致客户流失。需求变化客户的大量出现，往往是伴随着科技进步和社会习俗的变化而产生的。例如，某互联网用户由甲运营商提供的200M带宽接入服务换成乙运营商提供的千兆光纤接入服务等。

（3）竞争流失。竞争流失一般表现为趋利流失。受竞争企业的营销活动影响，有时客户会终止与企业的客户关系而转变为竞争对手的客户。例如，某企业一直租用价格较高的A空间服务商提供的云服务器，由于B空间服务商开展周年庆典促销活动，同样硬件配置及带宽的云服务器价格只有A服务商价格的60%，于是该企业决定不再租用A空间服务商的云服务器。

（4）过失流失。过失流失是一种失望流失，是由于企业自身工作中的失误引起客户不满意造成的，如客户因对企业产品或服务不满意，从而终止与该企业的客户关系。

现实中，由于企业自身的原因造成的客户流失占了绝大部分，而因为竞争对手的原因造成的客户流失量是很少的。由于后两种原因流失的客户有可能被挽救回本企业，属于挽救对象，尤其失望流失的客户是重点挽救对象。

2. 被动流失

被动流失一般有以下几类。

（1）非恶意流失。非恶意流失是指客户由于遗忘或其他原因，没有及时缴费而造成的客户流失。这类流失比较容易避免，且出现这种情况的可能性并不大。有效避免客户非恶意流失的方法就是为客户提供业务提醒服务。

（2）报复性流失。报复性流失指客户因对企业的产品或服务不满而出现的客户流失。要防止和减少这类流失，企业必须及时妥善地处理客户的抱怨和投诉。

（3）恶意流失。这类流失一般是由于客户的失信或故意诈骗等原因而形成的。避免这类客户流失的有效办法是建立完善的客户资料库、对客户信誉度进行评估、采用客户预付费方式等，必要时可以采取法律措施来解决。对恶意流失客户而言，企业一般没有对其进行保留的必要。

四、客户流失识别策略

通常情况下，每个客户在一定时期内会购买企业产品或接受企业服务，如果一个客户超过一定时期未购买企业产品或接受企业服务，可以认为这个客户已经流失或者存在流失的风险，应成为客户流失分析的对象。

（一）界定流失客户

判断客户是否处于流失状态，一般可以使用时间长度及关键行为两个维度来进行衡量，即客户在多长时间内没有进行关键行为的操作。这里的时间长度，可以是上一次关键行动（如采购）的时间节点距现在的天数，通常可以设定为平均关键行为周期（如采购期）的倍数。例如，某企业 A 客户正常情况下平均采购周期为一个季度，我们可以设定超过三个季度（270 天）该客户如果还没有进行采购，就可以把 A 客户列为流失客户。

（二）从宏观层面分析客户流失

受环境、市场及竞争等因素影响，企业出现客户流失是一种正常现象。企业流失的客户数量少且不是大客户的话，客户流失不会对企业造成太大的影响；企业流失的客户数量多或者有大客户流失的话，客户流失就会对企业造成较大的影响。

企业可以从宏观层面把握客户流失的动态。对客户流失进行分析，可以采取一些营销量化指标来进行，比如客户指标、市场指标、财务指标以及竞争指标。

1. 客户指标

在客户指标当中，客户流失率是评估企业客户流失状态的一个重要指标。客户流失率是指流失的客户数量占全部客户数量的比例，它是对客户流失的定量表述，是判断客户流失的主要指标，直接反映了企业经营与管理的现状。客户流失率有绝对客户流失率和相对客户流失率之分。

（1）绝对客户流失率。绝对客户流失率是把每位流失的客户按同等重要性来看待的，其计算公式为

$$绝对客户流失率 =（流失的客户数量 ÷ 全部客户数量）×100\%$$

（2）相对客户流失率。相对客户流失率是以客户的相对贡献价值（如购买额）为权数来计算客户流失率的，其计算公式为

$$相对客户流失率 =（流失的客户数量 ÷ 全部客户数量）× 流失客户的相对贡献价值 ×100\%$$

2. 市场指标

市场指标主要包括市场占有率、市场增长率、市场规模等。客户流失率通常与上述指标

成反比。企业营销人员可以可通过市场部门获取相关信息，以对企业客户数量及状况进行总体分析。

3. 财务指标

销售收入、净利润、投资收益率等这些财务指标通常与客户流失率成反比。企业营销人员可通过财务部门获得这些信息，以对企业客户数量及状况进行总体分析。

4. 竞争指标

在竞争市场中，通常一个企业所流失的客户必然是另一个企业所获得的客户。通过判断企业的竞争力，也可以大体了解企业客户流失状况。通常竞争力强的企业，客户流失的可能性要小些。

（三）从微观层面分析客户流失

在竞争激烈的市场中，客户是一个不稳定的群体，会受到各种因素的影响而流失。对处于流失状态的客户，企业需要具体分析客户流失的真正原因以及流失类型。对有些流失的客户，企业有必要对这些客户进行管理，并采取必要措施以尽可能挽回流失的客户。

（四）制定客户流失解决方案

分析客户流失征兆，建立健全客户流失预警及客户流失挽救机制。企业可通过客户流失预警分析找到流失可能性大且对企业价值贡献较高的客户，针对可能发生客户流失的原因，制订客户流失解决方案，有选择、有针对性地进行客户挽救工作。

第二节　客户流失预警与防范

在竞争激烈的市场中，一旦发生客户流失，特别是大客户的流失，企业业绩就会受到严重影响。如果在客户流失后再进行挽救工作，企业不仅要消耗大量的资源，而且挽救结果未知。在客户关系维系方面，客户流失预警与防范工作要重于客户挽救工作。

一、客户流失预警

客户流失虽然不可避免，但企业可以通过客户流失预警来尽量减少客户流失。

（一）客户流失预警的概念

客户流失预警是通过对客户一定时间段内的支付行为、业务行为及基本属性进行分析，揭示隐藏在数据背后的客户流失模式，预测客户在未来一段时间内的流失概率及可能的原因，指导客户挽留工作。客户流失预警对大多数企业而言具有重要的作用，它可以帮助企业在早期预测未来即将流失的重要客户，从而及时组织相应的营销活动来挽回客户。

（二）客户流失预警模型

企业通过客户流失预警分析找到流失可能性大且对企业价值贡献较高的客户，针对可能发生流失的原因，有选择、有针对性地采取客户挽留措施，并通过以下三个环节建立客户流失预警模型：建立客户流失数据模型，及时判别、及时预警，适时进行针对性调整。

1. 建立客户流失数据模型

客户流失数据模型可通过两种方法建立，见图10.4。

（1）以数据标准进行评估。针对产品或服务情况设立单一标准，将处于标准线以下的客户暂定为流失客户，并在综合考虑客户基本信息的基础上，对此类客户从整体角度进行加权评估。

（2）以数据模型进行分析。①采集数据并建立客户信息数据库，提升数据挖掘的精确度，增强客户流失预警模型的准确性。②确定模型主要变量。客户流失预警模型的主要变量可根据产品或服务内容具体选择。③加权分析数据。在获得主要变量后，管理者根据企业产品或服务的特征，推断出各主要变量之间的相互关系，通过科学的数据分析，准确地建立客户流失数据模型。

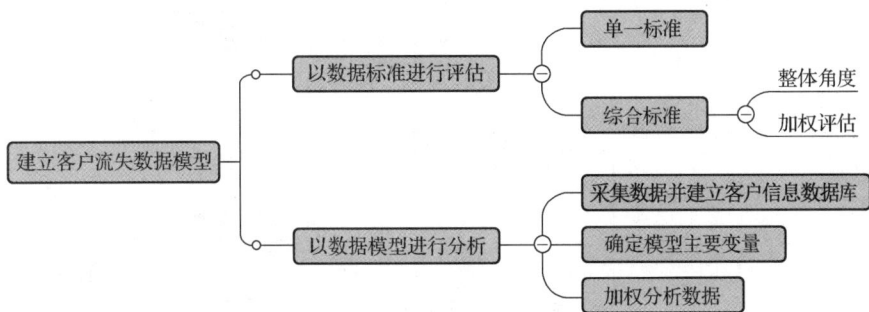

图10.4 建立客户流失数据模型

2. 及时判别、及时预警

企业在获得流失客户信息后，需及时判别、及时预警。企业可以通过分析流失原因判别客户流失类型。

（1）不可逆因素导致的被动流失。一般情况下，不可逆因素一般指客户遇到经济困难、客户恶意拖欠费用，以及新技术应用等。此类客户一般无再次开发的价值。

（2）主观因素导致的主动流失。此类流失一般是由企业服务的缺失、同行的竞争及客户其他原因等造成的。

通过对流失客户分类，企业可及时挽留有价值的客户，及时向相关责任部门发布预警信息并进一步采取相应措施。例如，客户关系管理部门及时进行关系维护，销售部门及时制定有针对性的营销策略，上级主管部门及时干预，见图10.5。

3. 适时进行针对性调整

客户流失预警模型（见图10.6）不仅包括反映在数据上的统计分析，还包括机动灵活地针对客户意见对营销策略适时进行调整，从而提高客户满意度，降低客户流失率。

（1）重点客户维护。忠诚客户是企业为其建立客户流失预警模型的主要对象，企业需要重点针对忠诚客户的意见和重要客户的要求对营销策略进行适时调整。

（2）挖掘客户诉求。对客户提出的意见，企业可通过直接沟通的方式，挖掘客户诉求。例如，企业通过电话回访了解客户意图；通过短信提醒，发送节日祝福和优惠活动，跟踪客户反馈；通过邀请客户参加大客户座谈会，与大客户面对面沟通，加强与大客户的情感交流等。

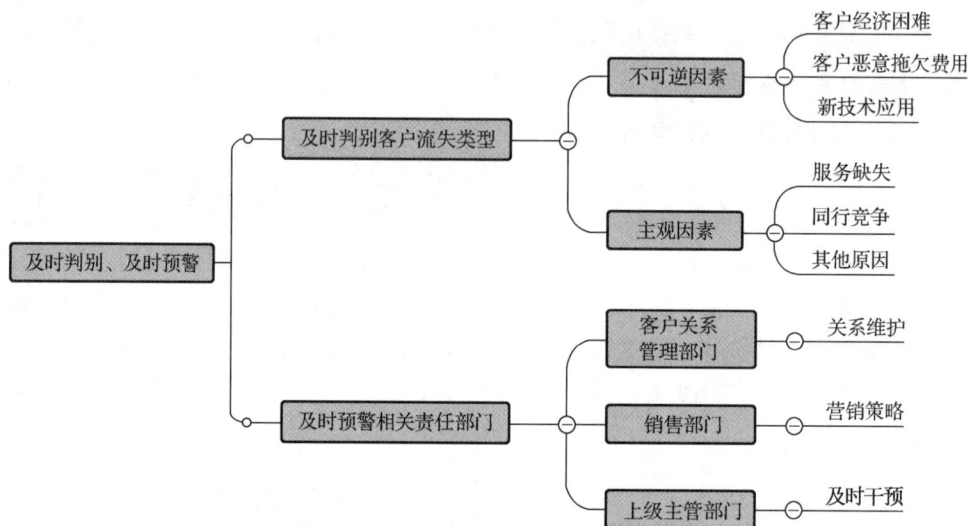

图 10.5　及时判别、及时预警

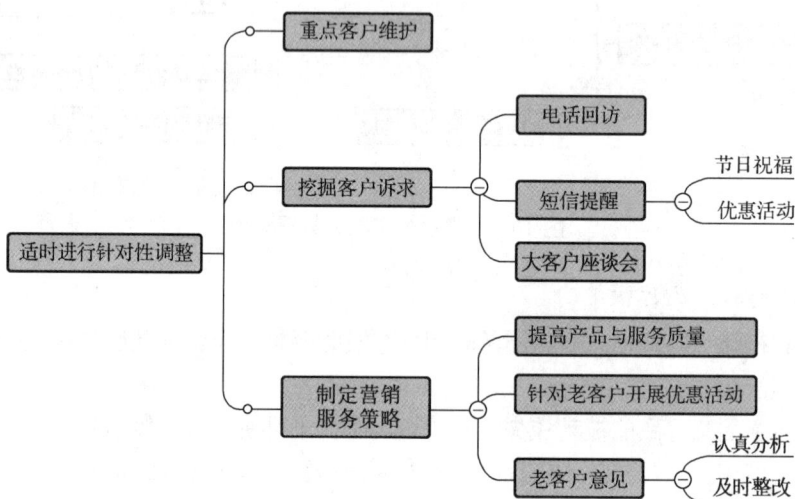

图 10.6　客户流失预警模型

（3）制定营销服务策略。针对客户的诉求，企业应制定具有针对性的营销服务策略，寻找服务短板，提升产品和服务质量；企业还可针对老客户开展优惠活动，这样既能提高老客户的忠诚度，又能吸引新客户；企业对老客户提出的意见要认真分析、及时整改，并且将整改结果反馈给客户。

二、客户流失防范措施

客户流失防范措施主要有以下几项。

1. 建立客户关系管理机构

客户关系管理机构的职责是制订长期和年度客户关系管理计划，制定沟通策略，定期提交报告，兑现企业向客户承诺的各项利益，处理客户投诉，维持同客户的良好关系。客户关系管理机构应收集客户详细资料，通过建立客户档案并对其进行科学管理，及时与客户进行有效沟通，增进彼此间的了解和信任，适时把握客户需求，切实做好客户关系管理工作。

2．实施全面质量管理

美国通用电气公司前总裁韦尔奇曾说："质量是通用维护客户忠诚最好的保证，是通用对付竞争者最有力的武器，是通用保持增长和赢利的唯一途径。"客户追求的是优质的产品或服务，如果企业不能给客户提供优质的产品或服务，客户就不会对企业提供的产品或服务满意，更不会具有较高的忠诚度。因此，企业应实施全面质量管理，在产品质量、服务质量、客户满意等方面加强管理力度。

3．提升员工满意度

我们常说"顾客就是上帝"。从表面上看，提升客户的满意度是最重要的。但是，在高度重视人力资源的今天，员工满意的重要性远远超过客户满意的重要性。因为只有让员工满意的企业，才能更好地激发员工的热情和创造力，从而为客户提供更好的服务，最终给企业带来更大的价值。因此，企业要防止客户流失，就要提升客户满意度；而要提升客户满意度，就要首先提升员工满意度。

4．重视客户抱怨管理

客户抱怨意味着企业提供的产品或服务没有达到客户的期望或没有满足客户的需求。同时，抱怨也表示客户仍旧对企业有所期待，希望企业能提高服务水平。从这个角度来看，客户抱怨实际上是企业改进工作、提高客户满意度的机会。对于客户的不满与抱怨，企业如果能采取积极的态度处理，并对由服务、产品或者沟通等原因所带来的失误进行及时补救，还是可以重新建立起信誉、提高客户满意度、维持客户忠诚度的。

5．建立客户流失预警系统

对客户流失管理的一个有效的方法就是建立客户流失预警系统。客户流失预警的目标是通过特定方法分析出哪些客户具有较大的流失概率，从而对这些客户进行有目的、有区别的挽留工作，尽量减少客户流失给企业带来的损失。

客户流失预警从本质上来说是一种数据分析过程，常用的数据分析方法主要有逻辑回归法、决策树法、神经网络法等，这些方法在银行、保险等领域已得到了广泛应用。通过建立客户流失预警系统，企业可以提高对高价值客户挽留的成功率，降低客户流失率和挽留成本，做到有的放矢，减少由客户流失带来的经济损失。

第三节　客户流失挽救

客户流失会给企业业绩带来一定的影响，企业应对流失客户进行管理，尽可能挽救流失客户。在资源有限的情况下，企业应该根据客户的重要性来区别对待流失的客户，把资源重点放在能给企业带来较多利润的流失客户身上。

一、流失客户挽救费用

流失客户挽救成本，也称为流失客户挽救费用，它是指为挽救流失客户而发生的费用，包括礼品费用、沟通费用、人工费用、折让费用等。

1. 流失客户挽救成本的估算

一个客户对于企业的价值，不仅表现在他自身消费所带来的直接利润上，还体现在因其宣传而新增的其他客户利润或因其抱怨而减少的其他客户利润上。企业一般普遍根据客户终身价值来衡量客户的价值。客户终身价值反映在客户关系生命周期内客户为企业带来的直接利润和间接利润的净现值总和上，它是进行客户重要程度识别、企业营销资源分配、客户忠诚行为培养的首要依据。

2. 流失客户挽救决策

确定流失客户挽救费用上限的决策依据是挽救成本要小于因挽救而增加的客户价值。

确定挽救费用上限的步骤如下。

（1）计算挽救情况下客户终身价值期望值 $E(V)$。它是挽救成功时该客户的终身价值 V_1 与挽救不成功时该客户的终身价值 V_2 的数学期望值。

（2）计算不挽救情况下该客户的终身价值 V_3。

（3）比较两个价值的差额 $E(V)-V_3$。这一差额是由挽救行动带来的，挽救行动本身付出了成本 C_3，该成本不应该超过因挽救而增加的价值。

二、客户流失挽救策略

制定客户流失挽救策略的基本原则有两项：一是要针对其流失原因采取相应的措施，二是不超过挽救费用的上限。在客户流失预警系统分析的基础上，应制订客户流失解决方案。

1. 发现客户挽留机会

建立客户流失预警系统，对现有客户进行流失倾向评估，按倾向高低进行判别。在判别时，要结合客户价值对客户进行分群，优先考虑挽留中高价值客户。

2. 制定客户挽留策略

对选定的客户进一步分群，将他们划分为几种类型，然后逐一制定有针对性的挽留策略。

（1）自然消亡类、需求变化类。自然消亡类、需求变化类流失客户挽救成功的可能性不大，一般不必去挽救。

（2）趋利流失类。趋利流失类又可分为两种类型：恶意流失和竞争流失。"恶意流失"是客户为了实现某些私利而流失，会给企业造成一定的损失。例如，电信用户拖欠了大额通信费之后离开了原来的电信运营商，转投别家。企业通常可通过完善客户信用管理制度来避免这类客户的流失，如在初次交易时登记客户个人资料并验证其有效性，建立详细的客户信用档案并经常进行客户信誉评估。"竞争流失"是指客户因为竞争对手产品或服务的影响而导致的流失。对于这类客户，企业一般可以采取相应的竞争策略予以回应，如提高产品和服务质量、提高产品声誉、增强品牌优势；或在提高服务水平和质量的同时，实行价格优惠，保持和巩固现有市场等。

（3）失望流失类。失望流失一般是指客户因企业产品或服务存在的问题没有得到很好的解决而造成的客户流失。该类型的流失客户占客户流失总量的比例最高，造成的影响也最大，是企业挽救的重点对象。减少这类客户流失的措施有：以优惠的价格向客户提供合适的产品；以全面质量管理提供高额客户让渡价值；与客户建立感情；通过技术标准增加产品或服务使用的转换成本；不断创新产品和服务，满足客户"喜新厌旧"的心理；树立良好的企业形象。

案例 10.3

一句话挽回已流失的客户

两年前，对汽车一窍不通的大学毕业生张晓红进入沈阳一汽大众一家 4S 店担任汽车销售顾问。2021 年，在十二位销售顾问中，张晓红以优异的年度业绩排名第一。

张晓红说："要想做好汽车销售，我觉得最重要的是，你不仅要把客户当成朋友或家人，而且还要让客户把你也当成朋友或家人，这样才能真正获得客户的认同和信任。首先，要对品牌和车型以及竞品车型的优劣等知识了如指掌，同时要把自己的专业知识与客户的需求相结合，为他们提供好的服务。其次，要抓住客户心理，有时候一个细节，就能打动客户。"

"2021 年 8 月的一天，家住浑南区的刘先生和妻子赵女士来到 4S 店，想为赵女士购买一辆代步车。他们来店里看了三四次，在电话中也与我交流了多次，最初想选择宝来，后来觉得还是速腾更适合赵女士，就初步选定了速腾。"张晓红说。

本以为这笔交易能够达成，没承想没过几天，夫妻俩又看上了其他厂商的一款车型，因为那个车型优惠幅度较大。在刘先生夫妇最后一次来看车时，张晓红得知了这个消息。当时，她并没有极力反驳客户的看法，而是在了解他们最终的选择之后表示了理解。快到中午时，刘先生夫妇想要赶去另一家店再了解一下他们选中的那款车型。张晓红看到时间已到中午，便邀请他们在店内用工作餐："就算要去买车，也把饭吃了再走，这附近就餐确实不方便，免得你们二位饿着肚子来回奔忙。"接受了张晓红的挽留，刘先生夫妇便在店里用了工作餐，然后才离开。而让张晓红没想到的是，正是因为她的这个不起眼的举动，打动了刘先生夫妇。

几天后，当刘先生夫妇再次走进这家一汽大众 4S 店并购买速腾车时，刘先生才告诉她，因为那天中午的挽留，才让他们下定了决心就在这里购买车。你们有这么好的服务，我想产品一定也不会差。

讨论：结合案例谈谈张晓红是如何避免趋利客户流失的。

3. 实施客户挽留措施

对筛选出的高危预警客户进行分析，对高危客户开展回访，实施有效的挽留策略，并将回访过程进行详细记录。针对不同类别的流失客户，可以采用不同的挽救策略。

（1）关键客户。一般来说，关键客户在流失前能够给企业带来较大价值，被挽回后也能继续给企业带来较大价值。因此，这类客户应是流失客户挽救的重点对象，企业要不遗余力地做关键客户的挽回工作，避免关键客户流向竞争对手。

（2）普通客户。普通客户的重要性仅次于关键客户，而且普通客户还有升级的可能，因此，对流失的普通客户要尽力挽回，使其继续为企业创造价值。

（3）小客户。由于小客户的价值低，数量多且很零散，对企业的要求又很苛刻，企业对这类客户可持顺其自然的态度。

（4）问题客户。问题客户一般是不值得企业挽回的客户，如不能再给企业带来利润的客户、无法履行合同的客户、企业无法满足其要求的客户、妨碍企业为其他客户服务的客户以及与之建立业务关系会损害企业形象和声誉的客户。

对有价值的流失客户，企业应当竭力挽留，最大限度地争取他们；也要安抚好即将流失的客户，防止他们给企业造成不良影响；对企业没有价值甚至会产生负价值的流失客户，企业可以放弃。

4. 评估客户挽留效果

客户挽留效果是客户挽救措施对流失客户所产生的影响。企业考虑客户挽留效果的同时也要考虑流失客户挽救成本，一般来讲，挽救成本要小于因挽救而增加的客户价值。

~~~ 案例 10.4 ~~~

为时已晚的客户挽留

王先生是某银行的大客户。他有两张信用卡，一张是自己用的主卡，另一张是他夫人用的副卡。在信用卡开通之前，他和银行服务部门约定好用积分抵扣年费，服务部门答应到时候处理。结果到了交年费时，他发现实际还是产生了年费。王先生感到不高兴，要求银行退回年费。但银行服务部门表示年费不能退回，因为系统已自动划账了。王先生很生气，当天就将两张信用卡注销了。令王先生没想到的是，在注销信用卡的过程中，竟然没有一个人问王先生注销信用卡的原因。于是王先生便向银行服务人员提出了他的疑惑，服务人员回复："我们只负责办理退卡，至于为什么退卡，那是客户经理的事情。"一个月后，客户经理给王先生致电时说："我知道您是我们的优质大客户，每个月刷卡消费频繁，您为何注销了信用卡呢？"当客户经理得知是由于年费问题时，马上承诺给王先生重新办理两张免年费的信用卡，可是为时已晚，王先生早已成为其他银行的大客户了。

讨论：你觉得该银行在客户挽留工作方面存在哪些问题？

实训项目　客户流失防范

视频指导
市场活动模块

【实训目的】

1. 通过开展市场活动，加深企业与客户之间的联系；
2. 分析各类客户采购频率，建立客户流失预警阈值；
3. 利用客户流失预警模型进行客户流失防范。

【实训准备】

为了加深企业与客户之间的密切联系，同时也为了能够了解客户的需求动态，避免客户的流失，企业可以定期针对不同客户开展一些市场活动。为了防范企业客户流失，企业有必要进行客户流失预警，对客户一些关键指标设定阈值，也可采用多个指标加权评分之后得到总预警评分，若超过阈值，则发出预警。

【实训内容】

1. 针对具体客户创建市场活动

市场活动内容包括活动名称、关联对象、参与人员、活动类型、开始时间、截止时间、活动预算、活动地址、活动简介等。

2. 按最近一次购买时间记录进行分类、分析和预警

长期分析某个客户的最近一次购买记录，可实现对企业客户实时监控的目标。将客户的历史标号进行排列，若结果显示某个客户的标号记录逐渐变小，就要对该客户进行重点分析，如有流失趋势，则需制订相应的挽救措施。

3. 按购买频率记录进行分类、分析和预警

通过购买频率分析可以发现，购买频率最高的客户也是满意度和忠诚度最高的客户，一般排在最上层。对客户购买频率标号并按照历史序列进行排列，如果发现客户标号有变小的趋势，可以视为客户产生游离倾向的早期征兆，要立即采取行动予以挽回。

【实训方法与步骤】

1. 登录悟空 CRM 系统 SAAS 平台版

进入悟空 CRM 系统 SAAS 平台版用户管理界面。

2. 添加市场活动操作

在左侧【管理】栏点击【市场活动】，见图 10.7。点击【+新建活动】，创建市场活动，见图 10.8，添加活动名称、关联对象、参与人员、活动类型、开始时间、截止时间、活动预算、活动地址、活动简介等。

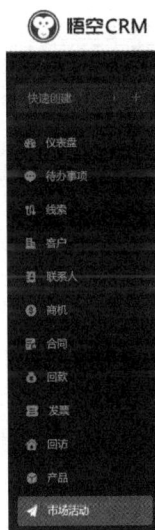

图 10.7　点击【市场活动】　　　　　　　　图 10.8　创建市场活动

3. 统计客户最近一次购买时间

进入悟空 CRM 系统 SAAS 平台版用户管理界面。在顶端导航栏点击【商业智能】，进入【员工客户分析】管理栏，见图 10.9。查看【客户总量分析】、【客户跟进次数分析】、【客户跟进方式分析】、【客户转化率分析】、【公海客户分析】、【成交周期分析】、【员工客户满意度分析】、【产品满意度分析】等内容。结合以往客户成交历史信息，根据【客户跟进次数】和【成交周期分析】确定一个合理的客户流失阈值，比如最近一次 n 月内有交易的客户为正常客户，最近一

图 10.9 【员工客户分析】
管理栏

n 月内没有交易的客户为预警客户，而最近一次 $2n$ 月内没有交易的客户为流失客户。

【实训任务】

1. 为三个客户添加市场活动，要求信息填写完整。
2. 根据各客户以往交易历史，确定一个客户流失预警阈值。结合最近一次交易时间周期长度变化分析客户流失倾向。

【实训讨论】

1. 开展市场活动对防范客户流失是否有效？
2. 利用 RFM 量化模型综合评估客户流失是否合理？

本章小结

本章主要介绍了客户保持的含义、客户保持模型、客户流失概念、客户流失识别策略；客户流失预警与防范；客户流失挽救费用和策略等内容。

思考与练习

一、单项选择题

1. 客户重复购买意向与客户对企业产品或服务的认知价值、客户对企业产品或服务的满意度以及客户转移成本有关，即（　　）。

    A. 客户竞争概念模型　　　　　　　　B. 客户服务概念模型
    C. 客户保持概念模型　　　　　　　　D. 客户价值概念模型

2. 表明客户重复购买意向、客户满意度、客户认知价值、客户转移成本之间的因果关系和影响方向的是（　　）。

    A. 客户价值模型　　B. 客户保持模型　C. 客户需求模型　　　D. 客户满意模型

3. 客户由于种种原因而转向购买其他企业产品或服务的现象称为（　　）。

    A. 客户抱怨　　　　B. 客户流失　　　　C. 客户投诉　　　　　D. 客户保持

4. 根据客户流失原因进行分类，客户流失可分为自然流失类、需求变化流失类、（　　）及过失流失类四种。

    A. 竞争流失类　　　B. 故意流失类　　C. 需求消失类　　　　D. 避险消失类

5. 客户流失识别策略包括界定流失客户、从宏观层面分析客户流失、从微观层面分析客户流失及（　　）。

    A. 筛选流失客户　　　　　　　　　　B. 制订客户流失解决方案
    C. 筛选现有客户　　　　　　　　　　D. 保持现有客户

6. （ ）是客户为了实现某些私利而流失，会对企业造成一定的损失，如电信用户拖欠了大额通信费后离开了原来的电信运营商，转投别家。

    A. 主动流失   B. 恶意流失   C. 被动流失   D. 善意流失

7. （ ）是客户因为竞争对手的缘故而离去。对于这类客户，企业一般可以采取相应的竞争策略予以回应，如提高产品和服务质量，提高产品声誉，增强品牌优势；或在提高服务水平和质量的同时，给予价格优惠等。

    A. 主动流失   B. 恶意流失   C. 被动流失   D. 竞争流失

8. 流失客户挽救成本，也称为流失客户挽救费用，它是指为挽救流失客户而发生的费用，包括（ ）。

    A. 固定成本、沟通费用、折让费用等

    B. 礼品费用、沟通费用、人工费用、折让费用等

    C. 礼品费用、变动成本、人工费用、折让费用等

    D. 礼品费用、沟通费用、人工费用、诉讼费用等

9. 客户流失解决方案可以划分为发现挽留机会、制订挽留策略、实施挽留措施及（ ）四种。

    A. 分析挽留机会   B. 计算挽留成本

    C. 计算客户流失率   D. 评估挽留效果

10. 一般来说，流失前能够给企业带来较大价值的客户，被挽回后也能继续给企业带来较大的价值。因此，（ ）应是流失客户管理的重点对象。

    A. 关键客户   B. 普通客户   C. 小客户   D. 问题客户

二、名词解释

客户流失   客户流失率   客户流失预警

三、简答题

1. 简述客户保持模型。

2. 如何看待客户流失？

3. 简述客户流失的形成过程。

4. 简述客户流失原因。

5. 客户流失有哪些类型？

6. 如何进行客户流失的预警与防范？

7. 简述客户流失的挽救策略。

四、计算题

2020 年，某市一小区有线电视用户数量为 1 500 户；2021 年，该小区有线电视用户数量减少至 1 250 户。如果流失的这些用户单位贡献价值是所有客户平均贡献价值的 1.2 倍，计算该小区有线电视用户的相对客户流失率。

五、案例分析

张明是一家生产电器设备产品企业的销售人员，他与一家外贸企业客户维持着多年的交往关系，客户关系维护得很好。2020 年 11 月，张明着手与该客户谈一笔 450 万元的订单。

11月末时，张明却一直联系不客户，以为可能是对方年底忙，就没有多想。2021年过完春节，一到工作单位，张明就发送电子邮件向对方问好，而对方却一直没有回复。当时他以为客户忙没有时间回复，况且根据客户往年的订单记录，2月和3月不是订货的季节，就没有太在意。到了4月初，按照惯例客户应该下单了，于是张明再次给客户发送电子邮件，仍然没有得到回复；发传真，也没得到回应。又过了两周，张明着急了，直接打了电话，是对方公司前台人员接的电话，说负责跟张明联系的客户代表元旦前请假回家生孩子了。张明当时就急了，赶快问是谁接替了她的工作。前台人员说是经理，张明就请前台帮忙接通经理的电话。经理接到电话后，张明先客套性地询问了客户最近的订货情况，然后就直截了当地谈起了4月的订单。经理说货已到仓库，还反问："难道不是从你们公司采购的吗？"张明说："没有啊，一直联系不上客户代表。"这时，经理突然想起来了，说是让另一个采购人员负责了这件事情……张明2021年的销售计划，就这样落空了。

讨论：

1. 分析案例中客户流失的原因。
2. 张明可以采取哪些措施防范客户流失？
3. 对于案例中这种流失的客户，张明可以进行挽回吗？为什么？

更新勘误表和配套资料索取示意图

说明：本书配套资料可在 http://www.ryjiaoyu.com/下载，其中配套学习资料注册后可直接下载；**教学用资料仅供采用本书授课的教师下载，教师身份、用书教师身份**需网站后台审批（咨询邮箱 13051901888@163.com）。

1 登录人邮教育社区（www.ryjiaoyu.com）

2 未注册，请注册；已注册，请登录

更新勘误及意见建议记录表

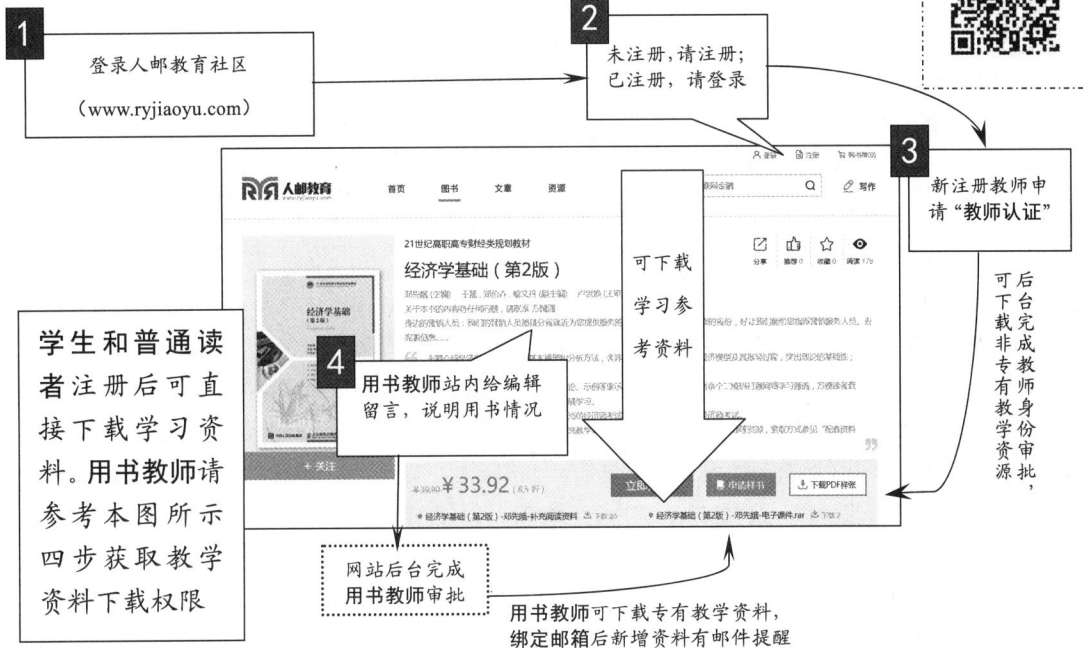

3 新注册教师申请"教师认证"

后台完成教师身份审批，可下载非专有教学资源

4 用书教师站内给编辑留言，说明用书情况

可下载学习参考资料

学生和普通读者注册后可直接下载学习资料。用书教师请参考本图所示四步获取教学资料下载权限

网站后台完成用书教师审批

用书教师可下载专有教学资料，绑定邮箱后新增资料有邮件提醒

悟空 CRM 系统试用账号获取方式

读者可以登录悟空 CRM 系统官网（可以"5kcrm"为关键词通过搜索引擎搜索），选择"SAAS 云平台"，用手机号免费注册，获取企业权限试用账号。悟空 CRM 系统试用账号可永久免费使用。

有网站建设与管理经验的读者，也可以在实验室本地化安装、部署悟空 CRM 系统。具体部署方法可扫描二维码查看说明。

主要参考文献

[1] 陈建中，吕波，2020. 营销策划文案写作指要. 2 版. 北京：中国经济出版社.

[2] 李文龙，徐湘江，2013. 客户关系管理实务. 2 版. 北京：清华大学出版社.

[3] 李志刚，2016. 客户关系管理理论与应用. 2 版. 北京：机械工业出版社.

[4] 刘大勇，2019. 场景营销：打造爆款的新理论、新方法、新案例. 北京：人民邮电出版社.

[5] 刘宇航，2021. B 端运营：用户增长策略与实战. 北京：电子工业出版社.

[6] 刘祖友，2021. 销售漏斗与销售管理. 2 版. 北京：中华工商联合出版社.

[7] 吕晔，何健伟，高嗣龙，2014. 网店 CRM. 北京：电子工业出版社.

[8] 马刚，李洪心，杨兴凯，2015. 客户关系管理. 3 版. 大连：东北财经大学出版社.

[9] 毛卡尔，2014. 客户关系管理. 马宝龙，姚卿，译 .北京：中国人民大学出版社.

[10] 皮骏，2011. 客户关系管理教程.上海：复旦大学出版社.

[11] 石焱，辛德强，张恒嘉，2012. ERP 客户关系管理实务. 北京：清华大学出版社.

[12] 苏朝晖，2019. 客户服务：策略、技术、管理. 北京：人民邮电出版社.

[13] 苏朝晖，2021. 客户关系管理：理念、技术与策略. 4 版. 北京：机械工业出版社.

[14] 汤兵勇，孙天慧，2015. 客户关系管理. 3 版. 北京：高等教育出版社.

[15] 陶峻，赵冰，2012. 客户关系管理实践教程. 北京：清华大学出版社.

[16] 王欣，2019. 大客户销售 从入门到精通. 北京：北京大学出版社.

[17] 邬金涛，严鸣，薛婧，2018. 客户关系管理. 2 版. 北京：中国人民大学出版社.

[18] 杨家诚，2021. 数字化营销. 北京：中华工商联合出版社.

[19] 杨路明，2015. 客户关系管理理论与实务. 3 版. 北京：电子工业出版社.

[20] 张冬梅，吴美丽，朱岩，2012. 客户关系管理实验教程. 北京：清华大学出版社.

[21] 张圣亮，2015. 服务营销与管理. 北京：人民邮电出版社.

[22] 郑锐洪，2019. 服务营销：理论、方法与案例. 2 版.北京：机械工业出版社.